MAREILE HÖPPNER

mit Antje Röttgers

Was kommt nach der Queen?

Das englische Königshaus zwischen Boulevard
und Buckingham Palace

Mit einem Vorwort von Rolf Seelmann-Eggebert

ROWOHLT TASCHENBUCH VERLAG

Originalausgabe
Veröffentlicht im Rowohlt Taschenbuch Verlag,
Reinbek bei Hamburg, November 2018
Copyright © 2018 by Rowohlt Verlag GmbH,
Reinbek bei Hamburg
Umschlaggestaltung zero-media.net, München
Umschlagabbildung Sean Gallup / Getty Images
Satz Foundry Wilson
bei Pinkuin Satz und Datentechnik, Berlin
Druck und Bindung CPI books GmbH, Leck, Germany
ISBN 978 3 499 63372 0

INHALT

DANKSAGUNG

Ich danke dem Rowohlt Verlag, der mich auf dieser Reise durchs britische Königshaus unterstützt hat, insbesondere meinen engsten Begleiterinnen dort: Ricarda Saul und Antje Röttgers.

Ferner gilt mein größter Dank Rolf Seelmann-Eggebert, der mir den Schlüssel zu den Königshäusern gegeben hat und weiter schützend und mit seinem großen Wissen die Hand über mich hält. Danke meinem Freund Rolf Seelmann-Eggebert.

Und Dank nicht zuletzt den handelnden Akteuren, dass sie es zulassen, dass wir auch mal hinter die Palastmauern blicken dürfen.

Das Buch widme ich meinem Sohn Jakob, der mich in dieser Zeit oft mit Prinzen und Prinzessinnen teilen musste.

VORWORT
von Rolf Seelmann-Eggebert

Am liebsten spricht sie mit Kindern vor der Kamera. Aber auch für Marktfrauen und Ministerpräsidenten fallen ihr die richtigen Fragen ein. Egal, ob sie in Abendgarderobe oder Jeans auftritt: Immer umweht sie ein Hauch von unaufdringlicher Eleganz. Lange war sie Gastgeberin einer Talkshow beim MDR. Jetzt ist Mareile Höppner selbst begehrter Talkshowgast, ein Hansdampf in allen Gassen der ARD.

Ich selber habe mit Mareile Höppner stundenlange Livesendungen von königlichen Hochzeiten, Staatsbesuchen und Krönungen kommentiert. Jedes Mal war ich überrascht, wie gut sie ihre Schularbeiten gemacht hatte und mit den Ereignissen der Vergangenheit jonglierte wie ein Zirkusclown.

Mit einer Queen, die zügig auf ihren 95. Geburtstag zusteuert, mit einem Prinzgemahl, dem man wünscht, dass er die hundert noch erreicht, neigt sich das zweite elisabethanische Zeitalter seinem Ende zu. Gleichzeitig treiben das Vereinigte Königreich und der europäische Kontinent dank Brexit auseinander.

Mareile Höppner hätte für ihr Buch keinen geeigneteren Zeitpunkt wählen können.

KAPITEL I

WENN DIE QUEEN STIRBT – DAS ENDE EINER ÄRA

Kann ein Buch mit der Annahme beginnen, die Queen wäre nicht mehr da? Verstorben? Eine Frau so berühmt wie Mickey Mouse? Ja, durchaus ...

Leise schließt der Privatsekretär der Queen die Flügeltüren. Für einen Moment verharrt er. Den Kopf gesenkt, die Augen geschlossen, glaubt, die goldene Klinke nicht loslassen zu können. Dann strafft er die Schultern, atmet tief ein und zwingt sich, die Hand von der Klinke zu lösen. Er hat eine Aufgabe zu erfüllen.

Der Bann ist gebrochen. Hastig eilt er die Gänge des Palastes hinunter, vorbei an mannshohen Porträts britischer Regenten. An Queen Victoria – der Königin, der seine Chefin an Amtsjahren den Rang abgelaufen hat. Vorbei an George V., der der Dynastie in den frühen Jahren des vergangenen Jahrhunderts mit dem Namen Windsor ein neues Branding verpasst hatte – und vorbei auch an Georg VI., dem Vater der Queen, der unfreiwillig König wurde, nachdem sein Bruder der Liebe wegen abgedankt hatte.

In seinem Büro, das Telefon schon in der Hand, hält der Privat-

sekretär noch einmal inne. Er weiß, wenn er die Worte ausspricht,
wird es kein Zurück mehr geben. Er wird eine Kette von Ereignissen
auslösen, die nicht mehr umzukehren sind. Er wählt. Das Freizei-
chen ertönt, einmal, zweimal ... «Downing Street.» Er will etwas
sagen, doch ein irritierendes Bild taucht vor seinem inneren Auge
auf: Er, noch ein Junge, wie er bäuchlings auf einem Teppich liegt,
die Augen auf einen Dominostein gerichtet, und den Finger langsam
ausstreckt. Er atmet durch. «London Bridge is down.» Am anderen
Ende der Verbindung entsteht eine Pause. «Bitte wiederholen Sie.» Er
sieht den Stein wackeln. «London Bridge is down.» Und fallen. Die
Queen – Elizabeth II. – ist tot.

Genau für diesen Tag hat Ihre Majestät höchstpersönlich jeden
Schritt vorbereitet. Nicht nur das, die Pläne wurden bereits veröffentlicht. Vom ersten informierenden Telefonanruf bis zur
Thronfolge – die Monarchie will, im Gegensatz zur Politik, eines
unter allen Umständen vermeiden: Unklarheit. Denn das ist das
große Geheimnis der Monarchie: ihre Verlässlichkeit. Was also
passiert, wenn im Buckingham Palace nur noch der Tod von Her
Majesty festgestellt werden kann?

Wie ein Journalist des Londoner *Guardian* kürzlich offen-
legte, arbeitet der Palast schon seit den frühen sechziger Jahren
mit verschiedenen Akteuren zusammen, um für den Fall der
Fälle vorbereitet zu sein. Wenn die Queen stirbt, bleiben ihnen
nur wenige Tage, um eine enorme Aufgabe zu stemmen: den
Fortbestand der Monarchie zu sichern und ein Staatsbegräbnis
riesigen Ausmaßes zu organisieren. Ein so großzügiger Vorlauf
für die Planung einer königlichen Beerdigung ist dabei nicht
unüblich. Schon seit dem Tod Queen Victorias hat die Planungs-
wut der Monarchen Tradition. Die «Großmutter Europas» bereitete ihre Beerdigung minuziös vor und hinterließ detaillierte

Anweisungen zum Ablauf der Feierlichkeiten. Natürlich haben die Mitglieder der königlichen Familie auch heute bei der Planung ein Wörtchen mitzureden, und sie entwickeln auch eigene, andere Vorstellungen. So ist beispielsweise bekannt, dass sich Prinz Philip eine «no-fuss-funeral» wünscht – eine Beerdigung ohne großes Aufheben.

Ganz anders im Falle der Queen!

Wenn die bekannteste Frau der Welt stirbt, wird im Palast, bei der Polizei, der Feuerwehr, im Parlament und anderen Behörden hektisches Treiben ausbrechen. Auf der Agenda steht dann: Die Nachricht an die Mitgliedsstaaten des Commonwealth weitergeben, die Presse informieren, den Kronrat einbestellen, den neuen König ausrufen lassen, eine Ansprache des Premierministers ansetzen, dazu eine Ansprache des Thronfolgers. Einladungen verschicken, die Zimmer im Palast für die Beerdigungsgäste vorbereiten, die große Prozession durch London organisieren, Westminster Hall für die Aufbahrung vorbereiten und Westminster Abbey für den Gottesdienst, die Regimenter benachrichtigen und und und ... aber fangen wir ganz von vorne an.

STUNDE 0 – DIE LAWINE ROLLT

Ist der Tag gekommen, erfahren zuerst der Premierminister und die nächsten Angehörigen vom Tod der Queen. Danach wird sich die Nachricht wie ein Lauffeuer über die ganze Welt ausbreiten: Beamte des britischen Auswärtigen Amtes informieren die zweiundfünfzig Staatsoberhäupter der Nationen des Commonwealth, in fünfzehn dieser Staaten ist die Queen aktuell das Staatsoberhaupt: Von London aus erreicht die Nachricht deshalb Kanada, die herrlichen karibischen Inselstaaten – die

Bahamas und Jamaika, die Inseln unter dem Winde: St. Kitts und Nevis, Antigua und Barbuda, St. Lucia, Barbados, St. Vincent und die Grenadinen und Grenada. Sie erreicht die grüne Küste Zentralamerikas und damit Belize, und die Salomonen und Tuvalu, zwei schmale Inselketten, verloren inmitten des Pazifischen Ozeans. Sie trifft in Papua-Neuguinea ein, in Australien und der benachbarten grünen Insel – Neuseeland. In all diesen Staaten wird der Union Jack auf halbmast wehen, und die Menschen werden sich in lange Warteschlangen einreihen, um sich in Kondolenzbücher für ihre Monarchin einzutragen.

Während ihrer bis heute sechsundsechzig Jahre andauernden Regentschaft hat die Queen den Mitgliedsstaaten des Commonwealth so zahlreiche Besuche abgestattet, dass sie auf ihrem Meilenkonto etwa zwei Millionen Reisekilometer verbuchen kann, ein Stand, der knapp fünfzig Weltumrundungen entspricht und jeden Möchtegern-Abenteurer vor Neid erblassen lässt.

Während sich die Nachricht über den Globus verbreitet, wird in London ein Diener auf den rosa Kies vor dem Buckingham Palace hinaustreten und eine einfache schwarz gerandete Nachricht am Tor der Residenz aufstellen, wie es schon andere Diener vor ihm getan haben. Wann immer der Palast etwas zu verkünden hat – sei es die Geburt eines Thronfolgers, die Verlobung eines Familienmitgliedes oder das Ableben eines Königs –, wird die Nachricht erst durch eine dieser unscheinbaren Notizen am Tor der Londoner Residenz offiziell.

Nur wenig später gibt das Pressebüro der Queen die Nachricht an die Press Association weiter. Und was dann folgt, wird sich zu einer der größten Medienlawinen aller Zeiten auswachsen. Eins ist sicher: Noch Jahre später werden Sie sich daran erinnern, wo Sie waren, als Sie vom Tod der Queen erfuhren.

Push-Nachrichten, Facebook-Benachrichtigungen, Tweets

und Trending Topics: #LondonBridgeIsDown, #RIPQueen oder #RIPElizabeth wird auf Smartphones und Tablets aufleuchten, feierliche Musik auf allen Radiokanälen laufen. Wenn die Nachricht die Radiosender erreicht, wird in den Londoner Studios ein blaues Licht aufblinken, das den DJs anzeigt, zur Musik der Kategorie Stimmung 1 oder Stimmung 2 überzugehen, bevor die Nachricht dann verkündet wird. Wie wird sie wohl lauten? 1952, als der Vater der Queen starb, war es John Snagge, ein Sprecher der BBC, der die Nachricht mit fester Stimme vortrug: «Hier spricht London. Mit größtem Bedauern geben wir Folgendes bekannt. Aus Sandringham erreichte uns heute, am 6. Februar 1952, um 10:45 Uhr die Meldung, dass der König, der sich gestern bei gewohntem Gesundheitszustand zu Bett begab, am frühen Morgen friedlich im Schlaf verstorben ist.»[1]

Während die ersten Berichte im Radio laufen, wird in den Redaktionen der Tageszeitungen längst hektisches Treiben herrschen. Überall auf der Welt werden Banner über die Websites der großen Medien laufen: +++EILMELDUNG+++ +++Briten trauern um Queen Elizabeth II.+++ +++EILMELDUNG+++ +++Queen Elizabeth II. in der Nacht verstorben+++. Auch in Deutschland werden Redakteure ihre virtuellen Schubladen aufziehen und eine passende Version aus den schon lange vorbereiteten Artikeln auswählen. Chefredakteure werden Redaktionssitzungen einberufen, um Sonderausgaben und Specials auf den Weg zu bringen.

Und das Fernsehen? In Großbritannien wird die BBC das geplante Programm stoppen: «Hier spricht BBC One. Wir unterbrechen unser Programm für eine wichtige Mitteilung», und ein wahrscheinlich äußerst nervöser Nachrichtensprecher wird mit einer eilig um den Hals gebundenen schwarzen Krawatte die Nachricht verkünden: «Sie sehen die Nachrichten der

BBC. Der Buckingham Palace hat soeben den Tod von Königin Elizabeth II. verkündet.»

Auch die ARD wird über das Ereignis berichten. Schon seit Jahren liegt ein Beitrag zum Tod der Queen bereit, der immer wieder aktualisiert wird, um ihn bei Bedarf sofort einspielen zu können.

Eins ist sicher: Die Tage, die auf den Tod der Queen folgen, werden uns eine mediale Schlacht der Bilder bescheren. In den Radio- und Fernsehredaktionen werden Mitarbeiter das vorhandene Bild- und Tonmaterial zusammenklauben und Praktikanten mit dem Auftrag ins Archiv schicken, historische Aufnahmen auszugraben.

Noch einmal werden wir sie sehen – Fotos von der kleinen Prinzessin Elizabeth Alexandra Mary Windsor. Mit nur drei Jahren zierte sie das Cover des *Time Magazine*: im aufgerüschten gelben Kleidchen. Wie eine propere Putte schaut sie darauf nachdenklich in die Ferne und setzte ganz nebenbei ihr erstes Fashion-Statement – überall in Amerika verstauten Mütter die rosa Kleidchen ihrer Töchter im Schrank und stürmten die Geschäfte auf der Suche nach leuchtend gelber Babymode. Mit Fug und Recht kann man behaupten, dass die Queen ein kleiner Kinderstar war. Dabei stand sie bei ihrer Geburt nur auf Platz drei der Thronfolge.

Schon mit vierzehn Jahren saß Prinzessin Elizabeth zusammen mit ihrer kleinen Schwester Margaret vor einem Mikrophon der BBC und hielt inmitten des Zweiten Weltkriegs ihre erste Ansprache. Mit piepsiger Stimme wünschte sie allen Kindern, die aufs Land evakuiert und dadurch von ihren Eltern getrennt wurden: «Gute Nacht und viel Glück euch allen!»[2] Damals wusste das kleine Mädchen schon, dass sie Königin eines Reiches werden würde, das einst ein Viertel der Landmasse der Erde ausmachte.

Als sie von ihrem Schicksal erfuhr, soll sie übrigens umgehend angefangen haben, für einen kleinen Bruder zu beten, und auf die Frage ihrer Schwester: «Heißt das, du wirst Königin?», lautete ihre trockene Antwort: «Ja. Ich denke, das heißt es.»3

Mit knapp einundzwanzig Jahren spielte die herangewachsene Thronfolgerin kurz nach Ende des Zweiten Weltkrieges ausgelassen mit Marineoffizieren an Deck der HMS Vanguard. Es war die erste große Reise, die sie unternahm – endlich frei, endlich raus aus dem Muff von Schloss Windsor, wo sie und ihre Schwester während des Krieges untergebracht waren. Ursprünglich hatte die königliche Familie zu ihrem Schutz außer Landes gebracht werden sollen, doch der König intervenierte, und so kam es zu dem berühmten Ausspruch von Queen Mum: «Die

Kinder werden ohne mich nicht gehen, ich werde ohne den König nicht gehen. Und der König wird niemals gehen.»[5] Damit war die Sache erledigt. Es muss eine nicht immer leichte Jugend gewesen sein. Selbst Elizabeths Vater schrieb einst seufzend in sein Tagebuch: «Die Ärmsten, sie hatten nie Spaß.»[6]

An ihrem 21. Geburtstag wandte sich Elizabeth ernst und pflichtbewusst in einer Fernsehansprache an die Menschen des Empires und des Commonwealth und leistete einen Schwur, der sie für immer an die Geschicke des Reiches binden würde: «Ich erkläre vor Ihnen allen, dass mein ganzes Leben, mag es lang oder kurz sein, dem Dienst an Ihnen und dem Dienst an unserer großen imperialen Familie gewidmet sein soll, der wir alle angehören. Ich allein werde nicht die Kraft haben, diesen Entschluss in die Tat umzusetzen, es sei denn, Sie schließen sich mir an, wozu ich Sie hiermit einladen möchte. Ich weiß, dass ich mir Ihrer Unterstützung stets sicher sein kann. Gott helfe mir, meinen Schwur zu erfüllen und Gott segne all jene von Ihnen, die bereit sind, ihn mit mir zu teilen.»[7]

Wenig später schritt Prinzessin Elizabeth in ihrem Hochzeitskleid zum Altar, wo Prinz Philip schon auf sie wartete. Frauen aus allen Ecken des Landes hatten ihr Kleidermarken geschickt – 1947 war Kleidung als Folge des Krieges in Großbritannien noch Mangelware und rationiert. Annehmen durfte sie die Marken nicht, aber sie bedankte sich bei jeder Einzelnen für die Zuwendung. Das Parlament genehmigte ihr stattdessen zweihundert Extra-Marken. Und die reichten aus für einen Traum aus elfenbeinfarbenem Duchesse-Satin, besetzt mit Tausenden Perlen und Pailletten, einer seidenen Schleppe mit filigranen Stickereien aus Silberfäden und üppigem floralen Muster. Die Prinzessin heiratete ihre große Liebe.

Nur sechs Jahre später schritt Elizabeth denselben Gang in

Westminster Abbey hinunter, diesmal in ihrer Krönungsrobe. Das Hochzeitskleid war den nationalen Symbolen des United Kingdom gewichen – der Tudor-Rose für England, der Distel für Schottland, der Narzisse für Wales und dem Kleeblatt für Nordirland. Die Queen hatte darauf bestanden, dass der Designer die Symbole der Länder des Commonwealth ebenfalls auf das Kleid stickte – eine Tradition, die sich bis heute fortsetzt. Während ihrer Amtszeit traten dem Verbund fünfundvierzig Staaten bei. Schon damals belegte die Wahl ihrer Garderobe, wie ernst die Queen ihre Rolle im Commonwealth nehmen würde, und die zahlreichen Besuche, die sie den Mitgliedern während ihrer Regentschaft abstattete, zeugen von ihrer Hingabe an den Gedanken einer großen Staatenfamilie, die über alle Grenzen und Unterschiede hinweg füreinander eintritt. Über den Rand der königlichen Loge linste damals übrigens schon der kleine Thronfolger Prinz Charles und beobachtete staunend, wie seine Mutter, die sechsundzwanzigjährige Elizabeth Alexandra Mary, als Elizabeth II. den Thron von England bestieg. Es war der Beginn eines neuen Elisabethanischen Zeitalters, das länger währen sollte als jede andere Regentschaft eines britischen Monarchen.

DIE KÖNIGIN IST TOT, LANG LEBE DER KÖNIG

Die Fahnen werden auf halbmast hängen, überall in London werden die Glocken läuten und Salutschüsse durch die Straßenschluchten schallen – es ist äußerst unwahrscheinlich, dass die Londoner es nicht mitbekommen, wenn die Queen stirbt. Überall in der Stadt wird man es hören und sehen.

Der Tod der Queen wird DAS Gesprächsthema sein. Noch

ist nicht abzusehen, wie die Briten auf den Tod ihrer Königin reagieren werden, aber wer schon einmal während eines königlichen Großereignisses in London war, der weiß, dass die Beziehung zum Königshaus für viele Briten eine hochemotionale Angelegenheit ist. Die Beliebtheitswerte von Elizabeth II. halten sich – anders als bei den meisten Ministern, die sie hat kommen und gehen sehen – seit Jahren auf einem Allzeithoch. Die großen Krisen – die Finanzkrise in den Sechzigern, die Scheidungen ihrer Kinder in den Neunzigern, der Tod von Lady Di – sind offenbar überwunden. Die Reaktionen werden wahrscheinlich emotionaler ausfallen, als wir es uns in Deutschland vorstellen können.

Als der Vater der Queen 1952 starb, brachen die Menschen auf der Straße unvermittelt in Tränen aus, Fremde kamen miteinander ins Gespräch, und viele versammelten sich vor den Toren des Buckingham Palace, um sich von der Echtheit der Nachricht zu überzeugen. «Londoner erschüttert über die plötzliche Nachricht vom Tod des Königs»[8], titelten die Zeitungen.

Durchaus möglich, dass die Menschen früher von der Arbeit nach Hause gehen werden, dass Museen und Theater schließen und das öffentliche Leben für einen Moment zum Erliegen kommen wird.

Während den Londonern die Nachricht noch in den Knochen steckt, werden hinter den Kulissen die Arbeiten an der Umsetzung des Plans weitergehen. In Ministerien und Behörden wird emsig gearbeitet werden.

Innerhalb von vierundzwanzig Stunden nach dem Tod der Queen wird der Kronrat im St. James's Palace zusammentreten, um einen neuen König auszurufen. Es ist der erste Teil eines uralten Rituals, das die Kontinuität der Krone sicherstellt. Erst beim zweiten Teil muss der neue König anwesend sein, um zu schwören, die schottische Kirche zu verteidigen. Als Prinzessin Elizabeth 1952 Königin wurde, befand sie sich übrigens gerade auf einem entlegenen Baumhaus in Kenia und erfuhr wohl als eine der Letzten davon. Erst zwei Tage nach dem ersten Teil der Zeremonie traf sie in England ein, legte den Eid ab, und ihr Name wurde vom Balkon des St. James's Palace verkündet. Auf die Frage, welchen Namen sie als Königin tragen wolle, antwortete sie übrigens gewohnt trocken: «Meinen eigenen natürlich»[9], und meinte damit den ersten ihrer Vornamen. Auch der neue König wird aus seinen Vornamen den auswählen, unter dem er regieren möchte. So alles glattläuft, werden schon am Tag nach dem Ableben der Queen die Fahnen für kurze Zeit wieder gehisst. Über Friary Court erklingen dann Fanfaren und ein Mann in mittelalterlich anmutender Uniform wird auf den Balkon des St. James's Palace treten. Kameramänner werden hektisch auf die Schriftrolle in den Händen des sogenannten Garter King of Arms zoomen: «Während es dem allmächtigen Gott gefallen hat, unser seliges Staatsoberhaupt Queen Elizabeth II. – gesegneten und ruhmreichen Gedenkens – in seiner Gnade zu sich zu rufen, ist die Krone durch ihren Tod ausschließlich und rechtmäßig an den würdigen und mächtigen ...»

Ja, wie wird er lauten, der Name des Thronfolgers?

Nach der Proklamation über Friary Court wird der Text jedenfalls noch an weiteren zentralen Plätzen der Stadt verlesen, und über Hyde Park und vom Tower of London werden Salutschüsse für den neuen König erschallen. Auch in Edinburgh, Cardiff, Belfast und in Übersee werden Redner hervortreten und den Namen des neuen Königs verkünden, der sich direkt nach der Proklamation zu einer Reise durch England, Wales, Schottland und Nordirland aufmacht.

Danach werden die Fahnen wieder auf halbmast wehen. Der

Fortbestand der Krone ist gesichert, und die Zeit der Trauer kann anbrechen. Dies alles wird anmuten wie ein seltsames Zwischenspiel, ein farbenfroher Traum, der in eine unsichere Zeit hineinbricht. Am Abend werden der Premierminister und der zukünftige König die Gelegenheit ergreifen und eine Ansprache halten. Als der Vater der Queen starb, war es Winston Churchill, der zu den Menschen sprach und genau den richtigen Ton traf:

«Meine Freunde, als uns der Tod des Königs am gestrigen Morgen verkündet wurde, schlug das eine tiefe und ernste Note in unseren Leben an, die nah und fern widerhallte. In vielen Ländern hat sie das Rumpeln und die Betriebsamkeit des 20. Jahrhunderts zum Erliegen gebracht und Millionen und Abermillionen von Menschen dazu bewegt, innezuhalten und sich umzusehen.»[10]

TRAUER IN LONDON

Auch beim Tod der Queen werden die Menschen Gelegenheit erhalten, innezuhalten und sich an sie zu erinnern. Der Sarg mit der Königin wird in einer Prozession in die geschichtsträchtige Westminster Hall gebracht werden.

Dies ist der Auftakt zu einer dreistufigen Trauerphase und einem Staatsbegräbnis, wie es in Großbritannien zuletzt Winston Churchill zuteilwurde, der unter dem Vater der Queen wie auch unter der Queen selbst Premierminister war. Seine Beisetzung im Jahr 1964 war das letzte große Staatsbegräbnis, das die Briten miterlebt haben. Traditionell ist die Prozession eine recht militärische Angelegenheit, und entlang der Strecke wird den Menschen sehr bewusst werden, dass Elizabeth II. in ihrer Funktion als Königin auch «Head of the Armed Forces» –

Anführerin der Streitkräfte – war. Im Jahr 2002, bei der Beerdigung von Queen Mum, erstreckte sich der Tross über mehr als eine Meile, und etwa 1500 Menschen waren daran beteiligt. Der Thronfolger wird von seiner viertägigen Reise durch die Staaten der Union zurück sein und der Prozession unter den Augen von unzähligen Besuchern vorangehen. Hinter dem Sarg wird die engste Familie folgen – die Kinder der Queen, ihre Enkel, vielleicht auch ihre Urenkel. Die Zuschauer hinter den Barrieren entlang der Strecke werden nicht nur Zeugen einer Trauerveranstaltung, sondern auch einer Präsentation der Traditionen und des Fortbestehens der Monarchie: Überall auf den Straßen werden rote Uniformen aufleuchten, blank polierte goldene Knöpfe, flauschige Grenadiermützen und Orden – Orden über Orden. Dann werden die Trommeln erklingen und die einsetzende Musik der Dudelsäcke. Und meine Kollegen und ich werden alle Hände voll zu tun haben, die aus allen Ecken der Welt angereisten Regimenter einzuordnen, die Dienstgrade aufzuzählen und die Traditionen für die Zuschauer aus Deutschland zu entschlüsseln: Warum zum Beispiel wird der Kanonenwagen, auf dem der Sarg der Queen dann liegt, von Matrosen gezogen? – Die Antwort: Bei der Beerdigung der Ururgroßmutter der Queen kam es zu einem Materialschaden, sodass die Pferde den Wagen nicht mehr durch die Straßen ziehen konnten, beherzt sprangen die Matrosen der Royal Navy in ihren maritimen blauweißen Uniformen ein und zogen den Wagen an langen Tauen entlang der Prozessionsroute bis zur Westminster Hall. Bis heute setzt sich diese Tradition fort.

Auf dem Sarg der Queen wird ihre Krone liegen – die Imperial Crown. 1953 trug Elizabeth dieses schwere Schmuckstück bei ihrer Krönung und danach immer dann, wenn sie das Parlament eröffnete. Erst kürzlich plauderte sie in einem ihrer seltenen Interviews darüber, wie es war, die Kronjuwelen zu tragen. Die Krone sei so schwer, dass man sich bei einer falschen Bewegung das Genick brechen könne.

Wenn der Sarg die Kirche erreicht hat, werden sich nach einer kurzen Andacht die Tore für die wartenden Menschen öffnen. Als die Mutter der Queen im Jahr 2002 in Westminster Hall aufgebahrt lag, zog sich die Schlange der Trauernden über vier Kilometer durch die Stadt. Etwa eine Viertelmillion Menschen harrten Stunde um Stunde aus, ehe sie in das Halbdunkel der altehrwürdigen Halle eintraten und am Sarg der Königinmutter und der Krone vorübergingen. Laut dem Journalisten Sam Knight rechnet der Palast beim Tod der Queen mit doppelt so vielen Menschen. Und nur einige wenige von ihnen werden beobachten können, wie ein außergewöhnlicher Wachwechsel am Sarg der Monarchin stattfindet: Für etwa zwanzig Minuten werden die Enkel oder die Kinder der Queen an ihrem Sarg wachen, und zum ersten Mal werden an dieser Wache mit der Tochter der Königin oder ihren Enkelinnen vielleicht auch Frauen teilhaben. Die sogenannte Vigil of the Princes wurde 1936 von Elizabeths Vater begründet, als George V. in der Westminster Hall aufgebahrt wurde, um die Menschen an dessen Beerdigung teilhaben zu lassen.

Woran werden sich die Menschen erinnern, wenn sie am Sarg der Queen vorüberziehen? An all die Rollen, die diese kleine Person im Laufe ihres Lebens ausfüllte, und die sie mal mit mehr, mal mit weniger Erfolg vermitteln konnte? Sicherlich auch an ihre bunten Hüte und Kleider, die jedem schon aus der Ferne verrieten: Hier kommt die Queen. Für Generationen war sie nicht einfach nur irgendein Kind, sie war DAS Kind, nicht eine Heranwachsende, sondern DIE Heranwachsende, DIE junge Frau, DIE Ehefrau, DIE Mutter, DIE Königin, mit der sie sich identifizierten oder an der sie sich rieben. Was muss das für ein Leben gewesen sein? Wie ein Tanz auf dem Drahtseil: Wann immer ihre Art, die ihr zugedachte Rolle auszufüllen, sich zu weit von den Vorstellungen der Gesellschaft entfernte, kam es zu Konflikten zwischen dem Palast und der Gesellschaft, oder man könnte auch sagen: zwischen dem Palast und dem Publikum.

Keine andere Monarchie übt eine solche Anziehungskraft auf die Menschen aus wie die Dynastie der Windsors, keine andere Monarchie steht in vergleichbarem Maße im Fokus der Öffentlichkeit und löst derart starke Gefühle aus. Egal welches Großereignis auch ansteht, überall auf der Welt schalten Zuschauer die Fernseher ein und beobachten, wie Prinzen und Prinzessinnen auf den Altar zuschreiten und einander das Ja-Wort geben, wie die Queen ihren Hochzeitstag oder das Diamantene Thronjubiläum begeht, oder in einem Spot für die Olympischen Spiele gemeinsam mit Daniel Craig scheinbar aus einem Flugzeug in das Stadion springt, um die Spiele zu eröffnen. Viele Menschen teilen die Ansicht, dass die Monarchie heute nur noch reines Theater sei, eine leere Formel der Vergangenheit, nicht mehr als ein großes Schauspiel, einzig künstlich in die Länge gezogen, um die Massen bei Laune zu halten. Aber wann immer ich in London bin, um über ein royales Großereignis zu berichten, spüre ich noch etwas anderes. Ob bei der Hochzeit von Prinz William und Herzogin Kate, dem Thronjubiläum der Queen oder der Hochzeit von Harry und Meghan, immer ist da eine tiefe Verbundenheit, ein großes Gemeinschaftsgefühl und auch Stolz. Stolz auf eine Monarchie, die wie der Fünf-Uhr-Tee, wie Shortbread und die Pub-Kultur, wie Fish and Chips und die britische Höflichkeit Jahrhunderte überdauert und immer wieder das Bild von Großbritannien und seinen Traditionen geprägt hat. Bei diesen Anlässen kann man es spüren: Die britische Monarchie ist für uns ein modernes Märchen, aber für die Briten ist sie mehr. Sie hat gesellschaftliche Relevanz, die in der Vergangenheit und in der Gegenwart den Gemeinschaftssinn stärkt und Menschen unzähliger Nationen einander näherbringt. In Zeiten des Wandels, da Großbritannien der EU den Rücken kehrt, hat die Queen es geschafft, die Monarchie als eine Konstante zu etablieren, sie hat Schritt gehalten mit den Veränderungen des letzten Jahrhunderts und die Krone modernisiert, ohne an deren Kern zu rühren.

Das Lebensende der Queen wird deshalb auch das Ende einer Ära markieren, die geprägt war von großen politischen, gesellschaftlichen und technologischen Umbrüchen. Die Queen hat sie alle miterlebt. Wir werden uns deshalb an eine Frau erinnern, deren Existenz eine Brücke schlägt zwischen Welten, die inzwischen untergegangen sind und an deren Stelle neue Welten gerückt sind. Was für Meilensteine es da gab: Anfang des 20. Jahrhunderts wurden Elizabeth und ihre Schwester Margaret noch zu Hause unterrichtet, wie es sich für Kinder des Hochadels gehörte – 1970 war Prinz Charles der erste britische Thronfolger überhaupt, der seinen Universitätsabschluss machte. 1931 war das Statut von Westminster ein Meilenstein beim Übergang vom Empire zum Commonwealth of Nations – heute sind alle ehemaligen Kolonien Englands unabhängig und das Commonwealth eine Gemeinschaft von dreiundfünfzig gleichberechtigten Staaten. 1936 dankte Edward VIII. ab, weil er mit Wallis Simpson eine geschiedene Amerikanerin heiraten wollte – vor wenigen Monaten heiratete Prinz Harry Meghan Markle, eine geschiedene Amerikanerin.

Kurz nach dem Krieg gab Prinzessin Elizabeth Prinz Philip das Ja-Wort. Sie legte das Versprechen ab, ihm zu gehorchen – 1981 versprach die zwanzigjährige Diana in der Kathedrale

St. Pauls stattdessen, ihren Verlobten Prinz Charles zu lieben, zu trösten, zu ehren und zu umsorgen.

1948 kam Prinz Charles noch im Buckingham Palace zur Welt. Während Elizabeth in den Wehen lag, spielte Prinz Philip Squash und schwamm danach unruhig ein paar Bahnen im Pool – dagegen kam Charles' und Dianas Sohn Prinz William 1982 in einem öffentlichen Krankenhaus und im Beisein seines Vaters zur Welt.

1957 sahen die Briten der sichtlich angespannten jungen Königin bei ihrer ersten TV-Ansprache zu – 2017 erinnerte die Queen an dieses Ereignis und hob hervor, wie viele Menschen ihre Ansprachen heute auf Smartphones, Laptops und Tablets verfolgten.

Die Swinging Sixties bescherten England und der Welt die Rolling Stones, die Beatles und den Minirock – die Queen hat man zwar nie im Minirock gesehen, doch 1970 trug sie Hosen zu einem offiziellen Termin, ein höchst seltener Anblick – erst kürzlich nahm sie neben Anna Wintour in der Front Row der Londoner Fashion Week Platz.

Im Mai 1965 besuchte die Queen zum ersten Mal nach dem Krieg Deutschland und wurde frenetisch gefeiert, im gleichen Monat war im Frankfurter Auschwitz-Prozess die Beweisaufnahme abgeschlossen worden. 2015 wiederholte sie den Besuch und legte in der Gedenkstätte des ehemaligen Konzentrationslagers in Bergen-Belsen einen Kranz nieder. 1972 trat Großbritannien der Europäischen Gemeinschaft bei und stimmte nur zwei Jahre später zum ersten Mal über den Verbleib ab – während ich dies schreibe, verhandelt Theresa May in Brüssel über die Austrittsbedingungen aus der EU.

Statt eines alten Mannes mit Zylinder und Zigarre saß der Queen 1979 mit Margaret Thatcher zum ersten Mal eine Frau bei der wöchentlichen Audienz mit ihrem Premier gegenüber. Im gleichen Jahr erreichte der Nordirland-Konflikt einen traurigen Höhepunkt: Die IRA tötete siebzehn britische Soldaten, nur Stunden zuvor hatte ein Terrorist der Organisation einen tödlichen Anschlag auf den Cousin der Queen, Lord Mountbatten, verübt – 2005 legte die IRA die Waffen nieder. In den Neunzigern fiel in Deutschland die Mauer, in Großbritannien brannte Schloss Windsor, und die Queen zahlte zum ersten Mal Steuern – auf freiwilliger Basis. Verfolgt von Paparazzi starb Prinzessin Diana 1997 bei einem Autounfall in Paris, bei ihrer Trauerfeier versprach ihr Bruder, alles zu tun, um ihre Söhne vor einem ähnlichen Schicksal zu bewahren – heute fechten William und Harry regelmäßig ihre Kämpfe mit der Presse aus, und die Regeln zum Schutz der Privatsphäre sind schärfer geworden.

Als erstes Mitglied der königlichen Familie outete sich Lord Ivar Mountbatten 2016 als homosexuell, und in ihrer Eröffnungsrede zum parlamentarischen Jahr 2017 versprach die Queen: «Meine Regierung wird weitere Anstrengungen unternehmen, um das Lohngefälle zwischen den Geschlechtern und die Diskriminierung von Menschen aufgrund ihrer Rasse, ihres Glaubens, ihres Geschlechts, ihrer Behinderung oder sexuellen Orientierung zu bekämpfen.»[11]

All diese Revolutionen, Umbrüche und Schicksalsschläge hat Elizabeth II. in ihrem so langen Leben miterlebt, manchmal erlitten, wohl auch, häufiger, als wir es ahnen, mitgestaltet. Und daran werden sich die Menschen in Großbritannien zurückerinnern und einander davon erzählen, wenn sie sich in die lange Schlange vor Westminster Hall einreihen, um ihr – DER Queen – die letzte Ehre zu erweisen.

DER SCHLUSSAKT

Vier Tage lang werden die Menschen Gelegenheit haben, Abschied zu nehmen von einer Frau, die mit ihrer puren Existenz drei Jahrhunderte miteinander verband und die Leben unzähliger Menschen berührte und beeinflusste.

Dann, am letzten Tag der Trauerphase, werden die Menschen in Großbritannien pünktlich um neun Uhr zum Klang der Glocke von Big Ben einen nationalen Feiertag begehen. Die Straßen und Wege entlang der geplanten Prozession werden von Zelten und Schlafsäcken gesäumt sein, von all denen, die sich eine möglichst gute Sicht auf das historische Ereignis sichern wollen. Es wird Tee aus Thermoskannen ausgeschenkt werden, und man wird sich Geschichten von der Queen erzählen. Wo sonst betriebsame Londoner auf dem Weg zur Arbeit die Gehwege entlanghasten, die Geschäfte nach und nach ihre Tore öffnen und die ersten Touristen die Stadt überrennen, wird seltsame Ruhe herrschen.

Westminster Abbey, die Kirche, in der Prinzessin Elizabeth und Prinz Philip 1947 heirateten und in der sie sechs Jahre später zur Queen Elizabeth II. gekrönt wurde, wird eine ihrer letzten Stationen sein. Nach und nach werden die etwa 2000 geladenen Gäste eintreffen: Neben den Staatsoberhäuptern des Commonwealth und weiterer Staaten, der aktuellen Premierministerin oder dem aktuellen Premierminister und anderen Würdenträgern wird auch der erweiterte Familienkreis an der Feier teilnehmen – die gekrönten Häupter Europas.

die Ururgroßmutter der Queen eine gewiefte Kupplerin war? Als es vollbracht war, muss Königin Victoria sich zufrieden auf die Schulter geklopft haben. Für sechs ihrer neun Kinder hatte sie eine gute Partie gefunden und sie in europäische Königshäuser verheiratet. Zu Recht wird sie deshalb heute auch die Großmutter Europas genannt: Sie hatte mehr als vierzig Enkel und fast neunzig Urenkel, weshalb sich noch heute in nahezu allen europäischen Königshäusern Verwandte der Queen finden. Um nur einige zu nennen: König Harald V. von Norwegen ist ein Cousin zweiten Grades der Queen, zu ihrer Cousine dritten Grades – Königin Margrethe II. von Dänemark – soll sie ein freundschaftliches Verhältnis pflegen. Noch engere Beziehungen bestehen zum spanischen Königshaus – König Juan Carlos von Spanien wird von der Queen mit «Juanito» angesprochen, während er sie bei ihrem Spitznamen «Lilibet» ruft. Ihre Ururgroßmutter teilt sich die Queen übrigens auch mit ihrem Ehemann Prinz Philip, der ihr Cousin dritten Grades ist.

Derweil wird die große Glocke von Westminster Abbey einmal für jedes Lebensjahr der Queen erklingen, ehe die Stimmen der Kinderchöre die heiligen Hallen füllen. Bis in die letzte Ecke wird sie ausgeleuchtet sein, damit den Kameras für die weltweite Berichterstattung nichts entgeht.

Erst seit dem Aufkommen der Massenmedien zu Beginn des 20. Jahrhunderts sind royale Beerdigungen zu einem Medienereignis geworden. Beim Tod Georges V. verfolgten die meisten Menschen die Beerdigung noch über das Radio. Sechzehn Jahre später, als Queen Elizabeths Vater starb, wurde die Zeremonie schon live im Fernsehen übertragen, und 1997 sollte diese Entwicklung bei der Beerdigung von Prinzessin Diana ihren traurigen Höhepunkt finden: Zwei Milliarden Fernsehzuschauer auf der ganzen Welt verfolgten, wie zwei Jungen mit hängenden Köpfen hinter dem Sarg ihrer Mutter herschritten. Ein Strauß Rosen lag darauf, darüber der Schriftzug: Mummy. Noch heute gilt die Aufzeichnung von Lady Dianas Beerdigung als das meistgesehene TV-Ereignis in der Geschichte des Fernsehens.

Und bei der Totenfeier für die Queen? Die Position der Kameras ist längst beschlossene Sache, aber nach der Berichterstattung um Lady Dianas Tod werden die Kameras keine Nahaufnahmen der Anwesenden zeigen dürfen. Überall in London werden große Leinwände aufgestellt sein, auf denen die Menschen die Zeremonie verfolgen können.

Zuletzt wird man die Queen in der St. George's Chapel auf Schloss Windsor im Kreise ihrer Vorfahren zu Grabe legen. Und damit wird ihre Zeit zu Ende sein.

Über sechsundsechzig Jahre wird die Queen die Krone durch persönliche, politische und mediale Krisen in ein neues Jahrhundert geführt haben. Wenn die Tage der Trauer vorüber sind, wird die letzte persönliche Verbindung zu einer längst vergangenen Zeit abbrechen, und eine neue Generation wird übernehmen.

Nur wenige Monate nach der Beerdigung werden sich einmal mehr die Türen zum Balkon des Buckingham Palace öffnen, und unter den Rufen der wartenden Menschen wird sich ein neuer König zeigen. Wer ist der Mann, der das Erbe der Queen antritt? Und: Wird er die Monarchie verändern?

KAPITEL 2

DER EWIGE AZUBI –
KANN CHARLES KÖNIG?

Prinz Charles wurden unlängst auf einer seiner Reisen nach Australien Ameisen zum Essen angeboten. Der Prinz lehnte auf seine berühmt-zurückhaltende und charmante Art ab, und seine Frau Camilla verwies darauf, dass man ihn mit regionalen Produkten glücklich machen könnte. Schließlich sei ihr Mann Biobauer, und sie lachte. Biobauer, ewiger Thronfolger, sozial engagiert, kritischer Denker – aber auch König?

Hatte ihn der König gerade wirklich rausgeschmissen? Er hatte damit gerechnet, dass die Treffen anders verlaufen würden als mit der Queen, und weiß Gott, er hatte sie gemocht und respektiert, ja, auch ein wenig gefürchtet. Ein einziger langer Blick hatte genügt, und er hatte sich wie ein Schuljunge gefühlt, der beim Nasebohren erwischt worden war. Aber Charles? Der war doch selbst gerade noch ein unsicherer Schuljunge gewesen, der mit Wasserfarben malte und homöopathische Kügelchen zur Beruhigung einnahm. «Das Recht, konsultiert zu werden, das Recht zu ermutigen, das Recht zu warnen.» Und das war's. So war es schon bei Walter Bagehot nachzu-

lesen, der in seiner Regierungslehre aus dem 19. Jahrhundert die Befugnisse eines Königs zusammengefasst hatte. «Ich schütze die einzigartige Kraft und Lebensweise dieses Landes.» – Was dachte sich dieser alternde Mann eigentlich, wer er war? Aber gut, wenn er seine kurze Zeit auf dem Thron weiter beschneiden wollte – ihm sollte es recht sein.

Als die BBC im letzten Jahr den schwarzhumorigen Film «Charles III.» ankündigte, ging ein angeregtes Raunen durch das Land. Schon im Vorfeld hieß es, der Film «verunglimpfe und untergrabe» die königliche Familie, er sei «geschmacklos» und «außergewöhnlich unsensibel». Die Geschichte ist schnell erzählt: König Charles III. löst durch seinen Unwillen, ein Gesetz zur Einschränkung der Pressefreiheit zu unterzeichnen, eine konstitutionelle Krise aus und wird schließlich gezwungen abzudanken. Nach nur wenigen Wochen im Amt löst Prinz William seinen Vater als König ab.

Zwar wurde der Film von der Kritik hoch gelobt, doch die Aufregung vor der Veröffentlichung zeigt, dass er offensichtlich nicht nur den Geschmack der Kritiker, sondern auch einen Nerv getroffen hatte, griff er doch eine Frage auf, die in der Presse lange Zeit ein Dauerbrenner war: Kann Charles wirklich König? Eine Frage, auf die meist schon die nächste folgt: Wäre sein so besonnener Sohn William nicht die bessere Wahl? Während dem Prinzen und seiner jungen Familie die Herzen zufliegen, kämpfte Charles über Jahre mit dem Image des ewigen Weltverbesserers und des vorlauten Kritikers bis hin zum Architektur-Nörgler. Und das sind nur einige der negativen Etiketten, die Prinz Charles in seinem Leben aufgedrückt wurden. In den siebziger Jahren war der Ruf des Prinzen noch ein gänzlich anderer. Da wurde Prinz Charles als eine Art Action-Typ dargestellt:

Bilder des sonnenbebrillten, exquisit gekleideten Lebemannes erschienen in den Zeitungen – eines surfenden Prinzen voll im Leben. Charles cruiste in einem windschnittigen Aston Martin zu Polo-Matches, Partys und Presseterminen, nicht selten mit einer jungen Schönheit an seiner Seite. Zu seinem Dreißigsten widmete ihm das *Time Magazine* die Titelstory und schrieb über den Prinzen, er sei «weniger ein wartender Regent» als «ein Mann seiner Zeit».[12]

WUSSTEN SIE SCHON, DASS ...

auch Prinz Charles einen Sinn für Mode hat? Unter Anzugträgern ist es schon lange kein Geheimnis mehr – der Prinz von Wales hat sich über die Jahre zu einer waschechten Stilikone gemausert. Der berühmte Londoner Maßschneider Edward Sexton, die *Vogue*, die *GQ* – sie alle sind sich einig: Der Prinz zählt zu den bestangezogenen Menschen der Welt. Prinz Charles sieht es gelassen und rät den Lesern der *Vogue* zu Vintage – natürlich um die Umwelt zu schonen.

Heute laufen ihm die jungen Royals den Rang ab, aber damals war der Prinz der beliebteste unter den Royals und sorgte mit seinen medienwirksamen Auftritten für ein «Popstar»-Image.

Als der «begehrteste Junggeselle der Welt» mit Diana Anfang der Achtziger das Paradebeispiel einer zukünftigen Prinzessin datete, war es um die Medien, den Palast und den Rest der Welt geschehen. Anstelle seiner großen Liebe Camilla gab der Prinz 1981 dem Mädchen das Ja-Wort, in das sich Palast und Presse verliebt hatten. Diese Heirat sollte sich als der schlimmste Fehler seines Lebens erweisen. Nach außen hin mimten beide das perfekte Paar, aber hinter den Palastmauern brodelte es. Die Medien stürzten sich mit einer nie da gewesenen Vehemenz auf die blutjunge Diana, die mit ihrer schüchternen und doch zugewandten Art die Herzen der Menschen im Sturm eroberte. Und Prinz Charles? Der verschwand zunehmend im langen Schatten seiner Frau. Als die Ehe Anfang der Neunziger ebenso medienwirksam zerbrach, wie sie angefangen hatte, ging Diana als Siegerin aus der Schlammschlacht hervor: Sie war die Prinzessin der Herzen, eine moderne, unprätentiöse junge Frau, die sich aus den Fängen einer dysfunktionalen Familie befreit hatte. Prinz Charles dagegen erschien wie der «kalte Fisch», der sich für so abseitige Dinge wie Buddhismus und Öko-Landwirtschaft begeisterte und in einer Zeit des wirtschaftlichen Aufschwungs gegen die Concorde wetterte. In seinen maßgeschneiderten Anzügen wirkte er wie «eine Art Gentleman aus dem 18. Jahrhundert, der zweihundert Jahre zu spät geboren wurde»[13]. Nach der Trennung von Diana sanken seine Beliebtheitswerte ins Bodenlose. Nur noch etwa vierzig Prozent der Befragten waren der Ansicht, Charles würde einen guten König abgeben – vor der Trennung hatten das noch über achtzig Prozent geglaubt.[14]

DER ÖKO-PRINZ

Charles' eigentliche Arbeit, seine vielen persönlichen Talente standen lange im Schatten seiner Ehe und der Skandale, die auf das Auseinanderbrechen der Beziehung mit Diana folgten. Aber schon ab den siebziger Jahren hatte der Prinz seine Finger in so vielen Charitys, dass selbst seine Mitarbeiter zwischenzeitlich den Überblick verloren haben sollen. 1978 hatte der Prinz bei einer Rede an der Universität von Cambridge gesagt: «Mein großes Lebensthema ist, dass ich nicht wirklich weiß, was meine Rolle im Leben ist. Im Moment habe ich keine. Aber irgendwie muss ich eine finden.»[15]

Dabei hatte Charles schon 1976 mit dem Prince's Trust seine erste und bis heute erfolgreichste Hilfsorganisation auf die Beine gestellt. Ziel des Trusts war und ist es, das Selbstvertrauen und die Fähigkeiten verletzlicher junger Menschen zu stärken und ihnen dabei zu helfen, einen Platz in der Gesellschaft zu finden. Bis heute hat der Prince's Trust fast einer Million jungen Menschen geholfen. Charles gründete die Organisation zu einem Zeitpunkt, da er zum ersten Mal wirklich frei entscheiden konnte, was er mit seinem Leben als Prinz anfangen wollte. Als erster Thronfolger in der Geschichte der britischen Monarchie hatte er ein paar Jahre zuvor, wie es sich für einen modernen Prinzen gehört, einen Universitätsabschluss gemacht und war dann auf Drängen seines Vaters zur Marine gegangen, wo sich der musisch interessierte junge Mann, der lieber in der Natur herumstreifte, völlig fehl am Platze fühlte und sich selbst in einem Brief an einen Freund als «offensichtlich ungeeignet» einstufte.[16] Der Prinz hatte nur wenig Einfluss auf seinen Werdegang, den sein Vater Prinz Philip vorgezeichnet hatte. Und der hatte es sich zur Aufgabe gemacht, den schüchternen, musisch interessierten Jungen auf sein Amt vorzubereiten, indem er ihn auf ein Internat an einem der nördlichen Zipfel des Landes schickte. Es lässt tief blicken, dass Prinz Charles bei seinem ersten Projekt beschloss, jungen Menschen zu helfen, die früh auf eine Rolle festgelegt worden waren, aus der sie sich aus eigener Kraft nicht befreien konnten. In einem Interview mit dem *Observer* sagte er: «Ich denke, es ist falsch, dass so viele junge Menschen glauben, dass sie nicht dazugehören, weil sie nicht das Gefühl haben, von Nutzen zu sein, hilfreich zu sein, zu etwas beizutragen.»[17] Charles war überzeugt davon, dass jeder Mensch mit ein wenig Zeit, Zuwendung und Vertrauen über sich hinauswachsen könne. Mit dem Prince's Trust schuf er genau das Netzwerk, das er vielleicht als junger Mensch selbst gebraucht hätte.

Für Außenstehende wirkte das Engagement des Prinzen und sein unermüdlicher Einsatz lange wohl eher rastlos und wenig zielgerichtet – die Königin sah einen Prinzen, der versuchte, seinen Pflichten gerecht zu werden und ein eigenes Profil herauszubilden. Er schien sich für alles zu interessieren, was damals noch mit gerümpfter Nase und hochgezogenen Brauen beäugt wurde: von gemeinschaftsbildender Architektur über ganzheitliche Therapieansätze und Esoterik bis hin zu Klimaschutz. Er war der Prinz, der sogar mit seinen Pflanzen sprach.

WUSSTEN SIE SCHON, DASS ...

Prinz Charles in seinem Leben mehrere Bücher veröffentlicht hat? Neben Sachbüchern, die sich um Aquarellmalerei, Klimaschutz und Bio-Landwirtschaft drehen, veröffentlichte er 1980 auch ein Kinderbuch mit dem Titel «The Old Man of Lochnagar» – sein Erstlingswerk.

In den achtziger Jahren beschäftigte er sich intensiv mit den Vorteilen biologischer Landwirtschaft – damals noch ein recht neuer Ansatz – und experimentierte damit auf seinem Anwesen Highgrove. Heute ist daraus einer der schönsten Gärten Englands geworden. Charles setzte sich auch mit zeitgenössischer Architektur auseinander. Statt am 30. Mai 1984 sein Sektglas zu erheben und auf den Gewinner der Royal Gold Medal for Architecture anzustoßen, hob der Prinz vor der versammelten

Mannschaft moderner britischer Architekten zu einer Brand-rede an. Die geplante Erweiterung der National Gallery bezeich-nete er als «monströses Furunkel» und wetterte, die eigentliche Aufgabe der Architekten sei es, sich Gedanken zu machen, über die Art, wie Menschen leben, über die Umwelt, die sie bewoh-nen, und über die Gemeinschaft, die durch diese Umgebung kreiert werde.[18]

WUSSTEN SIE SCHON, DASS ...

Prinz Charles gemeinsam mit einem Team von Architekten ab Ende der neunziger Jahre auf 162 Hektar Land des Her-zogtums von Cornwall eine Modellstadt bauen ließ? Die Vorstellungen des Prinzen von einer Architektur, in wel-cher der Mensch im Zentrum stand, flossen maßgeblich in die Pläne ein. Es entstand das pittoreske Dörfchen Pound-bury am Rande des Städtchens Dorchester, für das der Prinz gleichwohl jede Menge Kritik einfuhr. 2025 soll es endgültig fertiggestellt sein.

Die Rede schlug in England hohe Wellen, und infolge seiner Kri-tik wurde der Entwurf für die Erweiterung der National Gallery abgelehnt. Es war nicht das erste und auch nicht das letzte Mal, dass Charles sich mit seinen «Einmischungen» keine Freunde machte. Der Prinz hielt mit seiner Meinung nicht hinterm Berg. «Es gibt eine Menge, das ich tun kann. Insbesondere in meinem Alter. Gerade weil ich nicht der Souverän bin und deshalb durch die Verfassung nicht so sehr gebunden bin.»[19]

Und da wären wir wieder bei Charles III. und der befürchte-ten konstitutionellen Krise. Denn Kritiker sehen in dieser Tendenz, sich kontrovers zu äußern und eine Meinung zu vertreten, eine Gefahr für die Monarchie. Charles' Freunde hingegen sehen in ihm genau den Richtigen für den Thron.

Den vorläufigen Höhepunkt erreichte die Berichterstattung über Charles' Lobbyarbeit, als bekannt wurde, dass der Prinz über Jahre Briefe an britische Minister geschrieben hatte, was als endgültiger Beweis seiner Einmischung in politische Belange gesehen wurde. Die Briten haben sich über Jahre an den sehr zurückgenommenen, bisweilen als passiv bezeichneten Stil der Queen gewöhnt, und ein proaktiver Prinz erhitzte natürlich die Gemüter. Als Teile der Korrespondenz veröffentlicht wurden, stellte sich jedoch heraus, dass es viel Lärm um nichts gewesen war. Charles schlug in den Briefen einen dringlichen Ton an, doch anstelle eines «feudalen Möchtegern-Tyranns»[20] zeigten die Briefe ihn als passionierten Lobbyist für recht abseitige Themen. Unter anderem setzte er sich für eine bessere Bezahlung von Milchbauern, die Renovierung historischer Gebäude in Irland und den Schutz des Schwarzen Seehechts ein. Während wir über Prinz Charles' Überzeugungen heute bestens im Bilde sind, wissen wir dagegen kaum etwas über die persönliche Meinung der Queen zu politischen und gesellschaftlichen Themen. Bis auf wenige wohlgesetzte und feinsinnige Ausnahmen äußerte sie kaum je ihre Meinung. Was auf die einen blass und wenig inspirierend wirken mag, ist einerseits ihrer verfassungsmäßigen Pflicht geschuldet, in politische Belange nicht einzugreifen, und hat sich andererseits über die Jahre als eine hervorragende Strategie bewährt, um die Monarchie zu erhalten. Queen Elizabeth ist gewissermaßen die Konsens-Königin. Wie der König auf einem Schachbrett bewegt sie sich nur wenig, bleibt in den hinteren Reihen zurück und dirigiert aus sicherer Distanz die Geschicke der Monarchie. Sie zeigt keine Ecken und Kanten –

weshalb sich auch niemand an ihr stoßen kann. Prinz Charles hingegen bietet durch seinen Drang, sich einzumischen, eine Menge Angriffsfläche.

DIE KÖNIGIN IST TOT, ES LEBE DER KÖNIG

Doch das alles interessiert die Queen nur wenig. Und allen, die immer noch glauben, in der britischen Thronfolge werde irgendwer übersprungen, denen sei gesagt: So wird es wohl nicht laufen.

Einen Monarchen kann man sich nicht aussuchen. Könnte man es, wäre es nicht die Monarchie. Wie es ihre Art ist, hat die Queen in den letzten Jahren, ohne große Worte darum zu machen, kontinuierlich daran gearbeitet, die Geschäfte an ihren Sohn zu übergeben.

WUSSTEN SIE SCHON, DASS ...

es nicht sicher ist, unter welchem Namen Charles regieren wird? Als Thronfolger ist es ihm erlaubt, aus einem seiner vier Vornamen – Charles Philip Arthur George – einen auszuwählen. 2005 wurden Gerüchte laut, denen zufolge Charles als George VII. regieren werde. Doch das Büro des Prinzen stritt die Gerüchte ab: «Eine Entscheidung wurde noch nicht gefällt, und sie wird zur rechten Zeit gefällt werden.»[21]

Ein erstes bedeutsames Zeichen setzte die Queen 2013, als Prinz Charles sie mit der Eröffnungsrede beim Treffen der Commonwealth-Staaten in ihrer Funktion als Head of Commonwealth vertrat. Es war das erste Mal in vierzig Jahren, dass die Queen das Treffen ausließ. Und siehe da: Prinz Charles entpuppte sich als würdiger Vertreter. Zwar ließ der Palast verlauten, die Queen wolle mit ihren Kräften haushalten, es gehe ihr ausschließlich darum, Langstreckenflüge zu vermeiden, doch es steckte mehr dahinter. Seit ihrer Krönung hält die Queen die Staaten der Organisation zusammen. Doch der Titel des Head of Commonwealth geht nach ihrem Tod nicht automatisch auf den Thronfolger über, denn die Zusammensetzung der Organisation hat sich seit der Gründung gewandelt, und die Staaten, in denen die Queen das Staatsoberhaupt ist, machen nur noch einen Bruchteil der Mitglieder aus. Prinz Charles müsste also ernannt werden. Einmal mehr entpuppt sich die Queen als ausgebuffte Strategin: Indem sie ihren Sohn die Eröffnungsrede halten ließ, stellte sie klar, dass sie ihn für geeignet hielt, diese Position zu übernehmen, und versuchte, das Amt für die Krone zu sichern.

Bei dem Treffen 2015 auf Malta war die Queen dann wieder mit von der Partie, und Charles war an ihrer Seite. Über ihren Sohn sagte sie, er habe sie zu ihrer vollsten Zufriedenheit unterstützt und repräsentiert. Sie hob hervor, er trage weiterhin «so viel von so großer Bedeutung» bei.[22]

Weitere Zeichen eines nahenden Übergangs ließen nicht lange auf sich warten: Kurz nach ihrem 90. Geburtstag übergab die Queen die Schirmherrschaft von über zwanzig Organisationen an die nächste Generation, 2017 ging Prinz Philip in Rente, nach fünfundsechzig Jahren im Dienst der Krone, in denen er seiner Frau mit Rat und Tat zur Seite gestanden hatte. Und am Ende des Jahres legte anstelle seiner Mutter Prinz Charles am Remembrance Day den Kranz für die in den beiden Weltkriegen gefallenen Soldaten der Staaten des Commonwealth am

Ehrenmal nieder. In ihrer gesamten Regentschaft hat die Queen diesen Tag nur sechs Mal verpasst – viermal, weil sie sich auf Auslandsreisen befand, und zweimal, weil sie schwanger war. Diesmal jedoch sah sie der Niederlegung bei bester Gesundheit vom Balkon des Außenministeriums in Whitehall aus zu. Für die Hofberichterstatter war es eines der deutlichsten Zeichen für die Übergabe der Geschäfte.

Anfang 2018 spekulierte die Presse dann, ob die Frage der Nachfolge Thema eines Treffens hochrangiger Mitglieder des Commonwealth in London sei, und Stimmen wurden laut, die einen Wechsel an der Spitze der internationalen Staatengemeinschaft forderten. Der *Guardian* brachte gar Barack Obama als neuen Vorsitzenden ins Gespräch.[23] Aber daraus wurde nichts. Während ihrer Rede auf der Konferenz schloss die Queen ihre Mission mit dem «aufrichtigen Wunsch» ab, Charles möge ihre Rolle an der Spitze des Commonwealth übernehmen. Und wer wollte der Queen schon einen «Wunsch» abschlagen? Wenig später gaben die führenden Mitglieder des Commonwealth bekannt, dass Charles die Position nach seiner Mutter übernehmen werde – Mission erfüllt![24]

Wir können davon ausgehen, dass sich die Königin nach und nach zurückziehen wird und Charles, seine Geschwister und auch seine Söhne William und Harry weitere Aufgaben für sie übernehmen. Abdanken – wie es beispielsweise Königin Beatrix 2013 oder König Juan Carlos von Spanien 2014 taten – wird die Queen nicht, dessen war sich Charles schon im Alter von sechsundzwanzig Jahren bewusst: «Nein, ich vertrete keinesfalls die Ansicht, Monarchen sollten in Rente gehen und mit einer Pension abgespeist werden ... wie es in einigen Berufsständen und Unternehmen gehandhabt wird. Ein Monarch zu sein ist anderer Natur.»[25] Die Queen ist und bleibt an ihren Schwur gebunden,

den sie als einundzwanzigjährige Frau abgelegt hat, der großen imperialen Familie zu dienen, und zwar ihr Leben lang.

Stattdessen wird sie, so wird erwartet, beiseitetreten und ihren Sohn häufiger vom Spielfeldrand aus beobachten. Es ist durchaus möglich, dass wir Charles lange dabei zusehen können, wie er als Schattenkönig die Interessen der Queen vertritt. Alles deutet darauf hin, dass das Praktikum des Prinzen in eine neue Phase übergeht – und die Aussichten auf eine Übernahme stehen nicht schlecht. Denn mit Beginn des neuen Jahrtausends hat sich einiges getan.

DIE GRÖSSTE LOVESTORY IM SCHLOSS

2005 hielt die Queen auf einem familiär gehaltenen Empfang eine bewegende Rede. Der Anlass war die Hochzeit ihres ergrauten Sohnes und seiner großen Liebe Camilla. Die vorangegangene Trauung war bewusst zurückhaltend gestaltet – da war keine goldene Kutsche, keine meterlange Schleppe, kein funkelndes Diadem. Nur zwei Menschen, die einander im Kreise ihrer Familie in einer Zeremonie das Ja-Wort gaben und anschließend an einem Gottesdienst teilnahmen. Charles' Eltern waren bei der zivilen Trauung nicht anwesend, nahmen aber am anschließenden Gottesdienst teil. Die bunten Blätter – auch in Deutschland – witzelten danach über Camillas üppigen Federhut, den sie zur Trauung trug. Die *Frankfurter Allgemeine* fragte: «Wer hat sie zu diesem Hut überredet und das auch noch am glücklichsten Tag ihres Lebens?» Aber das war auch schon alles an Kritik. Im Grunde wusste jeder, hier haben zwei ja gesagt, die für diese Liebe lange und hart kämpfen mussten.

Es war nicht selbstverständlich, dass Charles und Camilla

2005 – acht Jahre nach dem Tod Dianas – heiraten konnten. Lange hatte das Paar, hatte der Palast gezögert. Schritt für Schritt war Camilla in einer von Mark Boland – dem Presseberater des Prinzen von Wales – feinsinnig orchestrierten Kampagne in die königliche Familie aufgenommen worden: der erste offizielle gemeinsame Auftritt, der erste öffentliche Kuss, der Verlobungsring der Braut, die Zustimmung im Sinne des Royal Marriages Act von 1772, Gratulationen der politischen und der kirchlichen Vertreter. Aber dies alles war erst möglich geworden, als die Umfragewerte stiegen und sich abzeichnete, dass über fünfzig Prozent der Briten einer Heirat positiv gegenüberstanden. Erst dann wurde eine Hochzeit ernsthaft in Erwägung gezogen.[26]

Noch ist nicht endgültig entschieden, ob Camilla an der Seite ihres Mannes den Titel der Königin von England tragen wird. Zwar gab Clarence House anlässlich der Hochzeit eine Pressemitteilung heraus, der zufolge Camilla bei Charles' Thronbesteigung nur den Titel «Ihre Königliche Hoheit die Prinzgemahlin» annehmen werde, doch in den letzten Jahren wird dies immer stärker in Zweifel gezogen, denn historisch gesehen wird die Ehefrau des Königs bei seiner Thronbesteigung automatisch Königin.[27] Trotzdem gibt es Kritiker, die sich fragen, ob Camilla wirklich eine geeignete Königin ist – schlicht und einfach weil sie nicht wie Diana ist. Adelsexperte Rolf Seelmann-Eggebert sagt dazu: Früher sei er sich mit der Hochzeit der beiden nicht sicher gewesen, heute aber habe er den Eindruck, «dass die Engländer in der Masse der Bevölkerung sagen: Sie sieht aus wie eine Herzogin, sie redet wie eine Herzogin, lass sie mal auch Königin werden. Ich glaube, dass, wenn Charles das Amt übernimmt, sie an seiner Seite als Königin auftreten wird.»[28]

Letztlich liegt die Entscheidung über Camillas Titel aber bei Charles. Sobald er durch den Kronrat zum König ernannt sein wird, kann er seiner Frau den Titel verleihen. Und es sieht ganz danach aus, als unterstütze die Queen diesen Plan in der ihr eigenen stoischen Art. Heißt: weiter nach außen lächeln, schweigen und im Hintergrund die richtigen Strippen ziehen. 2012 ernannte sie ihre Schwiegertochter zur Grande Dame – die höchste Auszeichnung unter dem Victoria-Orden, und wenig später zum Mitglied des Kronrats, sodass sie bei Charles' Ernennung zum König anwesend sein wird.

Mit der herzlichen, bodenständigen Camilla an seiner Seite ist der Prinz ruhiger geworden, er erscheint weniger rastlos – selbst wenn seine Frau das anders einschätzt. Sie sagte über ihn: «Er hört einfach nicht auf zu arbeiten. Es ist ermüdend ... Ich hüpfe auf und ab und sage: Liebling, denkst du, wir könnten uns ein bisschen, Sie wissen schon, Ruhe und Frieden gönnen und etwas Zweisamkeit genießen?»[29] Trotz des engen Terminplans nehmen sich die beiden Zeit, gemeinsam im Garten zu arbeiten und sich ihrer Liebe zur Natur hinzugeben. Es heißt, Prinz Charles würde, wenn nötig, schon mal mit seinen Pflanzen sprechen, damit sie schneller wachsen. Camilla über ihren Mann: «Der Prinz ist ein großartiger Gärtner, und ich teile diese Leidenschaft. Zu sehen, wie das, was ich pflanze, wächst, bereitet mir große Freude.»[30] Die Weihnachtskarte des Paares von 2015 zierte dann auch ein Schnappschuss, der offenbar auf einem ausgedehnten Spaziergang aufgenommen wurde. Prinz Charles lehnt leger neben seiner Frau und zieht sie lächelnd an sich.

In Camilla hat der Prinz eine Vertraute und eine Freundin gefunden – zusammen mit ihr, mit seinen Söhnen und in seiner Rolle als Großvater erfährt der Prinz heute wohl endlich, was es heißt, sich als Teil einer Familie oder besser: einer großen Patchwork-Familie zu fühlen. Als die Queen ihr Glas am Ende eines langen Tages auf das Brautpaar erhob, sagte sie: «Ich bin sehr stolz und wünsche ihnen alles Gute. Mein Sohn ist sicher zu Hause angekommen mit der Frau, die er liebt.»[31] Das sei trotz aller Hindernisse geschehen, die sie beide nun überwunden hätten.

UND PLÖTZLICH SHOOTING-STAR

Läuft es erst mal in der Liebe, so scheint es oft, läuft es plötzlich auch in allen anderen Bereichen besser. Beruflich hat sich der Prinz in den letzten Jahren weiterentwickelt. 2017 hat sich aus den vielen scheinbar unzusammenhängenden Interessen des Thronfolgers ein Profil herausgebildet. Es ist das Ergebnis eines Prozesses, der in den zehner Jahren des neuen Jahrtausends einsetzte. Aus dem chaotischen Geflecht scheinbar lose verbundener Organisationen und Suborganisationen hat sich ein verschlanktes Unternehmen herausgeschält. Und der Umbau dieses Unternehmens geht weiter: Erst kürzlich kündigte das Büro des Prinzen an, weitere Organisationen zusammenzulegen, um «sicherzustellen, dass die Zeit, die der Prinz auf seine Charitys verwendet, wenn nicht reduziert, dann aber effektiver genutzt würde.»[32]

Was vor Jahren noch unverständiges Kopfschütteln bei der Presse auslöste, wirkt heute aktueller denn je, da ein amerikanischer Präsident trotz schmelzender Polkappen und steigender Meeresspiegel den Klimawandel leugnet, dagegen aber große Unternehmen auf Nachhaltigkeit setzen oder zumindest den Anschein erwecken, «grün» zu sein, die Menschen mehr und mehr darauf achten, woher das Essen auf ihren Tellern stammt. Es kommt also nicht von ungefähr, dass Charles' Umfragewerte zwar langsam, aber doch kontinuierlich steigen.

Auch die zahllosen Projekte des Prinzen, die viele Experten

ehemals als zum Scheitern verurteilte Spielereien abtaten, werden zunehmend einer Revision unterzogen. Da ist zum Beispiel die Rede, die Prinz Charles 2015 auf der Klimakonferenz in Paris hielt, in der er seine Sorge um den Planeten mit den folgenden Worten zum Ausdruck brachte: «Die Natur schreit auf, weil wir sie misshandeln.»[33] Damit drückte er die Sorgen der Mehrheit aus. Aber er machte auch Hoffnung, denn wir haben – so Prinz Charles – «das Wissen, das Werkzeug und das Geld, um eine Klimakatastrophe zu verhindern»[34].

Auch sein vielbelächeltes Projektdorf Poundbury, das Kritiker als «feudales Disneyland» und «Ruhestands-Dorf» bezeichneten, blüht und gedeiht.[35] Das Dorf mit den gewundenen Straßen zieht immer mehr junge Leute aus London an, die hinter den schrulligen Fassaden der Häuser bisher achtzig Start-ups gründeten und zur wachsenden Population des Dorfes beitragen.

CHARLES, DER KÖNIG

Die Regentschaft der Queen neigt sich wohl langsam dem Ende entgegen – aber das mal ganz vorsichtig gesagt, schließlich wurde Queen Mum, die Mutter der Königin, 102 Jahre alt. Da ist also möglicherweise noch viel Zeit. Stellt sich trotzdem die Frage, ob Charles die Rolle, die er als Prinz von Wales und Thronerbe ausfüllt, auch als König weiterverfolgen wird. Wird er schweigen und lächeln können, wie es seine Mutter über Jahrzehnte als Erfolgsformel vorgelebt hat?

Wer die Queen lesen will, kann höchstens auf ihren berühmten Handtaschencode achten oder die Auswahl ihrer Kleider genau beobachten. Wechsel der Handtasche von einer auf die andere Seite heißt: Mir reicht es, holt mich hier raus. Knallbuntes Kleid bedeutet: Ich möchte nicht übersehen werden. Bei einer Körpergröße von 1,62 nicht unwichtig. Der Hut hilft ihr dabei. Aber der sollte niemals zu hoch sein, damit die Queen entspannt aus dem Auto aussteigen kann. Und lernen kann man von der Queen, was Modepannen angeht, auch. Damit niemals ein Rocksaum hochfliegt, werden die Säume zusätzlich beschwert. Ähnlich wie das mit Gewichten an der Tischdecke passiert.

Gern achtet die Queen auch farblich und in den Accessoires darauf, dass die Garderobe zum Anlass passt. Manchmal macht sie damit sogar Politik. Müssen die Briten Steuern sparen, trägt auch die Queen ihre alten Kleider auf. Und fährt sie zum Besuch nach Kanada, dann ziert ihren Mantel eine Ahornbrosche. Als Anlehnung an die kanadische Nationalflagge, in der man den Ahorn wiederfindet. Und als die Queen 1965 das Brandenburger Tor besucht, trägt sie einen gelben Mantel. Und was macht sie ein paar Jahre später, beim nächsten Besuch? Sie trägt wieder Gelb. Um zu zeigen: Viele Dinge ändern sich, Länder werden getrennt und wieder verbunden, aber ich überdauere. Ganz schön clever von dieser Queen.

Aber wie wird Charles sich zeigen? Sicher kommt der König nicht im kanariengelben Anzug zu öffentlichen Anlässen. Wie wird er seine Rolle neu gestalten wollen?

Adelsexperte Rolf Seelmann-Eggebert glaubt, der Prinz werde seiner Regentschaft einen eigenen Stempel aufdrücken. «So wie ich ihn kenne, wird er sich sagen: Ich kann nicht plötzlich ein anderer sein, bloß weil ich jetzt die königlichen Pantinen trage. Er wird einen Mittelweg finden müssen, der wahrscheinlich zwischen der Haltung seiner Mutter und der seinen liegt.»[36] Jonathan Dimbleby, der Biograph des Prinzen, stellte die Vermutung auf, Charles werde in der Rolle eines Präsidenten auftreten, und mutmaßte: «Eine heimliche konstitutionelle Revolution ist im Gange.»[37] Bei solchen Aussagen werden sich bei so einigen im Palast die Fingernägel aufrollen – da ist sie wieder, die alte Sorge, dass Charles in dem Drang, etwas zu bewirken, die Monarchie zu stark verändern könnte. Aber sein bisheriges Auftreten spricht wohl für einen anderen Weg, eher für einen proaktiven Regenten, der sich dann in Interviews und Ansprachen laut zu Wort meldet, wenn es um Aufmerksamkeit für seine Herzensthemen geht: Klimawandel, Nachhaltigkeit und den Einsatz für benachteiligte Jugendliche. Alles Themen, die aktueller nicht sein könnten. Und passt Charles damit nicht genau in die Zeit?

Das wäre dann ja vielleicht wirklich mal eine neue Monarchie, unter einem dann sicherlich ergrauten, älteren Prinz Charles, aber einem, der etwas zu sagen hat.

Der, wie seine Mutter auch, nicht daran vorbeikommen wird, hauptsächlich Hände zu schütteln, Bänder durchzuschneiden und an irgendwelchen Banketten mit langen Menükarten teilzunehmen, aber vielleicht schafft er es noch dazu, Themen anzugehen, die das Land bewegen.

Charles hat schon 1988 gesagt:

«Ich wurde dazu erzogen, eine aktive Rolle einzunehmen. Ich bin entschlossen, nicht darauf beschränkt zu werden, Bänder durchzuschneiden», wetterte der Prinz in einem Interview mit der *Times* und klang erstaunlicherweise ein wenig wie sein Vater, der im Laufe seines Lebens großen Einfluss auf die Modernisierung der Krone nahm. Und trotzdem niemals ändern konnte, dass er sein Leben lang zwei Schritte hinter seiner Frau gehen musste. Was er angeblich sehr bedauert haben soll. Sein letzter Coup war wohl sein Abschied in die Rente. Der Mann, der immer die größte Stütze der Queen war, so hat sie es selbst mal gesagt, hat auf seine alten Tage keine Lust mehr. Und so recht kann ihm das wohl niemand verübeln. Selbst seine Frau nicht. Und doch zeigt es wieder eines deutlich: Er hat seinen ganz eigenen Kopf, dieser Prinz Philip. Und möglicherweise hat sein Sohn das ja einfach geerbt.[38]

Also auch ein König Charles wird weiterhin auf seine Kernthemen pochen und nicht müde werden, dafür zu kämpfen. «Beherzte Interventionen» heißt das etwas kompliziert und vorsichtig in informierten Kreisen. Konkret könnte das wohl so aussehen wie damals im Winter 2013/2014. Als halb Somerset nach anhaltenden Regenfällen unter Wassermassen verschwand, erschien auch Prinz Charles am Ort der Katastrophe und äußerte sich empört darüber, dass «so lange nichts passiert» sei, und nannte dies «eine Tragödie». Sein Besuch half! Die Behörden wurden aktiv, und die Situation der betroffenen Landwirte besserte sich. Der Prinz wurde anschließend gefragt, ob er die Äußerungen bereue, die als direkte Kritik an den Behörden aufgefasst wurde. Doch der Prinz antwortete, er habe eingreifen müssen, das sei familiär bedingt und liege ihm «einfach im Blut»[39].

Fakt ist, siebzig Jahre hatte der «longest prince in waiting» nun Zeit, sich auf diese neue Position vorzubereiten, und wenn Charles den Thron besteigt, wird er der älteste Monarch sein, der in England je gekrönt wurde. Und ganz allein wird er diese Aufgabe nicht stemmen können, und das muss er auch gar nicht.

Der Palast hat gründlich vorgearbeitet. Mit dem Diamantenen Thronjubiläum der Queen im Jahr 2012 startete die «Charmeoffensive Prinz Charles» des Palastes, und die hat das Dauertief der Neunziger dann auch endgültig vergessen gemacht. Und war es Zufall oder nicht, als Charles die Queen beim Abschlusskonzert der feierlichen Tage in seiner Rede mit «Mummy» ansprach? Zumindest jubelte das Publikum und die, die das Verhältnis der beiden, also zwischen Königin und Sohn, schon länger beobachten, konnten merken: Es hat sich was verändert. Kaminzimmerwärme war da plötzlich ganz offiziell eingezogen, in das sonst für Außenstehende wohl eher distanziert und manchmal sachlich wirkende Verhältnis. An diesem langen Wochenende feierte nicht nur Großbritannien die Queen, sondern auch eine Familie die Leistungen einer Mutter, Großmutter und Urgroßmutter. Und nicht selten sah man an diesem Wochenende, wie Charles seiner Mutter liebevoll den Arm reichte, um ihr beim Ein- und Aussteigen zu helfen.

Für das Jubiläumskonzert wurden die Plätze an Gewinner eines Preisausschreibens vergeben, die Queen trug ein goldglitzerndes Kleid, und Harry sang bei Tom Jones' «Delilah» mit. Am Ende der viertägigen Feierlichkeiten stand die ganze Familie zum traditionellen Abschlussfoto mit Postkartenpanorama auf dem Balkon, und da soll die Queen beim Anblick der viele Fahnen schwingenden Menschen gesagt haben: «Ach du meine Güte! Wie außergewöhnlich.» Gefühlt war ganz London an diesen Tagen auf den Beinen, um die Queen zu feiern. Und man konnte vor Ort mal wieder erleben, dass diese Frau es irgendwie schafft, alle zu vereinen – vom Punker bis zum Bänker, vom Fußballfan bis zum Professor. Doch etwas war anders an diesem Tag, als sich zum Glockengeläut neben der Queen die Familie aufreihte, mit Camilla, Charles, William, Kate und Harry, damals noch unverheiratet. Mehr waren es nicht. Nur noch der Kern der königlichen Familie stand da auf dem Balkon. Der Rest der Verwandtschaft musste woanders zugucken. Die neue verschlankte Version der Royal Family stand da, ganz offenkundig und mit Bedacht als ein Zeichen gesetzt nach dem Motto: Schaut her, wir machen jetzt gemeinsam den Job. Und genau so kam es dann ja auch.

Charles wird – wie seine Mutter schon heute – auf den Rückhalt und die Unterstützung dieser charmanten kleinen Familie angewiesen sein, die wächst und damit immer mehr Schlagzeilen macht. Da ist seine Frau, die in seine Fähigkeiten vertraut, ihn aber auch mal bremst, wenn es nötig ist. Und dann sind da die anderen, die den zurzeit wohl wichtigsten Job machen. Sie sammeln Pluspunkte für den neuen Schwung im Königshaus und sind für so manches Ablenkungsmanöver da. Während Großbritannien Europa mit immer neuen Ideen zum Brexit überraschte, schickte die Queen einfach William und Kate mit den Kindern zu einem Deutschlandbesuch. Wer wollte da noch über Brexit schreiben? George, Charlotte und Louis sind die neuen kleinen Türöffner und machen eben nicht nur ihre Eltern glücklich.

Genauso Harry: unerschrocken, unangepasst, ohne Berührungsängste, wie einst Diana – das kommt an. Und dann ist da noch die Neue im Schloss-Clan: Meghan Markle – andere Herkunft, Quereinsteiger und Feministin. Steht die Monarchie deshalb kopf? Nein, ganz im Gegenteil: Die Welt mag dieses neue Paar, und Charles kann sich freuen, genauso wie die Queen, dass sie – ob nun immer bewusst oder nicht – die Monarchie in eine neue Richtung bringen.

Wie lange Charles' Regentschaft andauern wird – wer weiß es? Gemessen an dem, was ihr vorausging und was auf sie folgt, wird es wohl eher ein Zwischengang sein. Aber der kann ja auch in jeder Menüfolge bereichernd sein. Doch bevor wirklich die neue Generation antritt, diese Monarchie zu gestalten und zu verändern, ist Charles noch mal dran.

KAPITEL 3

FÜR IMMER LADY DI – WARUM DIANA BIS HEUTE SO WICHTIG IST FÜR DAS BRITISCHE KÖNIGSHAUS

Im vergangenen Jahr hat sich Dianas Todestag zum 20. Mal gejährt. Die Gerüchte um Dianas Tod werden auch nach all den Jahren nicht weniger. Immer noch gibt es Menschen, die dahinter mehr vermuten als einen tragischen Unfall. Aber warum sind die Briten bis heute so Diana-verrückt, und nicht nur sie. Ist es wie bei James Dean – wer früh stirbt, bleibt länger berühmt, oder ist da noch mehr?

Er hatte es. Er hatte DAS Bild. Diana sah entspannt und modern aus in ihrem weiß-seidenen Hemd, genauso wie die Jungs. Er hatte nicht gehört, was sie zu ihnen gesagt hatte, aber es musste etwas Witziges gewesen sein, so wie die Kinder in Lachen ausgebrochen waren. Er drückte noch ein paarmal ab, aber eigentlich wusste er, dass er es im Kasten hatte.

1994 erhielt der Fotograf John Swannell einen Anruf von Anna Harvey, die damals für die *Vogue* arbeitete. Sie fragte ihn, ob er eine ihrer Freundinnen und deren Kinder für eine Weihnachtskarte fotografieren könnte. Er sagte zu. Wenige Tage vor dem Shooting erfuhr er, dass es sich bei dieser Freundin um Prinzessin Diana und bei den Kindern um Harry und William handelte.

Für das Shooting stellte der Fotograf eine Tischtennisplatte in seinem Studio auf. Und während Diana geschminkt wurde, spielte er mit den Jungs ein paar Matches. Er gewann gegen William und scherzte, er sei nun einer der wenigen Menschen, die von sich behaupten könnten, einen zukünftigen König im Tischtennis geschlagen zu haben. Doch gegen Harry hatte der Fotograf keine Chance. Die Fotos, die er, noch etwas außer Atem, von Diana und ihren Söhnen schoss, zählen noch heute zu seinen Lieblingsbildern. Was John Swannell gesehen hatte, als er den Auslöser drückte und diesen einen ganz besonderen Moment festhielt, war eben nicht nur die auf der ganzen Welt berühmte Lady Diana – Stilikone und Prinzessin der Herzen –, die er fotografierte, sondern eine Mutter und ihre beiden Söhne in einem ganz privaten Augenblick. Und dieses enge Band – dessen war sich der Fotograf sicher – würde auch der Rest der Welt sehen.

1997 kam die lebenslustige, selbstbewusste Frau, die uns Swannell nur drei Jahre zuvor auf seinen Schwarzweißfotografien gezeigt hatte, bei einem Autounfall in Paris ums Leben. Als Charles die Nachricht vom Tod seiner Ex-Frau um ein Uhr nachts auf Schloss Balmoral erhielt, soll er weinend zusammengebrochen sein. Wie sollte er das nur Harry und William erklären? Die Queen gab den Rat, sie schlafen zu lassen. Früh am Morgen und nach einem langen, einsamen Spaziergang über die nebelverhangenen Hügel von Balmoral weckte Charles seine Kinder und erzählte ihnen vom Tod ihrer Mutter.

Dann überrollte eine Welle der Trauer das Land. Die Menschen konnten nicht glauben, dass Diana – ihre Prinzessin der Herzen – tot sein sollte. Und während die Queen, Charles und das Netz enger Vertrauter und Mitarbeiter alles daransetzten, William und Harry zu schützen, die Wut, die Trauer und den Gram aufzufangen, ballte sich in London ein Sturm der Entrüstung zusammen. Die Presse forderte die Queen auf, Stellung zu beziehen. Mehr noch: Gefühle zu zeigen. Als die Familie sich vor einer Kirche in Balmoral zeigte, wirkten sie alle gefasst, da waren keine Tränen. Was war bloß los mit dieser Familie? Das ganze Land weinte, doch die Menschen, die Diana am nächsten hätten stehen müssen, schienen kaum eine Gefühlsregung zu zeigen und zogen sich zugeknöpft auf ihre schottische Festung zurück. Man sehe die Familie «zu wenig trauern», fasste ein Reporter den Ärger vieler Bürger vor der Pressesprecherin von Prinz Charles zusammen. Die konnte im Angesicht solcher Dreistigkeit erst nur die Augen aufreißen. Dann sagte sie: «Das hier ist eine Familie, die eine private Andacht besucht.»[40]

Aber der Druck wurde immer größer. «Zeigt uns, dass das Haus Windsor ein Herz hat», titelte die *Sun*. Und in dem dazugehörigen Artikel hieß es: «Nicht ein Wort ist über die königlichen Lippen gekommen, keine Träne aus königlichen Augen vergossen worden.»[41] «Zeigt uns, dass es euch kümmert»[42], forderte der *Express*, und der *Mirror* schrieb: «Ihr Volk leidet, sprechen Sie zu uns, Ma'am.»[43] Schließlich gab die Queen nach, sie kam zurück nach London und hielt eine Ansprache – es war, abgesehen von ihren jährlichen Weihnachtsansprachen, erst das zweite Mal seit ihrer Krönung, dass sie sich im Fernsehen mit einer Rede zu Wort meldete. Viele sagten, sie wirkte berührt, als hätte sie eine schlimme Woche hinter sich, aber vielleicht war da auch noch etwas anderes. Vielleicht war diese Queen auch entschlossen, der nicht aufhörenden Kritik ein Ende zu setzen: «In der Woche auf Balmoral haben wir alle versucht, Harry und William dabei zu helfen, den schrecklichen Verlust zu verarbeiten, den sie und der Rest von uns erlitten haben. Niemand, der Diana kannte, wird sie je vergessen. Millionen anderer, die sie nie getroffen haben, die aber fühlten, sie zu kennen, werden ihrer gedenken.» Und sie fuhr fort: «Ich glaube vor allem, es gilt, Lehren zu ziehen, aus ihrem Leben und der außerordentlichen und bewegenden Reaktion auf ihren Tod.»[44]

Erst heute, so viele Jahre später, haben William und Harry es übers Herz gebracht, öffentlich über diese Zeit zu sprechen. Wie haben die Kinder den Abschied von der Mutter erlebt? Wie die Rolle der Großmutter? Im Kensington Palace – der heute ausschließlich die Presseanfragen der jungen Royals organisiert – wurde dafür eine Kamera aufgestellt und sich über ein Fotoalbum gebeugt, das die Mutter und die Kindheit der Jungen zeigt, haben William und Harry ihr Erleben erzählt und auch Anklagen formuliert. Es ist mehr daraus geworden als ein Interview. Es ist eine ganz private Innensicht der Söhne auf ihre Mutter und die wohl schwerste Zeit in ihrem Leben. Besonders Prinz Harry wird darin sehr deutlich und beschreibt, dass er bis heute nicht begreifen kann, dass man das Leid der beiden in diesem frühen Alter so öffentlich zur Schau gestellt hat. Zum ersten Mal spricht Harry darüber, welche seelischen Narben diese Zeit hinterlassen hat. Dass er nie Prinz habe sein wollen. Und beide Jungs geben das Versprechen, die Themen, die der Mutter so am Herzen lagen, weiterzuführen.

Am 24. Juli 2017 lief diese Dokumentation das erste Mal im britischen Fernsehen, und sieben Millionen Zuschauer schalteten den Fernseher ein und sahen in «Diana, our Mother. Her Life and

Legacy» zwei Prinzen, die, so offen wie nie zuvor, über ihre Mutter und darüber sprachen, welchen Einfluss sie auf ihr Leben genommen hat. Die Dokumentation war die an dem Abend meistgesehene Sendung in Großbritannien und brachte ITV die seit Jahren höchsten Einschaltquoten.

Auch in der Lebensplanung der Kinder passiert heute vieles in Erinnerung an Diana. Einen Monat bevor die Dokumentation im Fernsehen läuft, kündigt William Veränderungen an. Er feiert da gerade seinen 35. Geburtstag und ist Vater von damals noch zwei Kindern. Er berichtet, dass er den Job als Rettungsflieger bei der East Anglian Air Ambulance an den Nagel hängen wird, um sich vollständig seinen Pflichten als zukünftiger Thronfolger zu widmen. Die Familie würde ihr geliebtes Landhaus in Norfolk zurücklassen und in den Kensington Palace umziehen. In den Palast, in dem einst Diana zu Hause war. Auch Harry wohnt zeitweise in dieser royalen WG. Manchmal zum Leidwesen des organisierten großen Bruders, der lachend berichtet, Harry würde immer den Kühlschrank plündern.

In dieser Zeit trifft sich Harry bereits mit einer amerikanischen Schauspielerin, und die Zeitungen fragen bei den ersten unscharfen Paparazzi-Fotos noch: Wer ist die unbekannte Schöne? Ist es diesmal etwas Ernstes? Schon im April hatten William und Harry den Sunken Garden auf dem Gelände des Kensington Palace in einen Gedenkgarten für Diana umgestalten lassen. Und genau in diesem Garten, zwischen Vergissmeinnicht, Lilien und englischen Rosen, läuft ein paar Monate später ein strahlender Rotschopf mit Dreitagebart den Kameras entgegen, in seinem Arm eine dunkelhaarige Frau namens Meghan Markle, und beide geben ihre Verlobung bekannt. Es war wohl kaum ein Zufall, dass dieser weltweit beobachtete Auftritt im Garten zur Ehren seiner Mutter passiert ist. Kleines Detail noch dazu am

Rande: Die strahlende Braut in spe, die zukünftige Herzogin von Sussex, trägt an diesem Tag einen eigens von Prinz Harry entworfenen Ring, an dem drei Diamanten funkeln. Der große Stein stammt aus Botswana. Einem Land, dem Harry, wie schon seine Mutter, durch seine Arbeit für die Stiftung Sentebale, die sich um Aids-Waisen kümmert, verbunden ist. Die beiden kleinen Steine im Ring sind aus der Schmuckkollektion seiner Mutter.

Ja, man kann mutmaßen, wenn Diana ihren Sohn so hätte sehen können, wäre sie wohl stolz und sehr glücklich gewesen.

Ihr bewegtes Leben und ihr tragischer Tod haben die Monarchie verändert, aber eben auch – und das darf man nicht vergessen – das Leben von zwei Kindern, die heute erwachsene Prinzen sind.

MUTTER, STILIKONE, LEGENDE

Den ersten Schritt auf dem Weg, sich bereits im Leben unsterblich zu machen, ist Diana schon früh und vielleicht sogar unbewusst gegangen. Sie war die erste Frau im Schloss, die ihre Rolle als Mutter öffentlich definiert und gelebt hat. Diese war ihr – so zumindest war die öffentliche Wahrnehmung – genauso wichtig wie ihre Rolle als Königliche Hoheit. Damit setzte sie zum ersten Mal so etwas wie eine Abnabelung von alten Traditionen in Gang. Mit der Geburt ihres ersten Sohnes – Diana war damals erst zwanzig Jahre alt – fand die Prinzessin schnell heraus, dass sie in eine Familie eingeheiratet hatte, die untereinander ein eher distanziertes Verhältnis pflegte. Ihr Mann, der Prinz von Wales, blickte auf eine Kindheit zurück, in der seine Eltern selten anwesend waren. Schon in seinen ersten Lebensjahren waren die Queen und Prinz Philip häufig über Monate auf Reisen und ließen den sensiblen Jungen bei seiner Nanny Mable Anderson und einer Armada von Hausangestellten zurück. Man kann sich den kleinen segelohrigen Jungen vorstellen, wie er einsam in seinem tannengrünen Mini-Aston-Martin-Nachbau durch die breiten Flure des Palasts fuhr, dicht gefolgt von einer Schar an königlichen Aufpassern. Statt einander nach einer langen Reise in die Arme zu schließen, schüttelte man sich am Palast damals lieber höflich die Hand – eine Umgangsform mit Kindern, die im Hochadel damals durchaus üblich war. Die Queen gehörte noch einer Generation an, in der es selbstverständlich war und heute oft noch ist, die Erziehung der Kinder Hausangestellten zu überlassen, und Elizabeth II. stellte ihre Pflicht gegenüber der Krone über den persönlichen Umgang mit den Kindern, was ihr Charles lange nicht verzeihen konnte. Als die Kinder älter wurden, bezogen sie eigene Flügel im Buckingham Palace, und morgens sollen die Angestellten die Terminpläne der Eltern auf ihren Zimmern verteilt haben. Man traf sich zum Lunch oder Tee, Treffen außer der Reihe mussten vereinbart werden.

Charles und Diana, die ein Scheidungskind war und unter der Abwesenheit ihrer Mutter sehr gelitten haben soll, entschlossen sich also, genau das alles nicht zu wollen. Das hatte den schönen Nebeneffekt für die Fans dieses jungen Paares, dass plötzlich die Kinder die Eltern auf royalen Reisen begleiten durften. So konnten 1993 die Menschen in Neuseeland nicht nur erstmals die Prinzessin, sondern auch den zehn Monate alten Mini-William begrüßen, der die Herzen der Neuseeländer im Sturm eroberte. Beide Elternteile hatten darauf bestanden, ihren Sohn auf die Reise mitzunehmen, was damals ein Meilenstein war in der royalen Kindererziehung. Nie zuvor war der royale Nachwuchs in diesem Alter bei öffentlichen Reisen dabei, und die Entscheidung wurde von der Presse neugierig unter die Lupe genommen.

In Neuseeland absolvierte der kleine William in Windeln seinen ersten Pressetermin und präsentierte unter den Augen seiner stolzen Eltern und einer Meute von Fotografen seine neu erworbenen Krabbelfähigkeiten. Und während seine Eltern die Hände Tausender Neuseeländer schüttelten – tatsächlich will jemand nachgezählt haben, etwa 2000 sollen es laut Schätzungen gewesen sein –, wurde William von seiner Nanny Barbara Barnes betreut, und die Neuseeländer waren angesichts der Fotos, die auf dieser Reise entstanden, ganz verschossen in den Kleinen.

Diana und Charles sind beide in der Obhut von Hausangestellten aufgewachsen, und mal abgesehen davon, dass sie ihre Eltern sicherlich vermisst haben werden – zumindest haben das beide später berichtet, haben Diana wie Charles gute Erinnerungen an die Angestellten ihrer Familien. Es braucht ein ganzes Dorf, um ein Kind zu erziehen, besagt ein afrikanisches Sprichwort. Auf die Windsors umgemünzt, lautete es wohl viel eher: Es braucht einen ganzen Stab von Hausangestellten, um ein Kind aufzuziehen. Dazu zählten in Williams und Harrys Fall neben den Nannys auch Polizisten, die zu ihrem Schutz abgestellt waren, Dienstmädchen, Reitlehrer, Polotrainer ... Fast schon eine Art Betreuungs-Netzwerk, das ständig um sie herum war. Vor allem die Nannys übten einen entscheidenden Einfluss auf die Jungs aus. Nachdem Diana Williams Nanny Barbara Barnes entlassen hatte, übernahm die zweiundfünfzigjährige Olga Powell das Ruder in der royalen Kindererziehung. Und die zeigte, mit Dianas Erlaubnis selbstverständlich, wohl deutlich, wo der Hammer hing. Wie eine ältere Version der berühmten Kinderbuchfigur Mary Poppins dürfte sie den Jungs erschienen sein. Resolut übernahm sie in Sachen Erziehung das Ruder. «Olga ließ sich nichts bieten und war eine Fanatikerin, was Tischmanieren betraf. Sie war streng, aber es war auch lustig mit ihr», so erzählte es ein

ehemaliger, später nicht mehr ganz so verschwiegener Body-
guard der Prinzessin der *Daily Mail*.[45] Sie hatte früh erkannt,
dass es darauf ankam, dass den Kindern eine Richtung vorgege-
ben wurde, und besonders William – damals noch die frechste
kleine Nase in der Familie – bedurfte wohl klarer Ansagen. «Ihre
Königliche Ungehörigkeit», wie Diana ihren Jungen im Spaß
nannte, war in seinen frühen Jahren eine Herausforderung für
jeden, der ihn erziehen wollte, und auch bei offiziellen Anlässen
hatte er seinen ganz eigenen Kopf. Sehr zur Freude wartender
Journalisten. Da passierte es schon mal, dass William oben auf
dem Balkon des Buckingham Palace eine Show der Extraklasse
abzog, salutierte, imaginäre Pfeile abfeuerte und Grimassen
schnitt, während unten auf dem Platz die Parade vorüberzog.
Und es war Harry, der in seinen ersten Lebensjahren schüchtern
und anhänglich war und den Kontakt zu seinem großen Bruder
suchte. Letzteres hat sich bis heute nicht verändert.

Als Olga Powell 2012 starb, sagte William alle seine Termine
ab und erschien bei ihrer Beerdigung. Er hatte sicher nicht vergessen, dass auch sie es war, die ihn und seinen Bruder durch
die schönen, aber auch schweren Jahre ihrer Kindheit, durch
die Trennung und die Scheidung der Eltern bis zum Tod ihrer
Mutter begleitet hatte. Dieser Kontakt riss nie ab. Bis zu ihrem
Tod nicht.

EIN GROSSES ERBE

Als William zwölf und Harry zehn Jahre alt war, nahm Diana
die beiden mit zu The Passage, einer Organisation, die Obdachlosen in London dabei hilft, wieder Fuß zu fassen. Es war ein
privater Besuch ohne Medienvertreter, aber als Prinz William

die Organisation 2016 erneut besuchte, schickten ihm die Mitarbeiter später eine private Fotografie, die die Prinzessin und die Prinzen in Jeans und T-Shirt zeigte. Neben ihnen saß ein älterer Mann, der lässig den Arm auf Williams Schulter abstützte. Iris Moore, eine frühere Mitarbeiterin, erinnert sich an den Besuch: «Sie wollte, dass er [William] sieht, wie die andere Hälfte lebt. Es war ein schöner Nachmittag. Sie saß mit all den Obdachlosen und den zwei Jungen zusammen. Sie waren ein kleines bisschen schüchtern.»[46]

Für Diana war es wichtig, dass ihre Kinder sahen, wie privilegiert sie im Unterschied zu anderen Menschen aufwuchsen, dass ihre weitläufigen Zimmer, die Angestellten und die Möglichkeiten, über die ihre Familie verfügte, nicht die Norm, sondern die Ausnahme waren. William erinnerte sich 2009: «Ich war tief berührt von den Menschen, die ich traf, und womit sie zu kämpfen hatten – auf der Straße schlafen, Couchsurfing, nicht die grundlegenden Annehmlichkeiten zu haben, die viele von uns für gegeben hinnehmen. Das hat mich in einem frühen Alter sehr betroffen gemacht, angesichts der Tatsache, dass ich in einem Palast aufwuchs und das andere Ende des Spektrums sah, wo andere mit großen persönlichen Herausforderungen konfrontiert waren und sie bewältigten. Mich hat das in diesem jungen Alter sehr beeindruckt.»[47]

In dem berühmten *Panorama*-Interview mit Lady Diana von 1995 fragte der Interviewer Martin Bashir die Prinzessin, ob sie glaube, die Monarchie müsse sich ändern, sich anpassen. Sie antwortete zögerlich, doch dann umso bestimmter, dass es da sicher ein paar Dinge gebe, um die «manchmal komplizierte Beziehung zwischen Monarchie und der Öffentlichkeit» zu verbessern. Was sie gedenke, dafür zu tun, hakte Bashir nach. «Ich habe William und Harry zu Menschen mitgenommen, die an

Aids sterben ... ich habe den Kindern Lebensbereiche gezeigt, die wahrscheinlich keiner aus dieser Familie in ihrem Alter gesehen hat. Und sie haben ein Verständnis dafür – sie mögen es niemals nutzen, aber die Saat ist gesät, und ich hoffe, sie wird aufgehen ...»[48]

Neben The Passage besuchte Diana mit ihren Söhnen auch die Organisation Centrepoint. 1969 von einem Priester in London gegründet, ist sie heute die größte Organisation, die sich in Großbritannien für die Belange von Obdachlosen einsetzt. Über 125 000 Menschen haben die Mitarbeiter von Centrepoint bisher mit einer Unterkunft ausgeholfen.

Centrepoint wurde die erste Organisation, für die Prinz William eine Schirmherrschaft übernahm. Zuvor hatte er zwei Tage in einem der Hostels von Centrepoint volontiert und bei den anfallenden Aufgaben geholfen. Er servierte Frühstück und Mittagessen, füllte gemeinsam mit den Jugendlichen Formulare aus und half ihnen bei der Suche nach einer langfristigen Unterkunft. 2009 ging William noch einen Schritt weiter. Um mehr Aufmerksamkeit auf das Thema Obdachlosigkeit und die damit verbundene Not zu ziehen, übernachtete er – nicht allein, aber dennoch – gemeinsam mit dem CEO von Centrepoint Seyi Obakin auf der Straße. Das war schon ein ungewöhnliches Bild. Der Prinz bei -4 Grad in Hoodie, Jeans und Turnschuhen mit einem Schlafsack an der Straße liegend. Natürlich kann man sich immer angesichts solcher Aktionen fragen, was sie wohl bringen. Die Antwort findet sich schnell. Wenn irgendwo ein Prinz auftaucht, und dann auch noch einer, der sich an die Straße legt, um zu zeigen, wie hart das ist, dann schaut die Welt hin. Genau das passierte in diesem Fall.

Während William die Arbeit seiner Mutter im Kampf gegen zunehmende Obdachlosigkeit fortsetzt, der heute aktueller ist denn je, in Zeiten von Finanzkrisen und Brexit, führt Harry Dianas Kampf gegen Aids weiter.

Mit ihrem Besuch im Jahr 1987 auf der neu eingerichteten Aids-Station des Middlesex-Krankenhauses setzt sie ein in der royalen Welt bis dato nie da gewesenes Zeichen. Anfang der Achtziger schnellten die Zahlen der HIV-Infizierten weltweit nach oben, und das Virus verbreitete sich rasant. Die Entwicklung von Medikamenten verlief dagegen schleppend, und erst in den frühen neunziger Jahren bedeutete eine Infektion mit dem Virus nicht mehr das Todesurteil. Der *Spiegel* titelte damals «Tödliche Seuche Aids. Die rätselhafte Krankheit» oder «Aids: Die Bombe ist gelegt». In Europa breitete sich eine Art Katastrophenstimmung aus, eine tiefsitzende Angst, sich zu infizieren. Und obwohl schnell klar war, dass HIV nur über bestimmte Körperflüssigkeiten übertragbar ist, glaubten selbst noch in den späten Achtzigern viele Menschen, das Virus könnte über die Haut übertragen werden. Infizierte wurden stigmatisiert und gemieden. Als Diana auf der neu eingerichteten Station eintraf, schüttelte sie jedem Mitarbeiter und jedem der zehn Patienten die Hand. Und dass sie dabei keine Handschuhe trug, wurde in diesem Moment als ein sichtbares Zeichen empfunden. Ich habe keine Angst, schien sie der Welt damit zeigen zu wollen, macht es mir gleich!

Ein halbes Jahrhundert später setzte auch Prinz Harry so ein öffentliches Zeichen. Nachdem er sich Monate für regelmäßige HIV-Tests stark gemacht hatte, ließ er sich in der Hauptstadt von Barbados öffentlich testen. Neben ihm saß Pop-Ikone Rihanna und unterzog sich der gleichen Prozedur. Die Sängerin wirkte dabei weit weniger beeindruckt von der Nadel als der Prinz, der später bei einer Preisverleihung über seine Mutter sagte: «Ich glaube, sie würde es der gesamten Gesellschaft zurufen – nicht nur denen, die den größten Risiken ausgesetzt sind. Mit der Verfügbarkeit effektiver Behandlungsmöglichkeiten sollten wir alle zu regelmäßigen Tests übergehen – um unserer selbst willen und zum Wohl derer, die wir lieben.»[49]

Als die Jungs sich am 20. Todestag ihrer Mutter zurückerinnerten, sagte William: «Sie hat uns das richtige Werkzeug gegeben und bereitete uns bestmöglich auf unser Leben vor», und spielte damit sicherlich auf seine Schulbildung, aber auch auf die vielen anderen Bereiche des Lebens an, die Diana Harry und ihm nähergebracht hatte. Bis hin zu einer großen Portion Mutterliebe. Genauso wollten sie ihre Mutter in Erinnerung behalten, genauso sollten die Menschen sich an sie erinnern. Als sie für das Interview im Kensington Palace vor der Kamera Platz nahmen und durch die dicken Fotoalben blätterten, hatte diese Situation sicher auch etwas Kalkuliertes. Es ging nicht nur ums Erinnern, es ging sicher auch darum, mitzubestimmen, welches Bild von Diana und von der Windsor-Familie in den Medien weitergegeben wird.

Nach «Diana, Our Mother. Her Life and Legacy» erschien am 27. August 2017 eine zweite Dokumentation, in der die Prinzen sich über ihre Mutter äußerten, und diesmal lag der Fokus auf ihrem Tod und den Ereignissen, die darauf folgten. «Diana, 7 Days» fuhr mit knapp sechs Millionen Zuschauern ähnliche Quoten ein wie die Doku im Juni. Neben Harry und William meldeten sich darin so prominente Interviewpartner mit Beiträgen zu Wort wie der ehemalige Premierminister Tony Blair, Dianas Bruder, der Earl of Spencer, ihre Schwester und einige enge Freunde.

Beide Dokumentationen waren bei weitem die bestbesetzten Formate, die zu ihrem 20. Todestag erschienen. Und sie nahmen zwei boulevardesken Formaten den Wind aus den Segeln, die ein weniger heiteres Bild der Prinzessin wiederbelebten – das der überforderten Mutter, die nach Williams Geburt mit einer postnatalen Depression zu kämpfen hatte, die sich aus Verzweiflung über die Lieblosigkeit ihres Mannes ritzte und bulimisch war, die mehr als einmal versuchte, sich das Leben zu nehmen. Und das eines unfähigen Thronfolgers, der die Hilferufe seiner Frau ignorierte und über den die Queen nur gesagt haben soll, er sei «hoffnungslos». Eine der zwei Dokumentationen, die übrigens zufällig beide den gleichen Titel «Diana. In ihren eigenen Worten» trugen, basierte auf Aufnahmen, die zwischen 1992 und 1993 im Gespräch mit dem Stimmtrainer und Vertrauten Dianas, Peter Settelen, entstanden. Darin äußert sich die Prinzessin über private Details ihrer Ehe und über ihr Intimleben mit Charles. Es hätte ein mediales Fiasko werden können, aber dazu kam es nicht. Zwar goss kurz nach der Ausstrahlung das Boulevardblatt *The Sun* noch mal Öl ins Feuer und veröffentlichte eine Studie, der zufolge nur zweiundzwanzig Prozent der Befragten sich Charles als König wünschten und nur siebenundzwanzig Prozent Camilla den Titel der Königin gönnten, doch die negative Berichterstattung sollte sich nicht lange halten. Vielmehr steckte *Channel 4* für die Veröffentlichung der Dokumentation schon im Vorfeld von allen Seiten Kritik ein, während «Diana, Our Mother. Her life and legacy» eine Sturmflut positiver Berichterstattung nach sich zog. Kaum ein Blatt, das nicht aus der Dokumentation zitierte, und auf Twitter und Instagram sprachen Tausende Menschen den Prinzen unter #DianaOurMother ihr Mitgefühl aus. «Möchtet ihr euch auch in den Fernseher lehnen und sie umarmen?», fragte ein Twitter-User, und das Supermodel Naomi Campbell war nur eine von vielen Celebrytis, die den Prinzen beisprang: «Ich denke an #PrinzWilliam und #PrinzHarry. Eine von innen und außen schöne Mutter #Diana #gonebutnotforgotten.» Die Dokumentation zeigte aber noch mehr. Den Einfluss der beiden Brüder auf das mediale Image der Firma – wie die Queen die Arbeit für Krone und Palast gern nennt. Und in diesem Punkt hat sich seit den Neunzigern eine Menge getan im Palast. Harry und William haben entschieden, sich nicht von den Schlagzeilen der britischen Presse treiben zu lassen. Wie es einst Diana erleben musste. Sie machen lieber eigene, ganz gezielt. Dann kann man auch absehen, was Zeitungen und Fernsehsender berichten. Hashtag neue Medienstrategie.

NEUE WEGE

Als die Queen 1997 in ihrer Ansprache zu Dianas Tod ankündigte, es gelte Lehren zu ziehen aus Dianas Leben und der außerordentlichen Reaktion auf ihren Tod, woran mag sie gedacht haben? Dachte sie an Dianas Leistungen, daran, dass sie mit ihrer zugewandten Art die Herzen der Menschen berührt hatte? Dachte sie an ihre Arbeit in so vielen Bereichen, in denen der Palast sich bisher kaum engagiert hatte? Dachte sie an die Liebe, mit der sie ihre Söhne überschüttet hatte? Dachte sie an den Einfluss, den sie durch ihre Offenheit gewonnen hatte? Dachte sie, dass die Wut und die Trauer der Menschen davon zeugten, welche emotionale Bindung Diana zu der britischen Öffentlichkeit aufgebaut hatte? Oder dachte sie daran, dass Diana zu Lebzeiten und bis kurz vor ihrem Tod von Paparazzi gejagt worden war? Wie schlecht der Palast gegen die ständigen Übergriffe der Presse auf die junge Frau und auf ihre Kinder vorbereitet gewesen war. Dass Harry und William keinen Schritt tun konnten, ohne dabei fotografiert zu werden. Dass sie es nie wieder so weit kommen lassen würde, dass ihre trauernde Familie als dysfunktional tituliert und unter dem Druck der Öffentlichkeit zurück nach London zitiert wurde? Dass sie es nie wieder zulassen würde, dass die Emotionen so hohe Wellen schlugen?

Die Reaktion auf Dianas Tod muss der Queen wie ein Paukenschlag vorgekommen sein. Das Pendel war zu weit in Richtung Märchen ausgeschlagen, und schon Anfang der Neunziger schwang es zurück und fügte der Monarchie großen Schaden zu. Mit dem Blitzlichtgewitter, mit dem 1980 alles seinen Anfang genommen hatte, mündete das Märchen, das zu schön war, um wahr zu sein, 1992 in eine Art griechischen Mythos à la Medea. In Andrew Mortons Enthüllungsbuch «Diana – Ihre wahre Geschichte» schilderte der Autor, wie es um die Beziehung und die königliche Familie wirklich bestellt war. Das Buch löste so lange Entrüstungsstürme in der britischen Öffentlichkeit aus, bis klar wurde, dass Diana selbst die hauptsächliche Quelle des Autors war und dass sie ihm Tonbandaufnahmen mit den Antworten auf seine Fragen hatte zukommen lassen. Zusammen mit weiteren Skandalen stürzte das Enthüllungsbuch die Monarchie in eine schwere Krise. Im gleichen Jahr trennten sich Prinz Andrew und seine Frau Sarah Ferguson, die die Presse wenig später mit Oben-ohne-Bildern erfreute; die Scheidung von Prinzessin Anne und Mark Phillips wurde rechtskräftig, und wem nach «Diana – Ihre wahre Geschichte» noch nicht klar war, dass die Ehe von Charles und Diana am Ende war, der konnte sich spätestens bei der Veröffentlichung der Aufnahmen eines intimen Telefonats zwischen Diana und ihrem Jugendfreund James Gilby davon überzeugen. Die *Sun*, die im August des Jahres mit der Existenz der Aufnahme titelte, richtete eine Hotline ein, auf der interessierte Leser den intimen Details des Telefongesprächs für 36 Pence pro Minute lauschen konnten. Damit nicht genug, brach am Ende des Jahres auf Schloss Windsor ein Feuer aus.

Was wird die Königin gedacht haben, als sie die Flammen aus den Fenstern der altehrwürdigen Familienresidenz schlagen sah? Das Haus Windsor in Flammen – alles, wofür sie und ihre Vorfahren so lange gearbeitet hatten, in Gefahr. Im Bestreben um immer größere Popularität drohte die einst so glanzvolle Monarchie zur Seifenoper zu verkommen. Es war dieses persönliche «Annus Horribilis», wie die Queen es später in einer Rede selbst mal nannte, das im Palast den Ausschlag gab, sich den Tatsachen zu stellen. Man setzte an zu einem medialen Rundumschlag. Auf der Agenda: die Royal Collection für die Öffentlichkeit zugänglich machen, die Tore des Buckingham Palace für Besucher öffnen, die Finanzen auf Vordermann bringen, Steuern zahlen, die Monarchie verschlanken. Auf konstitutioneller Ebene wurde einmal durchgefegt: Erstgeborene Mädchen sollten in der Thronfolge nicht länger zugunsten männlicher Nachkommen übersprungen werden, und nur noch die ersten sechs auf der Liste der Thronfolger sollten die Queen um ihre Zustimmung für eine Hochzeit bitten müssen. Einige jüngere und vor allem gut ausgebildete Leute übernahmen das Ruder von den alten Männern in grauen Anzügen, die vorher im Palast den Ton angeben durften. Die Kommunikation zwischen dem Team in Clarence House und dem Buckingham Palace wurde verbessert, ganz zu schweigen vom neuen Umgang mit den Medien. Mitarbeiter von Prinz Charles arbeiteten einen Deal mit der Boulevardpresse aus: Die sogenannte Dampfkochtopf-Vereinbarung sollte die Jungs vor weiteren Übergriffen der Presse schützen.[50] Die Idee dahinter: Lass den Druck im Kessel – das Verlangen nach einer Story – nicht zu groß werden, sonst geht die ganze Chose in die Luft. Lass stattdessen kontrolliert Dampf ab und gib den Journalisten von Zeit zu Zeit etwas, worüber sie schreiben können. Schritt für Schritt gewannen die Royals die

Kontrolle über ihr Image zurück. Es galt, die Kräfteverhältnisse zwischen Palast, Presse und Öffentlichkeit neu zu ordnen. Doch dann starb Diana.

DIE ZÄSUR

Es war der Tod der Prinzessin der Herzen, der in Großbritannien eine grundsätzliche Diskussion über die britische Presse auslöste. Die Wut der Menschen, sie richtete sich in den Tagen nach dem Unfall der Prinzessin nicht nur gegen die königliche Familie, sondern auch gegen die Paparazzi, die Diana zu Lebzeiten und bis kurz vor ihrem Tod gejagt hatten. Und während die Wut gegenüber der königlichen Familie nach der Ansprache der Queen dem tiefen Mitgefühl für die beiden Prinzen wich, verfestigte sich die Aggression gegenüber den Medien. Tim Rooke, ein Fotograf im Dienste der Krone, erinnert sich noch lebhaft an diese Zeit: «Es herrschte eine große Feindseligkeit ... An dem Tag, nachdem sie starb, ging ich raus vor den Buckingham Palace, um Fotos zu machen, und wurde von Menschen beschimpft, die nicht wussten, dass ich ein offizieller Fotograf war. Es war fast schockierend.»[51] Obwohl die meisten Briten sich darüber im Klaren waren, dass der Unfall Folge tragischer Umstände war – das mehr als fragwürdige Verhalten der Paparazzi wie auch der unter Alkohol und Medikamenteneinfluss stehende Fahrer –, so war doch allen klar, dass es eben auch die Fotografen waren, die Diana das Leben zur Hölle gemacht hatten. Bis zu 500 000 Pfund konnte ein Foto von ihr und ihrem aktuellen Liebhaber bringen, manchmal sogar noch mehr. «Jedes Mal, wenn sie sich in der Öffentlichkeit bewegte, wartete bereits die Meute auf sie ... Dieses Rudel jagte sie, belästigte sie, beschimpfte sie, bespuckte sie, um ihr eine Reaktion zu entlocken, um dieses eine Foto zu machen, wie sie ausrastet ...», so zumindest schilderte es Prinz William später.[52] Stephane Darmon, einer der Motorradfahrer, die den Mercedes, in dem die Prinzessin am Abend des Unfalls saß, verfolgten, sagte später aus, er sei schockiert gewesen, dass es Paparazzi gab, die, anstatt zu helfen, lieber Bilder von der schwerverletzten Diana schossen: «Ich sah den Wagen nicht mehr, weil das [Blitz-]Licht so hell war.»[53] Zwei Augenzeugen sagten aus, einige Paparazzi seien auf das Dach des zerquetschten Wagens geklettert, um Fotos zu machen. Romuald Rat war der erste der Paparazzi, der den Wagen erreichte. Laut *Telegraph* verkaufte er die exklusiven Rechte an den Fotos der sterbenden Prinzessin noch aus dem Tunnel heraus an die *Sun* – für 300 000 Pfund. Erst als klar wurde, dass Prinzessin Diana gestorben war, soll die *Sun* den Deal zurückgezogen haben. «Am schwierigsten ist es, damit klarzukommen, dass die Menschen, die sie in den Tunnel verfolgten, die gleichen Menschen waren, die Fotos von ihr schossen, während sie doch auf dem Rücksitz des Wagens starb.»[54]

Niemand weiß wohl besser, was es heißt, unter ständiger Beobachtung der Fotografen zu stehen, als die Prinzen: «Wenn ich eines gelernt habe, dann, dass man sie [die Presse] niemals zu nah an sich ranlassen darf, denn es ist sehr schwer, sie wieder auf Abstand zu bringen. Man muss eine Grenze und eine Schranke wahren», sagte William viele Jahre später.[55]

Zwar bestand mit der PCC – der Press Complaints Commission – ein Organ, das die Presse regulieren sollte, dieses wurde jedoch finanziert von den Zeitungen und Magazinen und galt im Effekt als wenig unabhängig. Erst 1991 stellte die PCC unter Androhung der Einführung gesetzlicher Regelungen einen Verhaltenskodex für Journalisten auf, der jedoch kaum Wirkung zeigte, aber 1997 nach dem Tod Dianas braute sich über der Behörde fast eine Art Sturm zusammen.

Als Elton John auf der Beerdigung der Prinzessin «Candle in the Wind» sang, der Song der später zur Hymne für Diana werden sollte, da erklomm Dianas Bruder die Kanzel und fand offene Worte, in denen er die Presse kritisiert: «Ein Mädchen, das nach der antiken Göttin der Jagd benannt wurde, war zuletzt die meistgejagte Person unserer Zeit. Sie würde sich von uns wünschen, dass wir alles daransetzen, ihre geliebten Jungs, William und Harry, vor einem ähnlichen Schicksal zu bewahren ...»[56]

Es war nicht nur die Familie Spencer, die sich nach Dianas Tod für einen strikteren Pressekodex aussprach. Eine Studie von 1997 fand heraus, dass achtzig Prozent der Befragten die Ansicht vertraten, Personen des öffentlichen Lebens verdienten mehr Privatsphäre, und dass sich vierundfünfzig Prozent der Briten zu diesem Zweck strengere Gesetze vorstellen konnten.[57] Und genau dies wollte die PCC unbedingt vermeiden.

Unter dem großen Druck der Öffentlichkeit und der Politik kam die PCC 1998 zusammen und überarbeitete ihren Verhaltenskodex. Das Ergebnis las sich wie ein Papier, das 1:1 auf die königliche Familie zugeschnitten war. Mehrere Artikel wurden einer grundsätzlichen Revision unterzogen. Im Absatz zum Schutz der Privatsphäre erweiterte die Kommission die Definition, was ein privater Raum sei. «Jeder Mensch hat das Recht auf die Einhaltung des Privat- und Familienlebens, Zuhauses, der Gesundheit und Korrespondenz», und: «Es ist inakzeptabel, Menschen an privaten Orten ohne ihr Einverständnis zu fotografieren.» Dazu fielen jetzt auch öffentliche Orte unter den Schutz der Privatsphäre, wenn die «begründete Erwartung von Privatheit» vorlag, was beispielsweise nun auch in einer Kirche oder an einem Tisch im Restaurant der Fall war.

Auch der Absatz über Belästigung wurde grundlegend geändert. Von nun an durften Fotografien, die durch eine «andauernde Verfolgung» zustande gekommen waren, nicht mehr veröffentlicht werden. Redakteure wurden in die Verantwortung genommen, Material, das auf diese Weise beschafft worden war, nicht zu bringen. Der strengste Absatz aber war nun der zum Schutz von Kindern, er lautete: «Kinder sollten die Freiheit haben, ihre Schulzeit ohne unnötige Einmischung zu beenden.» Zuvor hatte der Schutz nur unter Sechzehnjährigen gegolten. Wollte man Informationen über ein Kind veröffentlichen, reichte als Begründung dafür die Berühmtheit, Bekanntheit oder die Position der Eltern oder des Vormunds nicht mehr aus.

Es waren diese neuen Bestimmungen, die mit dazu beitrugen, dass Prinz Harry und Prinz William während ihrer Schulzeit und William darüber hinaus während der Zeit an der Universität von der Berichterstattung weitestgehend verschont blieben, was nicht heißen soll, dass sie nicht doch von Paparazzi fotografiert worden wären, doch die Zeitungen agierten zurückhaltender, wenn es darum ging, zu berichten. Das Team um Prinz Charles und seine Söhne war nun besser aufgestellt. Eine moderne, zugewandte Familie? Ja. Emotionen? Ja. Öffnung? Ja. Aber alles in Maßen und unter neuen Bedingungen.

Sieben Jahre nach Dianas Tod erhielt der Fotograf Mario Testino den Auftrag, die drei Prinzen für eine Weihnachtskarte zu shooten. In dem informellen Foto, das der Palast unerwartet zu Harrys 20. Geburtstag veröffentlichte, hat Charles die Arme lässig über die Schultern seiner Söhne Harry und William gelegt. Alle drei tragen das gleiche weiße Hemd, die obersten Knöpfe am Kragen stehen offen, die Jungs haben die Ärmel entspannt hochgeschoben. Das Foto zeigt einen Vater und seine beiden Söhne, die es genießen, beieinander zu sein.

Die Fotografie Testinos hat kein besonders außergewöhnliches Licht, keine besondere Komposition. Und doch ist sie stark in der Wirkung. Und sie erinnert an die Testino-Aufnahmen, die er in den Neunzigern von Prinzessin Diana gemacht hat. Aber auch an den Moment, den John Swannell zehn Jahre zuvor einfangen konnte. Der Effekt ist verblüffend: Obwohl physisch nicht anwesend, denken wir sofort an das besondere emotionale Band, das auf Swannells Fotos sichtbar wird. Diana ist anwesend trotz ihrer Abwesenheit. Das Foto ist Teil einer Erinnerungskultur, die die Royals zur Perfektion gebracht haben: Diana ist in allem. Wir sehen sie in der Wahl der Charitys ihrer Söhne, darin, wie Kate sich heute gern kleidet, in der Art und Weise, wie Dianas Söhne auftreten. Wir sehen sie, wenn William und Kate ihren Sohn mit nach Neuseeland nehmen. Sie ist anwesend, wenn Meghan stolz ihren Verlobungsring vorzeigt und wenn George den Westacre-Montessori-Kindergarten besucht.

William und Harry schweißte der Verlust ihrer Mutter und ihre außergewöhnliche Kindheit und Jugend zusammen, und trotz ihrer charakterlichen Unterschiede wurde ihre Beziehung über die Jahre noch enger. «Jahr für Jahr kommen wir uns näher, das geht sogar so weit, dass wir uns jetzt umarmen, wenn wir uns länger nicht gesehen haben», erzählte Prinz Harry augenzwinkernd in einem Interview zu seinem 21. Geburtstag. «Und ja, er ruft mich an, wenn ich unterwegs bin, und umgekehrt ... Es ist schon erstaunlich, wie nahe wir einander sind ... er ist der eine Mensch auf dieser Welt, mit dem ich wirklich ... wir können über alles reden, und wir verstehen und unterstützten einander ...»[58] Charles, William und Harry, so wirkt es heute, sind ein Team geworden. Während das moderne Image seiner Söhne auf Charles abstrahlt, schöpfen diese wiederum aus seinem Erfahrungsschatz, und aus seinen Fehlern gelernt haben sie sicher noch dazu. Während William von der jahrelangen Erfahrung seines Vaters als Thronfolger profitiert – neben der Queen weiß wohl kaum ein anderer so gut über das Hofprotokoll Bescheid wie Charles –, profitiert Harry von seinen Erfahrungen mit dem Prince's Trust und von dem engmaschigen Netz berühmter Unterstützer auf der ganzen Welt, das auch Harry für sich zu nutzen weiß.

Charles kann wohl tatsächlich, wenn man denn das Wort mag, stolz auf seine Leistung als Vater und auf seine beiden Söhne sein. Diana, Charles und das große Netzwerk, bestehend aus Freunden und Beratern, haben – so schwierig es Ende der Neunziger vielleicht erscheinen mochte – zwei moderne Prinzen fürs Leben aufgestellt. Die anders als Charles, anders als Diana, sogar anders als die Queen vielleicht sogar weitaus besser auf ihre zukünftigen Rollen vorbereitet sind. Auch wenn sie innerhalb des für sie enggesteckten Rahmens der für sie vorgesehenen Rollen ihren Weg erst finden mussten. Die dysfunktionale, gefühlskalte Familie, wie die Windsors einst so hart bezeichnet wurden, scheint vergessen und Vergangenheit. Inzwischen steht da eine wohl eher gut funktionierende Familie.

KAPITEL 4

WILLIAM & KATE –
DIE NEUE CHARMEOFFENSIVE

Als im vergangenen Sommer die Brexit-Pläne Großbritannien viel Schelte in Europa einbrachten, da schickte man die besten Botschafter, die ein Land haben kann: Kate, William und die Kinder. Und sofort änderte sich die Berichterstattung. Auch wenn laut Umfragen in Deutschland die Mehrheit keine Monarchie wünscht, die Mini-Prinzen würde man sich schon gern mal ausleihen. Aber warum ist das eigentlich so? Sind die jungen Royals die neuen Popstars?

Was für ein Tag. Seit sechs Uhr in der Früh war sie auf den Beinen. Aber nie hätte sie gedacht, dass sie die Stimmung in London so packen würde. Die ganze sonst so hektische Stadt schien heute einfach nur «yes» sagen zu wollen vor Freude. Und als Kate und Prinz William sich dann tatsächlich das Ja-Wort gaben, hätte sie am liebsten mitgeheult, wie es die vielen anderen Menschen, die auf den Straßen standen, taten. Aber sie hatte ja nun zu tun an diesem Tag. Ein paar Zeilen hatte sie dem Brautpaar schon von den Lippen gelesen. Sie war als Lippenleserin gebucht für den großen Tag. Eine

Zeitschrift hatte sie gebucht, sie wollten wohl auf Nummer sicher gehen und ja kein Wort verpassen. Noch nie war sie für eine royale Hochzeit gebucht worden, umso spannender. Und einiges hatte sie schon entschlüsselt. Etwas wie: «Du siehst wunderschön aus», hatte William der strahlenden Braut vor dem Altar zugeflüstert. Und in der Kutsche hatte Kate gesagt: «Ich bin so glücklich.» Prinz William hatte darauf geantwortet: «Ja! Ja! Es war ein schöner Gottesdienst.» Dann kam etwas, das sie nicht hatte erkennen können, gefolgt von: «Ich bin so stolz, dass du meine Frau bist.» Jetzt hatte sie wirklich fast angefangen zu weinen, aber bitte nicht jetzt.

Fehlte nur noch eines: der Hochzeitskuss. Schon seit Minuten riefen die Menschen auf der Mall, der Prachtstraße vorm Schloss, und auf dem Platz nach dem Brautpaar: «Wir wollen Kate, wir wollen William!» Und dann waren sie tatsächlich da, draußen auf diesem berühmten Balkon, den sie so oft gesehen hatte, und doch war heute alles anders.

Jetzt – Kate und William küssten einander. Jetzt ging es plötzlich so schnell. Was hatte er zu ihr gesagt? «Es ist ein Muss?» Konnte das wirklich sein? Hektisch spulte sie das Band zurück, ließ es wieder ablaufen, atmete erleichtert auf und lachte über sich selbst: «Ein kleiner Kuss», das hatte er gesagt. Und als ob das alles nicht schon wundervoll genug gewesen wäre, lehnte Prinz William sich noch einmal zu seiner Braut hinüber und sagte: «Schenken wir ihnen noch einen. Ich liebe dich.»[59] Wenn das nicht mal ein krönender Abschluss war. Sie lehnte sich auf ihrem Stuhl zurück. Geschafft! Die Redaktion würde es lieben. Und irgendwie musste sie zugeben, ging es ihr nach diesem Tag nicht anders.

DIE HOCHZEIT DES JAHRES

Am 29. April 2011 scheint die Londoner Innenstadt fast überzulaufen, so viele Menschen sind an diesem Tag unterwegs. Aus allen Ecken der Welt sind sie angereist, um einmal eine royale Hochzeit live mitzuerleben. Und dann nicht mal irgendeine. Es ist *die* Hochzeit! Der zukünftige britische Thronfolger Prinz William heiratet seine Kate. Fast wie im Märchen, eine Bürgerliche aus Bucklebury bekommt den Superprinzen. Eine Bürgerliche! Immerhin war dies seit 1660 nicht mehr vorgekommen. Eine Million Menschen, schreiben die Zeitungen am nächsten Tag, sollen dabei gewesen sein, auf der Route zur Westminster Abbey, auf der die Kutsche mit dem Brautpaar entlangfuhr. Und über eine Milliarde saßen auf ihren Sofas zu Hause und verfolgten die Hochzeit des Jahres vor dem Fernseher. Damit der Übertragung auch ja kein Fitzelchen vom Kleid verlorenging, wurde neben dem Schloss ein Medienpark eingerichtet, in Dimensionen, wie sie sonst nur zu Fußballweltmeisterschaften gefragt sind.

Diese Hochzeit toppte auch in diesem Punkt alle Rekorde. Aber warum? Vielleicht weil es dem Betrachter fast so vorgekommen sein muss, als wäre er mittendrin in einem wahr gewordenen Prinzessinnentraum, und dabei war das Verhalten des Brautpaars doch so persönlich, dass man als Betrachter das Gefühl bekommen konnte, hier wirklich Teil von etwas sehr Intimem zu sein.

WUSSTEN SIE SCHON, DASS ...

Prinz William seiner Zukünftigen nach dem Antrag den Verlobungsring seiner Mutter Diana ansteckte? Das Schmuckstück ist aus dem Hause Garrard: Vierzehn Diamanten rahmen einen großen, zwölfkarätigen blauen Saphir. Prinz William sagte, auf diese Weise wolle er seine Mutter in das Ereignis mit einbeziehen. Schon 1840 trug Queen Victoria bei ihrer Hochzeit mit Prinz Albert eine Saphir-Brosche des Juweliers – heute ist der Stein fast schon ein Markenzeichen der Windsors. Die Nachfrage nach Saphir-Ringen stieg nach der Bekanntgabe der Verlobung schlagartig an. Und wer es billiger wollte, der konnte für unter fünf Pfund eine Kopie erstehen. Ein «RepliKate», wie die Briten den Modeschmuck augenzwinkernd tauften. Am Tag der Hochzeit trugen unzählige Frauen einen solchen Ring am Finger. William hätte da viele Kates entlang der Hochzeits-Route entdecken können. Und doch wollte er natürlich nur die eine.

Diese Hochzeit wurde zum Fest der Symbole. Auch wenn diese Gesten weit weniger mediales Echo bekamen als so manch schöne Kehrseite dieser Hochzeit. «Her royal Hotness» taufte die britische Presse die Rückansicht von Kates Schwester und Trauzeugin Pippa, damals noch Middleton, nach diesem Tag. In Deutschland ging man noch weiter und schrieb, die schönste Kehrseite der Hochzeit sei «Pippas Po» gewesen.

Ihre plötzliche Berühmtheit durch die angeheiratete Verwandtschaft und die große Aufmerksamkeit für ihre Rückenansicht konnte Pippa immerhin für sich nutzen. Sie brachte ein Buch heraus darüber, wie man eine Party richtig feiert. Darin schreibt sie zu Anfang doch ganz selbstironisch: «Es ist ein bisschen überraschend, noch vor deinem 30. Geburtstag wegen deiner Schwester, wegen deines Schwagers und wegen deines Hinterns weltweite Aufmerksamkeit (...) zu erlangen.» Aber gelohnt hat es sich dann doch für sie. Mindestens finanziell, angeblich hat sie für dieses inhaltlich eher schnell erzählte Werk allein einen Vorschuss von 500 000 Euro bekommen. Selbst geheiratet hat sie inzwischen auch. Mit der zweitbesten Partie, wie die Medienseite Welt.de über dieses Ereignis titelte. Und da war man sich einig. Diese Frau habe doch Mut bewiesen. Schließlich hätte sie das schönste Hochzeitskleid der Welt schon getragen, nur eben leider nicht auf ihrer, sondern der Hochzeit ihrer Schwester. Der Mann, den sich Pippa ausgesucht hat, ein Investmentbanker namens James Matthews, ist zwar nicht von Adel, dafür ist er reich – und jetzt wird es ganz verrückt: Er hat tatsächlich die Chance, irgendwann mal einen – zwar erkauften – Adelstitel zu erben. So hat Pippa eben ihren Prinzen bekommen und im zweitbesten Kleid glücklich geheiratet.

Kleines Detail: Meghan Markle, bereits heiße Favoritin bei Harry, durfte nicht zur kirchlichen Trauung kommen. Die Zeitungen hatten im Vorwege ihrer Hochzeit über die Ähnlichkeit der Frauen spekuliert, und womöglich wollte Pippa nicht alle Aufmerksamkeit an ihrem großen Tag an eine andere verlieren. Das kannte sie ja nun schon vor der Hochzeit ihrer Schwester. Auch wenn sie da den Pippa-Moment ausgelöst hatte.

Aber zurück zur royalen Superhochzeit. Da gab es ja noch so viel mehr zu sehen, bei dieser royalen Riesensause. Selbst das Blumen-Arrangement in der Kirche konnte etwas erzählen. Als Kate Middleton an der Hand ihres Vaters und in einem Kleid von Alexander McQueen in die Abbey einzog, ragten zu beiden Seiten des Mittelgangs Feldahornbäume auf. Der Feldahorn symbolisiert in der viktorianischen Blumensprache Bescheidenheit. Das war wohl kein Zufallsgriff irgendeines Floristen. Und die Weißbuchen, die vor dem Hochaltar gesteckt waren und sich über den wartenden Bräutigam und den Trauzeugen bogen, stehen für Beständigkeit. Als Kate in den Chor eintrat, flüsterte

Harry seinem großen Bruder zu: «Also, schön sieht sie aus, so viel kann ich dir sagen.»

Und Millionen, die dabei waren bei Kates großem Auftritt, ob vor dem Fernseher oder vor der Kirche, dachten ähnlich. Er schien alles richtig gemacht zu haben, dieser Prinz, der da seine Kate, ein bürgerliches Mädchen, mit Erlaubnis der Queen in den Windsor-Clan aufnahm.

Und wer weiß, wie lange Kate diesen Masterplan schon in der Schublade hatte. William war nämlich eine ganze Zeit der Prinz, der sich nicht traute. Dabei hätte alles viel schneller klar sein können. Kennengelernt haben sich beide in St. Andrews in Schottland, einer Universität, die sich nicht nur auf gute Ausbildung versteht, sondern auch auf die Möglichkeit, dort eine gute Partie zu machen. In Großbritannien gilt, erst kommt der Adel, dann lange Zeit nichts und dann das Geld. Und zu einer spät zu Vermögen gekommenen Familie gehört auch Kate. Aufgefallen war sie William übrigens, so erzählte es später Williams guter Freund, das erste Mal aktiv, als sie bei einer Charity-Modenschau auftrat und ein durchsichtiges Kleid trug. William soll ganz von den königlichen Socken gewesen sein. Aber bis zum weißen Kleid und der Kirche musste Kate lange kämpfen. Umso mehr war es auch ihr besonderes Märchen, das an diesem Tag in Erfüllung ging.

Und noch etwas hatte Kate bewiesen mit diesem Tag: dass sie Geheimnisse bewahren kann. Kein Wort hatte sie im Vorfeld über das Hochzeitskleid rausgerückt, und überall auf der Welt saßen Moderedakteure monatelang wie auf heißen Kohlen und brüteten über Schnitt, Stoff und Designer. «Gebt dem Mädchen einen Job beim MI6», schlug die Journalistin Paula Reed im Interview mit der BBC lachend vor. Wie schon das Brautkleid der Queen zierten auch Kates Kleid Blumenstickereien: die

Tudor-Rose für England, die Distel für Schottland, die Narzisse für Wales und das Kleeblatt für Nordirland. Auch wegen dieser Ähnlichkeit wurden beide Kleider immer wieder miteinander verglichen, als wäre es ein modisches Rennen. Aber Kates Kleid war eben offenbar mehr als nur ein schönes weißes Kleid, es war das Kleid einer zukünftigen Königin. Im offiziellen Statement vom Palast hieß es dazu förmlich: «Miss Middleton wünschte sich in ihrem Kleid Tradition und Modernität mit der künstlerischen Vision zu verbinden, die Alexander McQueens Arbeit auszeichnet.»[60] Auch viele Designer zogen später Vergleiche und erinnerten immer wieder an das Kleid, das Sir Norman Hartnell 1947 für die Queen entworfen hatte. Gewiss war Kate eine modernere Braut, aber vielleicht passte eben gerade dazu, dass sie nichts dem Zufall überließ. Selbst die Blumen auf ihrem Kleid nicht.

WUSSTEN SIE SCHON, DASS ...

nicht nur Kates atemberaubendes Kleid nach der Hochzeit heiß diskutiert wurde, sondern auch ein anderer Hingucker? Pippa Middletons Po erregte so viel Aufmerksamkeit, dass ihm die «Pippa Middleton Ass Appreciation Society» eine Facebook-Seite, eine Website und einen Twitter-Account widmete. Und die Boulevardblätter? Die verliehen der Brautjungfer kurzerhand den Titel «Her Royal Hotness» und spekulierten schon über das nächste königliche Lovematch: Harry und Pippa? – Aber es kam bekanntlich anders ...

Es war auch ihr unscheinbarer Brautstrauß, der symbolisch Bände sprach: Hyazinthen für Beständigkeit der Liebe, Maiglöckchen für Zuverlässigkeit, Efeu für Freundschaft, das

Immergrün für Ehe und Liebe. Und wer genau hinschaute, konnte einen Zweig Immergrün in dem Brautstrauß sehen. Das ist seit langem Tradition im britischen Königshaus. Bei einem Besuch in Deutschland bekam Königin Victoria in Gotha einen Strauß überreicht, in dem Immergrün enthalten war.

Zurück in England, pflanzte man einen Ableger im Garten von Osborne House ein, wo es noch heute wächst. Von diesem Immergrün stammte auch der Zweig in Kates Brautstrauß.

Als William seiner Braut den Ehering ansteckte, drang der Jubel Hunderttausender bis hinein in die Kathedrale. Gemeinsam stimmten die Gäste des Gottesdienstes in den Gesang des Chors ein: «Love divine, all loves excelling, joy of heaven to earth come down.»[61]

Im Vorwege ein gut gehütetes Geheimnis: die Gästeliste zu diesem Super-Event. Und auch die war bei diesem Großereignis mit 1900 geladenen Gästen so ganz anders, als es die Tradition sonst vorsieht. Es waren neben den Familien vor allem auch die Freunde des Brautpaares eingeladen – darunter auch die Familie Spencer, also die Seite von Diana. Dann auch ein paar geladene Politiker, Repräsentanten des Commonwealth, königliche Würdenträger, Vertreter verschiedener Religionen und eben auch Showstars, mit denen sich das Paar verbunden fühlt, die Familie Beckham zum Beispiel – Sport versus Show. Prinz William erzählte später, dass man ihm vor der Hochzeit eine Gästeliste in die Hand gedrückt hatte, auf der Hunderte Namen aufgeführt waren, von denen er keinen einzigen kannte. Er suchte Rat bei seiner Großmutter, der Queen, und die soll laut Prinz William gesagt haben: «Weg damit! Fang mit deinen Freunden an, und dann fügen wir zu gegebener Zeit die hinzu, die wir einladen müssen. Es ist dein Tag.»[62] Aber nicht nur Showstars waren darunter, auch ein paar ziemlich überraschte Einwohner aus dem kleinen Ort Bucklebury – in dem Kate und William eine Zeitlang gern und für ihre Verhältnisse fast schon privat zu Hause waren. Über eine Einladung durften sich freuen: der Postmann des Ortes, der Fleischer und der Inhaber des örtlichen Pubs. Der wohl mindestens ein Bier auf den Schreck getrunken haben wird.

Ja, kiss me Kate. Es war eine märchenhafte Hochzeit.

Und doch eben eine mit langer Testphase. Kate sagte es selbst vor der Hochzeit: «Ich denke, wenn man lange Zeit zusammen ist, lernt man einander sehr gut kennen, man durchlebt die guten und die schlechten Zeiten, einerseits jeder für sich, aber auch in der Beziehung, und wenn man daraus stärker hervorgeht und etwas über sich selbst lernt, dann ist das sehr hilfreich», hatte Kate im Verlobungsinterview gesagt.[63] Vielleicht lag auch darin der große Zauber – dieses war eben eine echte Love Story, mit allen Höhen und Tiefen. Und um Adelsexperte Rolf Seelmann-Eggebert zu zitieren, der sich mit dem Heiraten und den Höhen und Tiefen bei den Royals auskennt wie kein Zweiter: So etwas kommt in den besten Familien vor.

Diese Hochzeit war eben kein Märchen 2.0, selbst wenn es als solches verpackt war, es war eine Liebesgeschichte, wie sie das Leben schreibt. Und möglicherweise sind das ja eh die besseren Märchen?

ROYAL POSTERBOY

Kaum ein Jahr nach dem Tod von Diana steigt ein inzwischen Fünfzehnjähriger etwas verschüchtert in Kanada aus einer Maschine und wird von kreischenden Teenagern begrüßt. Wenn man es mit heute vergleicht, erlebt vielleicht ein Justin Bieber so viel Zuneigung von Fans im Zahnspangenalter. Hunderte hyperventilierende und weinende Schulmädchen begrüßten damals Prinz William in Vancouver. Schon vor dem Hotel hatte eines der Mädchen die Absperrungen überwunden und musste von Sicherheitskräften zurückbefördert werden. Unter Tränen soll sie gerufen haben: «Prinz William muss seine zukünftige Frau doch kennenlernen.»

William wirkte zwar schüchtern, doch hatte er Charme und Aussehen der Mutter durchaus geerbt. Ende der neunziger Jahre brach deshalb unter Teenagern eine wahre William-Manie aus. In Deutschland lockte die *Bravo* neben Fotos von Tic Tac Toe, Kim Frank und Enie van de Meiklokjes mit Schlagzeilen wie «Cool! Prinz William flirtet mit fünf Girls!»[64] oder «Top Secret! Prinz William. Liebesbrief an Britney!»[65] Und es gab so manches Teeniezimmer, in dem der Starschnitt von William angeschmachtet wurde!

WUSSTEN SIE ...

dass Britney Spears, gefragt, ob sie Prinz William heiraten wollen würde, gesagt haben soll: «Liebend gern. Wer würde schon nicht gerne Prinzessin sein?»

Zu dieser Zeit besuchte William Eton, und er war auch dort heiß begehrt. Auch weil er schon damals gern sportlich unterwegs war.

Und da hatte er einiges vorzuweisen, er war Mitglied des Schwimmteams, spielte Wasserpolo, begeisterte sich fürs Tauchen, für Rugby und, wem das noch nicht reicht, für die A-Liga. William hatte dazu auch noch gute Noten und machte einen hervorragenden Abschluss in Geographie, Kunstgeschichte und Biologie. Und weil sich auch eine Edelbildungsschmiede wie Eton gern mit einem Prinzen schmückt, wurde er nach der Uni in die Eton Society aufgenommen. Angeblich sind – so wird es erzählt – nur die charmantesten und beliebtesten Schüler in diesem Club und sicherlich die mit gutem Namen. Wie auch der Schauspieler Eddie Redmayne.

WUSSTEN SIE SCHON, DASS ...

auch Dianas Bruder Charles Spencer in die typische schwarze Schuluniform Etons gesteckt wurde? An dieser Schule legt die junge Generation des Hochadels den Grundstein für Karrieren als Anwälte, Banker, Politiker, aber auch als Schauspieler, Schriftsteller und Musiker. Harry und William waren die ersten Absolventen aus königlichem Hause, die in direkter Linie der britischen Thronfolge standen. Nach Prinz Charles stellten sie erst die zweite Generation der Windsors, die nicht von Hauslehrern und gemeinsam mit anderen Kindern unterrichtet wurden.

Anlässlich seines sechzehnten Geburtstags beantwortete Prinz William widerwillig einige Fragen der Presse, und die Antworten fielen so knapp aus, dass sie mehr an die Eintragung in einem Poesiealbum erinnerten. Diese Musik höre ich gerne: Techno; Das ist meine Leibspeise: Fastfood; Meine Hobbys: Rugby, Fußball, Schwimmen; Das lese ich gerne: Abenteuerromane; Im Kino sehe ich gerne: Action-Filme; Das sind meine Lieblingstiere: meine schwarze Labrador-Hündin Widgeon, Pferde. Es hatte einiges an Überzeugungsarbeit gekostet, ihn allein zu diesem Schritt zu bewegen, wie Medienberaterin Colleen Harris, eine ehemalige Pressesprecherin der Prinzen, der Autorin Penny Junor erzählte: «Er wollte in Ruhe gelassen werden ... Er verstand nicht recht, warum er sich an diesem Punkt seines Lebens mit all diesem Quatsch beschäftigen sollte – warum er in so jungen Jahren so viel tun musste, und ich hielt dagegen, er tue gar nicht viel, ‹Du machst nur ein bisschen›, aber für ihn fühlte es sich nach einer Menge an.»[66]

Schon damals war der Prinz sehr fest in seinen Ansichten, wenn es um seine Privatsphäre und darum ging, sich selbst zu schützen. Er hatte seine Lehren gezogen aus der Schlammschlacht seiner Eltern und dem Leben seiner Mutter. Die hatte schon 1995 über ihren Sohn gesagt: «Er ist ein sehr nachdenkliches Kind»[67], und prognostiziert, dass es einige Jahre dauern werde, bis sich zeigen würde, wie er den Scheidungskrieg seiner Eltern verarbeitet hätte – ob er daran wachsen würde? Zwei Jahre älter als sein Bruder Harry, hatte er in seiner Kindheit und Jugend feine Antennen für die angespannte Stimmung entwickelt, die in der Familie herrschte, und wenn Diana weinend nach Hause kam, weil sie einmal mehr von einer Horde Paparazzi verfolgt worden war oder einen schlimmen Streit hinter sich hatte und sich im Badezimmer einschloss, soll er es gewesen sein, der ihr unter dem Türschlitz Taschentücher durchschob und sagte: «Ich hasse es, dich traurig zu sehen.»[68]

Die Beziehung der Kinder zu ihrer Mutter war sehr eng, und William hatte ihr gegenüber früh die Rolle des Beschützers eingenommen – vielleicht zu früh. 2017 gab er Alastair Campbell ein Interview für die *GQ* und sagte, seine Mutter sei «isoliert und einsam» gewesen: «Ich bin immer noch wütend, dass wir nicht alt genug und in der Lage waren, sie besser zu beschützen, nicht klug genug waren, um einzuschreiten und etwas zu tun, das die Situation für sie verbessert hätte.»[69] Als seine Eltern sich trennten, lebten die Jungs das Leben klassischer Scheidungskinder. An den Wochenenden waren sie abwechselnd bei Charles in Highgrove oder bei Diana im Kensington Palace, auch mit den Schulferien wurde es so gehandhabt. «Wir verbrachten viel zu viel Zeit damit, am Telefon miteinander zu reden, anstatt von Angesicht zu Angesicht zu sprechen, einfach weil die Situation war, wie sie eben war», fasste Harry es später zusammen.[70]

Aber während die Krise einer durchschnittlichen Familie meist im Privaten abläuft, fand der «Krieg der Wales» in der Öffentlichkeit statt, und beide Parteien gossen immer wieder Öl ins Feuer – Diana mit Andrew Mortons Veröffentlichung von «Diana. Ihre wahre Geschichte», Charles mit einem Interview mit Jonathan Dimbleby von 1994, in dem er zugab, Diana betrogen zu haben, dann wieder Diana, die im *Panorama*-Interview mit Martin Bashir den berühmten Satz sagte: «Nun, in dieser Ehe gab es drei Menschen, also war es etwas überfüllt.»[71]

Wenngleich Diana ihre Kinder mit Liebe überschüttete, Charles ihnen viel Zuwendung schenkte und sie in den jeweiligen Schulen, so gut es ging, von den Eskapaden ihrer Eltern abgeschirmt wurden, herrschten zu Hause doch instabile Verhältnisse, und die Kinder erlebten alles andere als ein durchschnittliches Familienleben. Nicht nur Diana fragte sich, welche Auswirkungen das alles auf ihren Ältesten haben würde. In einem Artikel von 1996 zitierte das *Time Magazine* die Berichterstatterin Julie Burchill: «Ich wünsche William nur das Beste, aber es würde mich überraschen, wenn er normal würde, denn das ist die verrückteste Familie seit den Munsters ... Es würde uns doch nicht wirklich überraschen, wenn er Transvestit würde und einen Corgie heiraten wollte.»[72] Wie wir wissen, ging die Geschichte anders aus. Statt einer Vorliebe für die Hunde seiner

Großmutter entwickelte er unter der ständigen Einmischung der Medien und dem aufdringlichen Verhalten der Paparazzi eine tiefe Abneigung gegen öffentliche Auftritte, was sich nach dem tragischen Tod seiner Mutter noch verstärkte. Jahre nach den Ereignissen um den Tod seiner Mutter sagte William, er sei für viele Jahre in einen Schockzustand verfallen und habe vielleicht nicht ausreichend getrauert: «Wenn ich nur ausdrücken könnte, was ich gesehen habe, was im Leben und Sterben meiner Mutter vor sich ging, und welche Rolle die Medien darin spielten ... Ich kann versuchen, es in Worte zu fassen, aber es zu leben, es zu sehen, zu atmen – man kann nicht erklären, wie entsetzlich es für sie war.»[73] Als William seine Mutter verlor, war der Junge gerade fünfzehn Jahre alt, und das Interesse der Medien nahm stetig zu. Er lebte ein Leben im Goldfischglas, und offenbar betrachteten die Menschen ihn als den schillerndsten Fisch im Becken.

In den neunziger Jahren, als die «Wills Mania» ihren vorläufigen Höhepunkt erreichte, gab es kaum ein Magazin, auf dessen Cover nicht mindestens einmal das Gesicht des royalen Posterboys prangte. Rund um den Globus wurde William für junge Mädchen zum Teenage-Crush. Selbst in Kates Zimmer soll damals ein Poster des Prinzen an der Wand gehangen haben. William zog sie im Verlobungsinterview damit auf: «Es war nicht nur eins, es waren zehn ... zwanzig.»[74] Woraufhin sie lachend konterte: «Davon träumt er – nein, ich hatte diesen Kerl von Levis an der Wand ... sorry.»[75]

Übrigens wies Prinz William die Medien schon als Sechzehnjähriger in die Schranken – wie er es später noch häufiger tun sollte: Als die *Mail on Sunday* eine Sonderbeilage mit dem Titel «William. The People's Prince» herausbrachte, ließ er das Pressebüro seines Vaters Beschwerde bei der PCC einlegen. Der Artikel sei «extrem übergriffig und unrichtig». Clarence House kritisierte das Heft für die «albernen Kommentare» über Mädchen und Spekulationen über die Einrichtung von Williams Schlafzimmer.[76] Die BBC vermerkte damals, dass Williams Zurückhaltung und wohlbekannte Feindseligkeit gegenüber den Medien diesen als Warnung gelten sollte, dass dieser Royal zu viele seiner Familienmitglieder durch die Hand der Medien leiden gesehen habe, als dass er Spekulationen über sein Leben tolerieren werde.[77] Aber auch das hielt die Magazine nicht davon ab, über Williams Liebesleben zu phantasieren.

WUSSTEN SIE SCHON, DASS ...

in Prinz Williams Zimmer Mitte der Neunziger die Poster dreier Supermodels hingen? 2017 erinnerte sich Prinz William lachend an eine Begegnung der besonderen Art zurück, die seine Mutter eingefädelt hatte. Als er im Alter von zwölf oder dreizehn Jahren von der Schule nach Hause kam, warteten am oberen Ende der Treppe keine Geringeren als Cindy Crawford, Christy Turlington und Naomi Campbell. Er sei umgehend rot angelaufen und die Treppe eher hinaufgestolpert als gegangen.[78]

Wie schon sein Vater Prinz Charles stieg Prinz William in seinen Jugendjahren zum begehrtesten Junggesellen der Welt auf. Neben weiteren angeblichen Treffen mit Supermodels, Cyber-Affären mit Pop-Prinzessinnen und Bush-Enkelinnen kreuzten nicht wenige zumeist aristokratische junge Damen seinen Weg: Die Presse war bemüht, jede mit Bild und Namen zu drucken, selbst wenn es da schon fast wieder vorbei war oder nie richtig angefangen hatte. Da waren Rose Farquhar, Davina Duckworth-Chad, Jecca Craig, Arabella Musgrave, Carly Massy-Birch und Olivia Hunt – nicht eine äußerte sich über ihre angebliche Beziehung zu Prinz William. Trotzdem wurde es die Presse nicht müde, in jede dieser Bekanntschaften eine knisternde Affäre hineinzulesen, und verlieh William den Titel, den schon sein Vater vor ihm getragen hatte: «Prince Charming». Zu Williams großem Ärger kam immer häufiger die Frage auf: Welcher der Damen passt der royale Schuh?

PLÖTZLICH PRINZESSIN

War die Geschichte von Kate und Will womöglich schon prophezeit? Zumindest im Schultheater war sie es.

Da stand die junge Kate Middleton schon früh auf der Bühne und spielte in einem Stück mit, in dem ihr ein Wahrsager prophezeite: «Schon bald wirst du einen gut aussehenden Mann, einen reichen Gentleman treffen.»

Entzückt wandte sich das Mädchen auf der Bühne dem Publikum zu: «Davon habe ich schon immer geträumt. Wird er sich in mich verlieben?» Natürlich! «Und wird er mich heiraten?» Auch das bejaht der Wahrsager mit einem wissenden Blick auf die Handlinien des Mädchens. Ob er sie von hier fortholen werde, hakte sie aufgeregt nach. «Ja, nach London.»

«Reich und gutaussehend – hach. Er wird sich in mich verlieben – hach. Er wird mich heiraten – hach. London – hach! Oh, wie mir das Herz flattert!» So soll es gewesen sein. Und die junge Kate war es, die dort oben schmachtend auf einer Bühne stand. Und die nicht ahnen konnte, dass diese fiktive Prophezeiung wahr werden würde und dass sie die Bühne einer Schulaula eintauschen würde gegen die große Weltbühne. Dass ihr Leben, jeder einzelne ihrer Schritte, in der Presse verhandelt werden würde.

Währenddessen besuchte William Eton, eines der teuersten Elite-Internate des Landes, und wartete auf den Zuschlag einer renommierten Universität wie Oxford oder Cambridge, und ab und an schaute er bei seiner Großmutter auf ein Tässchen Tee vorbei. Und natürlich ahnte auch er nichts von der jungen Dame, die im vierzig Kilometer entfernten Pangbourne ihre Schauspielkünste an der angesehenen Privatschule St. Andrews einstudierte und die dort als ausgezeichnete und aufgeschlossene Schülerin galt: «Sie arbeitete sehr hart, war sehr höflich und freundlich und auch zu den jüngeren Kindern sehr lieb.»

Kate scheint schon damals eine wahre Musterschülerin gewesen zu sein. Mehrfach spielte sie die Hauptrolle in Schulaufführungen, war unter ihren Mitschülern äußerst beliebt, und in sportlicher Hinsicht konnte man ihr eh nichts vormachen: «Sie stellte einen Rekord im Hochsprung auf – und hielt ihn etwa zwanzig Jahre», erklärte ihr ehemaliger Lehrer Richard Hudson, als Kate Jahre später an die Schule zurückkehrte, um ein Hockeyfeld einzuweihen.[79] Aber ahnten wirklich beide rein gar nichts voneinander? Denn laut einem Bericht des *Telegraph* sollen Kate und William sich schon viel früher das erste Mal begegnet sein. Im Alter von gerade mal zehn Jahren, als William an einem Hockeymatch in St. Andrews teilnahm. Ein ehemaliger Schüler erinnert sich: «Alle Mädchen, inklusive Kate, wollten unbedingt einen Blick auf ihn werfen, und beim Tee nach dem Spiel legten sie es alle darauf an, seine Hand zu schütteln und mit ihm zu sprechen.»[80] Selbst eine ausgezeichnete Hockey-Spielerin, wird Kate seinen Spielzügen neugierig gefolgt sein. «Ich habe die Zeit hier geliebt. Es waren einige meiner glücklichsten Jahre ... In der Tat habe ich es so sehr genossen, dass ich, als meine Zeit hier vorbei war, meiner Mutter sagte, ich würde als Lehrerin zurückkehren.»[81] Wie wir heute wissen, kam es ganz anders, und dass das so passierte, hat Kate wohl auch ihren Eltern zu verdanken, die es sich leisten konnten, ihre drei Kinder auf die besten Privatschulen des Landes zu schicken. Zurückgekehrt von einem dreijährigen Arbeitsaufenthalt für British Airways in Jordanien, zogen die Middletons in ein kleines Haus mit Garten namens West View, das sie 1979 in Bradfield Southend, Berkshire gekauft hatten, und richteten sich zusammen mit ihren Kindern ein gemütliches Zuhause ein. Dudley Singleton, der ihnen das Haus damals verkaufte, schwärmte geradezu von der Familie: «Die Middletons sind eine so freundliche Familie, und Kate ist ein entzückendes Mädchen. Schon als Kind hatte sie einen natürlichen Charme. So etwas kann man nicht lernen.»[82] Und es war in genau diesem Haus, in dem Kates Mutter, die gerade schwanger war mit ihrem dritten Kind, die geniale Idee für ein Unternehmen hatte. Und dieses Unternehmen wuchs und wurde über die Jahre sehr erfolgreich und die ganze Familie damit reich. Carole Middleton, geborene Goldsmith, war eine toughe Mutter, das kann man wohl sagen. Zunächst Flugbegleiterin, wurde sie mit ihrem Mann Michael zur Unternehmsgründerin, und nebenbei zog sie drei Kinder groß. Und ermöglichte ihnen auch noch die beste Ausbildung. Das eines dann auch noch Prinzessin würde, war da allerdings wohl nicht geplant. Aber so ein bisschen liegt das Kämpfer- und Aufsteiger-Gen in der Familie. Da kam Carole Middleton ganz nach ihrer eigenen Mutter, die 1953, also zwei Monate nachdem Elizabeth II. in Westminster Abbey gekrönt wurde, geheiratet hatte. Dorothy Perkins war Verkäuferin, und sie heiratete den Lastwagenfahrer Ronald Goldsmith. Schenkt man ihrer Nichte

Ann Glauben, hatte schon Dorothy gern selbst die Fäden in der Hand. Als sie und ihr Mann die Hochzeitstorte anschnitten, soll schon klar gewesen sein, wer die Hosen in dieser Ehe anhatte: «Dorothy war der dominierende Part. Sie wollte sich stets verbessern ... Sie wollte immer etwas Besonderes sein ...»[83] 1955 wurde dann Carole, Kates Mutter, geboren, ein kleiner Nachzügler – Gary – folgte zehn Jahre später, Kates Onkel. Dank der Beharrlichkeit, und da schien Kates Großmutter einen eisernen Willen zu haben, arbeitete sich die Familie aus einfachen Verhältnissen heraus und zog einige Jahre später aus einer Sozialwohnung erst in eine Doppelhaushälfte und von dort in ein Haus in Norwood Green. Kates Oma Dorothy ging immer voraus, sie war die treibende Kraft in der Familie und Ron eben der hart arbeitende und liebende Ehemann, der seiner Frau jeden Wunsch von den Lippen ablas.[84] Für Carole und ihren Bruder Gary war sie einfach nur eine liebende Mutter, die viel Zeit mit ihnen verbrachte und sich dafür einsetzte, dass ihre Kinder eine bessere Ausbildung erhielten, als sie sie genossen hatte. Ihr Sohn Gary erinnert sich an seine Schwester: «Carole war immer ernsthafter als ich. Meiner Meinung nach ist das Leben dafür da, um gelebt zu werden und Spaß zu haben, aber Carole war fleißig, sie arbeitete härter als ich und schnitt bei Examen besser ab.» Nach der Highschool bewarb sich Garys große Schwester bei British Airways und arbeitete als Flugbegleiterin – ein Beruf, der in den Siebzigern noch Glamour hatte. Damals war ein bevorstehender Flug noch ein Grund, sich schick zu machen. Und auch anders als heute: Flugbegleiterinnen wurden außergewöhnlich gut bezahlt. Dazu hatte man die Chance, mit dem Jetset um die Welt zu reisen. Vergleichbar heute vielleicht mit dem Leben eines Models oder Influencers. Das war genau das Richtige für die gut aussehende und ehrgeizige Carole Goldsmith. Und Gelegenheit macht Liebe – es dauerte nicht lange, und sie traf bei ihrer Arbeit den attraktiven Flight Dispatcher Michael Middleton, der sich Hals über Kopf in die junge Frau mit Hüten und Uniform verschoss. 1980 heirateten die beiden in einer typischen kleinen Dorfkirche in Dorney, und es war an diesem Tag, dass ihr kleiner Bruder Gary realisierte, dass seine Schwester, die in einer Kutsche vorfuhr, in eine wohlhabende Familie eingeheiratet hatte: «Mike und Caroles Hochzeit öffnete mir die Augen. Das war wirklich etwas ganz anderes als unsere Familie, es war all das, was unsere Mutter sich nur hätte wünschen können.»[85] Die Eltern des Bräutigams, die diesen besonderen Tag ermöglichten, entstammten aus einer der wohlhabendsten und einflussreichsten Familien aus dem Norden Englands – den Luptons aus Leeds. Kates Ururgroßvater väterlicherseits, Francis Martineau Lupton, brachte es in den frühen Jahren des 20. Jahrhunderts in der Textilwirtschaft zu einem ansehnlichen Vermögen und baute nebenbei ein kleines Immobilienimperium auf. Das daraus entstandene und immer größer werdende Vermögen sorgte und sorgt nach den Recherchen der Journalistin Zoe Brennan für die exzellente Ausbildung mehrerer Generationen, unter anderem wohl auch für die der heutigen Herzogin von Cambridge und ihrer Geschwister.[86]

WUSSTEN SIE SCHON, DASS ...

Kates und Williams Großväter einander bereits kannten, bevor ihre Enkel ein Paar wurden? Kates Großvater, der schnieke Captain Peter Middleton, begleitete Prinz Philip 1962 als First Officer To Fly auf einer Tour nach Südamerika.

Das kleine Unternehmen der Middletons, das Carole und Michael auf den Namen Party Pieces tauften, lief mit den Jahren immer besser, sie stellten Mitarbeiter ein und verlagerten das Geschäft in eine größere Halle. 1995 verkauften Kates Eltern ihr kleines Häuschen, und die Familie zog mit Sack und Pack in ein Haus in Bucklebury namens Oak Acre. Etwa eine Stunde von London und fünfundvierzig Minuten von Windsor entfernt, ist Bucklebury ein bei den Reichen und Schönen beliebter Hotspot zum Wohnen. Die vor allem großen Backsteinhäuser sind umgeben von noch größeren Ländereien und nicht selten ausschließlich über lange private Zufahrten zu erreichen. Im Dorf gibt es nicht viel, aber das, was man eben so braucht: einen Fleischer, einen Pub, einen kleinen Lebensmittelladen ... Auch die neuen Nachbarn der Middletons konnten sich sehen lassen, darunter Multimillionär John Madejski, DJ und Fernsehmoderator Chris Tarrant und die Sängerin Kate Bush. Über sieben Jahre war die Familie in Oak Acre zu Hause. Und diese erfolgreiche Familienbande hält bis heute fest zusammen: «Wir stehen uns sehr nahe. Wir sehen einander oder telefonieren ständig.»[87] Über Pippa und Kate sagte ihr kleiner Bruder Michael in einem seiner seltenen Interviews: «Meine Schwestern waren schon früher äußerst erfolgreich und selbstbewusst.»[88] Und sie hatten allen Grund dazu.

Als hätten die Mädels des Hauses das Motto der St. Andrews School wörtlich genommen: «Altiora Petimus» – Wir streben nach Höherem. Kate wechselte im Anschluss an ihre Zeit in Pangbourne und nach einem kurzen Intermezzo in Downe House, einer Mädchenschule in Berkshire, auf das Marlborough College, ein Elite-Internat, an dem Jungen und Mädchen gemeinsam unterrichtet werden und das sich heute auf die Fahnen schreiben kann, nicht nur die zukünftige Königin Englands ausgebildet zu haben, sondern auch hochrangige Politiker wie Rab Butler, Sportler wie den Polospieler Mark Tomlinson und Musiker wie Chris de Burgh – selbst Nobelpreisträger finden sich unter den Absolventen. Wer dieses Internat durchlaufen hat, der kann nicht nur auf eine gute Ausbildung bauen, sondern auch auf ein gutes Adressbuch mit besten Kontakten.

Und tatsächlich war das Marlborough College 1968 die erste unter den wichtigen britischen Privatschulen, die Jungen und Mädchen in der Oberstufe zusammen unterrichtet hat. In einem Land, in dem es Privatschulen wie Eton gibt, die immer noch reine Männer-Clubs sind, mag das durchaus fortschrittlich wirken, und Kate Middleton war eines von den Mädchen, die davon profitieren konnte. Wie schon auf der St. Andrews School war Kate, vor allem, wenn es um die sportlichen Fächer ging, weit vorn. Anfänglich war sie wohl etwas schüchtern und litt bös unter Heimweh. Aber dann stieg sie – ganz Karrierefrau – schnell zur Kapitänin des Hockey-Teams auf. Die Mutter einer Mitschülerin berichtete das dem *Tatler* so: «Jedes ihrer makellosen Kleidungsstücke hatte ein akkurat eingenähtes Namensschild ... Es war undenkbar, dass sie einen Marker auf den Schildchen benutzte, wie wir anderen es taten. An Sporttagen hatten sie riesige Picknicks dabei, die besten Tennisschläger, solche Dinge. Wir anderen fühlten uns dabei fast schon hoffnungslos.»[89] Wen auch immer man fragt, die Middletons wirkten wie das perfekte Abziehbild einer Idealfamilie aus der Seifenwerbung. Immer ein bisschen ordentlicher, ein bisschen höflicher, ein bisschen freundlicher, ein bisschen hart arbeitender als alle anderen – und dazu eine geschlossene Einheit. Die Journalistin Celia Denison stellte dazu mal einen ziemlich frechen Vergleich an: «Der Middleton-Clan – unter ihren Freunden «die Mids» – ist in gewisser Hinsicht, nicht in jeder, wie eine traditionelle Mafiosi-Familie: Sie stehen einander sehr nahe und haben ganz klar einen Chef. Und ohne Zweifel ist Carole dieser Chef: Matriarchin, Finanzchefin, Fashion-Muse, groovy Hängt-mit-den-Kindern-ab-Mum ...»[90]

Und so haben diese Middletons sehr früh bewiesen, dass sie der königlichen Familie nicht unähnlich sind. Bei beiden lautet das Motto: «Niemals erklären, niemals beschweren». Vielleicht ist Kate auch deshalb die perfekte Wahl für William. Eine Frau, die selbst dann noch durchhält, wenn es mal eng wird. So ist sie groß geworden. Die Familie zählt. Und da ist sie nicht weit weg von der Queen und ihren Vorstellungen von der «Firma» – wie sie die Familie und den Job für die Krone gern nennt.

Als Kate die Schule mit einem guten Abschluss in der Tasche verließ, strahlte sie schon jene Ruhe und Gelassenheit aus, die heute ihr Markenzeichen sind. Die Autorin Vicky Woods brachte es einmal auf den Punkt: «Ich sehe mir die junge Miss Middleton an und fühle mich, als hätte ich einen winzigen Spritzer von ‹Keep Calm and Carry On› hinter jedem Ohr.»[91] Man muss kein Psychologe sein, um zu erkennen, dass Kate und William wie Topf und Deckel passten.

DER STUDENTENPRINZ

Kennen Sie das auch? Zeitschriften eignen sich hervorragend als Türstopper. Ich weiß, es gibt diese schicken, edlen Türstopper aus Metall. Man muss kein altes Papier vor Türen schieben, wo es vor allem als Staubfänger dient oder von A nach B geschoben wird. Aber ich mag dieses alte Papier.

Und manchmal schaue ich zufällig darauf und entdecke eine Zeitschrift, die ich gar nicht mehr auf der Rechnung hatte.

So ist das auch mit der alten Jubiläumsausgabe der *Vanity*

Fair mit Coverboy Prinz William drauf. Ich weiß nicht mal mehr, wer sie mir geschenkt oder mitgebracht hat. Aber ich weiß immer, Coverboy William ist da und guckt mich vom Fußboden aus von meinem selbstgebauten Türstopper-Berg an.

Prinz William in Frack und Fliege, die Hände scheinbar zufällig in den Taschen – wobei ich bei Fotos selten an Zufälle glaube, aber wer weiß –, dazu verstrubbelte Haare. Es ist ein paar Jahre her, möglicherweise war Prinz William damals noch vom Haarausfall verschont oder Photoshop war am Werk. Auch diese Witzeleien gab es damals bei Erscheinen der Ausgabe. Nach dem Motto: Da hat doch einer geschummelt.

Man sieht auf diesem Foto nicht nur den Vater Charles durchblitzen, auch die Mutter Diana. Die diesen Blick möglicherweise sogar an ihren Sohn weitervererbt hat, in dem immer ein bisschen beides liegt: Freundlichkeit, Offenheit und doch auch ein wenig Zurückweisung.

«Young and Royal» lautet der Titel dieser Ausgabe. Aus dem Jahr 2003 stammt sie, und sie war so etwas wie der Startschuss zu etwas Neuem.

Die jungen Royals übernahmen plötzlich immer häufiger die Schlagzeilen in Europas bunten Blättern. Eine neue Generation junger Royals wuchs da heran, die die Monarchie veränderten. Und sei es nur dadurch, dass sie heirateten, wen sie wollten. Wie Kronprinz Haakon von Norwegen, der zwei Jahre zuvor trotz aller Widerstände die alleinerziehende Mutter Mette-Marit geheiratet hatte – eine bürgerliche Prinzessin. Und ein Jahr darauf folgte eine ebenfalls kontrovers diskutierte Hochzeit in den Niederlanden: Kronprinz Willem-Alexander heiratete gegen alle Widerstände die Argentinierin Máxima Zorreguieta Cerruti. Heute wohl seine beste Visitenkarte. Wenn eine Frau mit ihrer alles überstrahlenden Art Türen öffnen kann, dann Máxima.

Doch damals war ihr inzwischen verstorbener Vater in den Niederlanden umstritten wegen seiner Rolle in der Militärdiktatur.

Ein großer Teil dieser königlichen Hoheiten war in der *Vanity Fair* abgedruckt. Aber eben so ganz anders als gewohnt – lässig-locker mit T-Shirt, Jeans und Basecap oder hochgekrempelten Hemdsärmeln, als wollte diese neue Generation zeigen: Wir packen es jetzt an, und zwar auf unsere Art.

Prinz William, der 2003 mit seinem 21. Geburtstag – wenn man es streng nimmt – endlich volljährig war, stand exemplarisch für diese junge neue Anpacker-Generation von Royals.

WUSSTEN SIE SCHON, DASS ...

Prinz William zu seinem 21. Geburtstag ein recht spezielles Geschenk erhielt? Der Hofdichter Andrew Motion verfasste zu Ehren des Prinzen zwei Gedichte. Eines davon im Stil eines Rap-Songs. Kostprobe gefällig? «Better stand back / Here's an age attack / but the second in line / is dealing with it fine.» Oje, oje.

2001 hatte William an der altehrwürdigen Universität von St. Andrews angefangen, eine Entscheidung, die damals mit Interesse verfolgt wurde. Hatten doch die Thronfolger zuvor durch die Bank das Trinity College besucht. Obwohl, auch das kann mal erzählt werden, nur Williams Vater Charles die Universität mit einem Abschluss in der Tasche verlassen hat. Es ging William übrigens wie so vielen Studenten im ersten Uni-Jahr: Er wollte am liebsten hinschmeißen und war sich unsicher, ob er mit St. Andrews die richtige Wahl getroffen hatte. «Es war eine neue Umgebung, ein neues Umfeld, und ich war mir nicht sicher, was mich erwartete ... Mein Vater war sehr verständnisvoll, und mir wurde klar, dass ich die gleichen Probleme durchmachte, die er wahrscheinlich auch durchgemacht hatte»[92], erzählte William später. Gewechselt hat er dann doch noch, zumindest das Hauptfach. Als sich die erste Aufregung um den berühmten Mitstudenten gelegt hatte und auch die Einwohner des Küstenstädtchens nicht mehr aufschreckten, wenn der Prinz über die Straße lief, ließ auch William locker. Er nahm sein Basecap ab und bewegte sich von da an frei und ungezwungen durch die Stadt – natürlich immer mit der obligatorischen Schrankwand im Nacken, also einem ihm zugeteilten Sicherheitsbeamten. So richtig allein ist ein Prinz eben nie. William hat diese Zeit so beschrieben: «Viele sagen, für mich sei es nicht möglich, ein normales Leben zu leben, aber hier oben und ohne die Medien ist es wirklich großartig, wie die Menschen einfach ihrer Wege gehen und einen in Ruhe lassen. Alle hier haben sich mustergültig verhalten.»[93] Im Gegensatz zu seinem Vater, der schon während seines Studiums häufig Balkon-Jobs übernahm – heißt: winken, lächelnd Bänder durchschneiden –, blieb William vorerst davon verschont: «Mein Vater möchte, dass ich meine Ausbildung beende, bevor ich Termine für die Krone übernehme, aber ich nehme an, dass ich ihn, wie schon in der Vergangenheit, ab und an begleiten werde.»[94] Stattdessen lebte der Prinz ein weitgehend normales Studentenleben, ging einkaufen, hockte sich stundenlang in die Bibliothek, ging mit Freunden ins Kino und in den Pub im Ort, um ein paar Cider zu trinken und Billard zu spielen. Ein fast normaler Student.

Bei seinem Vater war es noch anders. Der war schon früh ein Fan von Maßanzügen und weniger von Ausflügen in Studentenbars. Auch für die Krone war er in dieser Zeit schon unterwegs. Und jene Balkon-Jobs machten es ihm immer schwer, zwischendurch einfach nur der normale Student von nebenan zu sein. So kehrte Charles Cambridge an den Wochenenden regelmäßig den Rücken, um lieber Polo spielen zu gehen oder an einer Jagd teilzunehmen.

William dagegen war schon früh gern in beiden Welten zu Hause, das hat ihm sicher manches leichter gemacht und auch seinen Blick auf den Job für die Krone verändert. So zeigte William früh, dass er seinen eigenen Kopf hatte und sich nicht herumschubsen ließ: «Ich möchte mein Leben unter Kontrolle haben. Da ich so viele Menschen um mich herum habe, kann es sein, dass ich erst in die eine Richtung und dann in die andere gezerrt werde. Wenn ich keinerlei Mitspracherecht habe, wird es damit enden, dass ich gänzlich die Kontrolle verliere, und diese Vorstellung gefällt mir gar nicht.» Und er wurde noch deutlicher in diesem Interview: «Viele Leute denken, ich verhalte mich in der Sache stur. Aber man muss schon etwas eigensinnig sein, wenn ein jeder aus dem ein oder anderen Grund etwas von dir möchte … Ich denke, es ist sehr wichtig, dass man selbst entscheidet, wer man ist. Denn dann ist man verantwortlich für seine Taten und kann nicht andere Menschen dafür verantwortlich machen.»[95]

Viele Menschen, vor allem viele interessierte Mädchen, hatte er auch in St. Andrews um sich herum: Als 2001 bekannt wurde, dass Prinz William statt der Universität von Cambridge die schottische Universität an der Ostküste besuchen würde, schossen die Studienbewerberzahlen im Vergleich zum Vorjahr um vierundvierzig Prozent in die Höhe. Das British Council vermerkte überrascht, dass offenbar gerade weibliche amerikanische Studentinnen urplötzlich eine Vorliebe für das doch eigentlich so abgelegene Küstenstädtchen entwickelt hatten.

Übrigens, so heißt es, soll auch ein Mädchen namens Kate Middleton aus Bucklebury kurzentschlossen ihre Pläne geändert haben. Sie gab ihren sicheren Platz an der Universität von Edinburgh auf und bewarb sich auf einen Studienplatz an der ältesten Universität Schottlands. Ein Jahr später verabschiedete sich die damals Neunzehnjährige von ihren Eltern und stellte ihren Koffer in ihrem Zimmer in der St. Salvator's Hall von St. Andrews ab, um ihr Studium der Kunstgeschichte aufzunehmen, ganz wie der zurückhaltende Erstsemesterstudent, der eine Woche später ein paar Gänge weiter ein Zimmer neben dem für ihn abgestellten Sicherheitsbeamten bezog und sich das Baseball-Cap tief in die Stirn zog, entschlossen, erst mal ja nicht aufzufallen. Es dauerte nicht lange, und die beiden liefen sich in einem ihrer Kunstgeschichte-Seminare über den Weg. Kate erinnerte sich im Verlobungsinterview an die erste Begegnung zurück: «Ich glaube, ich wurde knallrot und stolperte davon.»[96] Aber trotz dieser ersten noch etwas unbeholfenen Begegnung wurden die beiden schnell enge Freunde.

DAS MODEL UND DER PRINZ

St. Andrews ist tatsächlich ein schöner Flecken Erde. Wer den Ort besucht, fühlt sich in den engen Gassen ein bisschen, als stünde er mitten in einem Harry-Potter-Film. Die Einwohner haben sich daran gewöhnt, dass ihr Ort den Großteil des Jahres von Studenten bevölkert wird, die in den wenigen Pubs und Cafés sitzen und die ein oder andere wilde Party feiern. Wenn sie sich an den verlängerten Wochenenden oder an Weihnachten Richtung Heimat aufmachen, wirkt St. Andrews plötzlich wie im Winterschlaf. Der perfekte Ort für eine royale Liebesgeschichte, aus der viel mehr wurde als das, was Studenten sonst überall auf der Welt in ihren Studienjahren erleben. Ein transparentes Stück Stoff war es, das William den nötigen Anschubser gab, seine Studienfreundin Kate plötzlich in anderem Licht zu sehen. Oder vielmehr sah er wohl Dinge, die er vorher nicht wahrgenommen hatte.

Das war im Jahr 2002 – Kate hatte sich bereit erklärt, für wohltätige Zwecke an einer von Studenten organisierten Fashion-Show teilzunehmen. Und sie war sicher etwas ratlos, was das Stück Stoff betraf, das man ihr in die Hand gedrückt hatte. Wie sollte man das tragen? War es ein Rock, ein Kleid oder doch eher eine Gardine? Da die Designerin Charlotte Todd nicht greifbar war, entschied sie sich für die Variante Kleid und lief damit unter den Augen eines plötzlich sehr aufmerksamen Prinzen über den Laufsteg. Angeblich hat William zu seinem Kumpel so was rausgeschossen wie: «Wow, Fergus, Kate sieht heiß aus.»

WUSSTEN SIE SCHON, DASS ...

Kates «Kleid» 2011 bei einer Auktion unter den Hammer kam? Das Kleid, das eigentlich ein Rock war, brachte der Designerin sage und schreibe 78 000 Pfund ein. 50 Pfund soll sie das Kleid in der Herstellung gekostet haben – ein ordentlicher Gewinn.

Nach einem Jahr in der St. Salvator's Hall waren Kate und Will – inzwischen deutlich vertrauter – zusammen mit Freunden aus dem Studentenwohnheim ausgezogen und hatten in einem kleinen Häuschen in der Innenstadt von St. Andrews eine Studenten-WG gegründet. Mal davon abgesehen, dass die Fensterscheiben aus Panzerglas waren und das ganze Haus mit einer Alarmanlage gesichert war, alles ganz normal. Und ein guter Ort, um sich als junges Paar näherzukommen: «Von da an blühte es irgendwie auf. Wir sahen einander einfach öfter, verbrachten mehr Zeit miteinander und gingen aus», sagte William später.[97] Das abgelegene St. Andrews bot beiden die Privatsphäre und die Ruhe, die Williams Eltern nie hatten. Während Kate und William einander in aller Ruhe in ihrer WG kennenlernen durften und später zusammen mit ihren Freunden in ein kleines Häuschen etwas außerhalb von St. Andrews zogen, kannten sich Prinz Charles und Diana kaum, als sie einander in St. Pauls das Ja-Wort gaben – etwa ein Dutzend Mal sollen sie einander vor der Hochzeit getroffen haben, und dabei waren sie kaum miteinander allein. Dazu war da der große Altersunterschied. Bei ihrer Verlobung war Diana neunzehn, Charles zweiunddreißig. Hätten sie sich öfter treffen können, vielleicht wäre den beiden früher aufgefallen, dass sich ihre privaten Interessen und Hobbys kaum überschnitten: Prinzessin Diana hörte Platten von Duran Duran, Bryan Adams, Michael Jackson und Bob Dylan. Charles mochte ausschließlich Klassik. Er las Bücher von Laurens van der Post, sie die Liebesromane ihrer Stiefgroßmutter Barbara Cartland, er liebte das Landleben, sie die Stadt. Gegensätze mögen sich anziehen, aber zu viele Gegensätze?

Ganz anders war es bei William und Kate: Beide haben einen Großteil ihrer Kindheit auf dem Land verbracht, lieben lange Spaziergänge und Natur. Beide waren auf Privatschulen und haben eine ganz ähnliche Erziehung erlebt. Eine Zeitlang studierten sie mit Kunstgeschichte sogar das gleiche Fach, und dann ist da der Sport, den beide so mögen. Ski fahren, Tennis spielen, Hockey und und und. Was in St. Andrews mit gemeinsamen Abendessen in der WG, dem Studium, mit wilden Partys begann – der erste Besuch bei den Eltern, der erste gemeinsame Urlaub mit Streit und Versöhnung – alles, durch das auch normale Beziehungen so durchmüssen, erwies sich über die Jahre als widerstandsfähig. Eine Liebe, und da waren sich offenbar auch beide sehr einig, von der die Presse anfangs kaum etwas mitbekommen sollte. Und die William mit aller Macht verteidigte. Als die *Sun* 2004 unter dem Titel: «Endlich ... Will hat ein Mädchen» die «königliche Romanze» öffentlich machte, wurde das Blatt kurzerhand von allen weiteren offiziellen Terminen ausgeladen – eine klare Ansage. Trotzdem war das Geheimnis keines mehr, und als Kate und William im folgenden Jahr ihren Abschluss machten und die Universität verließen, waren alle Deals mit der Presse endgültig passé. Die britische Presse wollte ein Märchen erzählen und begann auszutesten, wie weit sie dafür gehen konnte.

WAITY KATY

Eine junge Frau öffnet die Haustür und wird von einem Meer aus Blitzlichtgewitter empfangen. Dazu laute Rufe, Gedränge, Fotografen in Kapuzenpullis schieben sich gegeneinander und auf die junge Frau zu. Es sind nicht mehr als dreißig Meter, da steht ihr Auto. Doch sie ist umzingelt von einer Traube von Fotografen. Paparazzi, die sich ihr in den Weg stellen und ihr anstelle eines Gesichts eine Kamera entgegenhalten und sie einkesseln. Die Fotokameras klicken und blenden ihr grell ins Gesicht. Als sie ihr Auto erreicht und versucht loszufahren, kommt sie kaum durch, ihr Wagen ist umringt von Paparazzi, die mit ihren Objektiven an der Windschutzscheibe kleben wie die Fliegen.

Sosehr es danach klingen mag, die Frau in dem Wagen war nicht Diana, es war Kate Middleton an ihrem 25. Geburtstag. Einen Monat vorher hatte sie sich erstmals bei einem von Wil-

liams öffentlichen Anlässen gezeigt. Es waren die Abschluss-
feierlichkeiten in der Militärakademie in Sandhurst. Nach dem
Studium wurde von William gefordert, erste Verpflichtungen
für Vaterland und Krone zu übernehmen, und war deshalb zu
seinem ersten Solo-Auslandstermin in Neuseeland aufgebrochen. Danach stürzte er sich gleich in eine Serie von Praktika,
als wolle er alles mal ausprobieren, arbeitete auf einer Farm,
begutachtete die Arbeit der Bergwacht in Anglesey und lief in
der HSBC-Bank in London mit in der Abteilung für wohltätige
Zwecke. Als er den Praktikums-Marathon hinter sich hatte, folgte
er Harry und machte eine Grundausbildung in der Armee. Nach
seinem Abschluss trat er, wieder ganz wie sein Bruder Harry, den
Blues and Royals bei. Für einen zukünftigen König gehört es seit
Generationen zum Pflichtprogramm, dem Militär beizutreten.
Schließlich wird William bei seiner Amtsübernahme irgendwann auch Anführer der Streitkräfte. Bislang macht die Queen
diesen Job. Anders als sein Vater, Großvater und selbst Urgroßvater, die ihre Grundausbildung alle bei der Marine absolviert
hatten, suchte William sich auch hier seinen eigenen Weg.

WUSSTEN SIE SCHON, DASS ...

die Queen 1945 das erste weibliche Mitglied der Familie war,
das mit dem Auxiliary Territorial Service der Armee beitrat
und eine Art Grundausbildung zur Mechanikerin absolvierte?
Sollte irgendwann mal einer ihrer Wagen eine Reifenpanne
haben oder der Motor versagen, die Queen hätte zumindest
das Wissen, die alte Kiste wieder zum Laufen zu bringen ...
Auch wenn sie das wohl nie anwenden musste. Schließlich
wird sie ihr Leben lang schon chauffiert.

Für die Presse war die Anwesenheit von Kate bei Williams Militärabschluss das Zeichen, auf das sie gewartet hatte. Schon wurde die mögliche Verlobung geplant. Schließlich waren beide damals vier Jahre ein Paar, und auch wenn sie es meisterlich hinbekommen hatten, ihre Beziehung weitestgehend für sich zu behalten, Kate war, seit sie in eine Wohnung in Chelsea gezogen war und als Einkäuferin für das Unternehmen Jigsaw arbeitete, regelmäßig von Paparazzi begleitet worden. Fotos erschienen, die jede noch so beliebige Einzelheit dokumentierten. Es gab Fotos, die zeigten sie, wie sie den Müll rausbrachte. Nach dem Motto, eine zukünftige Prinzessin mal ganz bodenständig. Dann gab es Fotos, wie sie mit dem Bus zur Arbeit fuhr, mit ihrer Mutter einkaufen ging. Jede noch so normale Alltagssituation wurde dokumentiert. Kates Eltern beknieten mehrfach die Presse, Rücksicht auf die Privatsphäre der Tochter zu nehmen, aber für die Journalisten war die Geschichte über diese heiße Anwärterin auf einen Ehering einfach zu spannend.

Nach dem offiziellen Auftritt der beiden in Sandhurst erreichte die Berichterstattung eine ganz neue Qualität. Jetzt sei es nur noch eine Frage der Zeit, bis die Verlobung bekannt gegeben werde, orakelten damals die Zeitungen. Es gab sogar Souvenirhersteller, die sich in der Sache so sicher glaubten, dass sie das glückliche Paar auf Tassen, Teller und Handtücher druckten. Als Kate an ihrem 25. Geburtstag ihre Londoner Wohnung verließ, erlebte sie eine Szene, die an das erinnerte, was Williams Mutter Diana vor ihrer Verlobung durchmachen musste. Als die Medien 1980 Wind von Diana bekamen, schraubte sich die Berichterstattung innerhalb von wenigen Monaten in ungeahnte Sphären. Auf dem Papier war Diana perfekt. Hinter alle gewünschten Voraussetzungen hätte die Queen einen Haken setzen können: Diana stammte aus einem alten englischen Adelsgeschlecht, war hübsch, sensibel, mochte Kinder, war verschwiegen, nicht katholisch, und – ganz wichtig – mit ihren neunzehn Jahren hatte es zumindest den Anschein, als hätte sie keine Vergangenheit. Wann immer sie ihre Wohnung in London verließ, um zur Arbeit zu fahren, wartete die Presse schon. Keinen Schritt konnte sie tun, ohne dass sie gefilmt oder fotografiert und dabei auf eine mögliche Verlobung angesprochen worden wäre – und das alles nur ein paar Monate nachdem sich die beiden das erste Mal miteinander unterhalten hatten. Als es ganz schlimm wurde, schaltete sich anstelle von Charles, der Diana hätte beispringen können, ihre Mutter ein und beschuldigte «die Redakteure der Fleet Street» in einem Brief an die *Times*, ihre Tochter «vom ersten Morgengrauen bis spät nach Sonnenuntergang» zu belästigen, was natürlich nichts an dem Verhalten der Fotografen änderte.[98]

Siebenundzwanzig Jahre später beauftragten Kates Eltern Williams Anwälte Harbottle & Lewis, rechtliche Schritte einzuleiten, während Clarence House ein Statement des Prinzen veröffentlichte: «Prinz William ist sehr unglücklich über die Belästigung seiner Freundin durch die Paparazzi. Mehr als alles andere wünscht er, dass es ein Ende hat.»[99] Als die Zeitungen die Bilder wenig später dennoch veröffentlichten, legen die Anwälte Beschwerde bei der PCC ein. In der Folge lenkten mehrere Boulevardblätter ein und versprachen, keine Paparazzi-Fotos von Kate abzudrucken.

Es war ein kleiner Zwischenerfolg für das Paar, der dazu beitrug, dass das Privatleben der zukünftigen königlichen Familie vorerst genau das blieb: privat. Kate hielt sich während dieser ganzen Zeit stets zurück und wurde gleichzeitig Schritt für Schritt in die Familie integriert. Vier Jahre teilte sie ihr Leben nun schon mit dem begehrtesten Junggesellen der Welt, und außer ein paar Fotografien wusste die Presse nichts über sie –

Kate hatte das Dasein einer wartenden Prinzessin perfektioniert, wahrscheinlich mit der Hilfe von William und seinen Beratern in Clarence House. Mittlerweile hatte man sich auf die Praktiken und die Reflexe der Massenmedien eingestellt und verzichtete schlicht darauf, sie zu füttern. Die Grundregeln für eine zukünftige Prinzessin kann man auf drei zentrale Punkte herunterbrechen. Und wer mal eine werden will, sollte sich daran halten.

I. Schweigen ist die erste Pflicht – niemals, wirklich niemals sprach Kate mit einem der Fotografen, der sie verfolgte, oder trat anders mit der Presse in Kontakt als über ihre Anwälte. Bis heute hat sie kaum ein offizielles Interview gegeben, in dem sie Fragen zu ihrer Person beantwortet.

Die Queen hat in ihrem ganzen Leben kaum ein Interview gegeben – etwas, das sie sich von ihrer Mutter abgeschaut hat. Die junge Queen Mum hatte auf die harte Tour lernen müssen, dass man sich als Mitglied der Familie der Presse gegenüber zu privaten Themen nicht äußert. Anlässlich ihrer Verlobung mit Prinz Albert hatte sie einer Handvoll verblüffter Reporter Tür und Tor geöffnet. Zwar sagte die zukünftige Braut erst, sie sei «sprachlos vor lauter Glück»¹⁰⁰, bat die Journalisten dann aber in das Londoner Domizil ihrer Eltern und plauderte munter drauflos. Den Schreiberlingen vom *Daily Sketch*, der *Daily Mail* und vom *Star* gab sie bereitwillig Auskunft über ihre Verlobung mit dem Herzog von York, dem Bruder des zukünftigen Königs. «Niemals zuvor hat die zukünftige Braut eines Prinzen königlichen Geblüts eine derartige Verbindung zwischen den Abermillionen Menschen auf der Straße und den Privatangelegenheiten der Upper-Class hergestellt»¹⁰¹, hieß es weiter. Kurz darauf sollte diese Verbindung jäh unterbrochen werden, als ein Kammerdiener Georges V. an der Tür der Bruton Street Nr. 17 klopfte und der zweiundzwanzigjährigen Elizabeth Bowes-Lyon die Order erteilte, ab sofort von Interviews abzusehen. Die damals noch so jugendliche Queen Mum sollte sich ab sofort an diese Order halten und war danach zeitlebens verschwiegen wie ein Grab – was sie nicht davon abhielt, ihre Haltung auf anderen Wegen kundzutun.

2. Immer hübsch Ruhe bewahren. – Haben Sie Kate schon mal anders gesehen als mit einem Lächeln im Gesicht? Kate hat offiziell keine schlechte Laune. Sie ist auch nie außer Atem, nie unordentlich, nie unorganisiert, nie unpünktlich. Und wenn sie es ist, dann sieht es keiner. Was unter der Oberfläche brodelt? Da müsste man schon William fragen.

Im Englischen gibt es für diese Art von Pflichtbewusstsein eine Redewendung, nach der die Band AC/DC ein ganzes Album benannt hat: «Stiff upper lip» heißt so viel wie durchhalten, nicht nachgeben. Man könnte es im Falle von Kate auch einfach so bezeichnen: Kate ist ein Vollprofi in diesem Job. Wie keine andere Familie in Großbritannien stand die britische Familie lange Zeit dafür, Gefühle stets für sich zu behalten und ja nichts nach außen dringen zu lassen. Als 1981 ein junger Mann während der Parade zu Trooping the Colour sechs Mal mit Platzpatronen auf die vorbereitende Queen feuerte, hatte die ihr Pferd in Sekundenschnelle wieder im Griff, sie tätschelte ihm noch einmal kurz beruhigend die Flanke und ritt dann, als wäre nichts gewesen, weiter durch die Innenstadt von London.

Auf Kate wurde zwar nicht geschossen, aber dafür musste sie nicht bloß einen Tiefschlag wegstecken, und jeder wurde von der Presse süffisant serviert. Keine drei Monate nachdem die Gerüchte über eine mögliche Hochzeit ihren Höhepunkt erreicht hatten, erwachten die Briten mit einer Schlagzeile der *Sun*, über die sich wohl nicht wenige wunderten. Das Blatt behauptete, William habe sich von Kate getrennt. Der war er in den Wochen zuvor aus einem Nachtclub getorkelt, wo er laut *Daily Mail* gerufen haben soll: «Ich bin frei», und dazu hatte er es sich nicht nehmen lassen, für ein Foto zu posieren, auf dem er die Hand an die Brust der Studentin Ana Ferreira legte.[102] Innerhalb weniger Stunden schrieben die Blätter Kate von der zukünftigen Königin, einer zweiten Diana, der «People's Princess», zu einem verlassenen Mädchen herunter, das fast Königin geworden wäre. So schnell, wie sie aufgetaucht waren, verschwanden die Tassen, Kissen und Handtücher mit den Initialen der beiden wieder aus den Schaufenstern. Und Kate? Die verhielt sich bewundernswert tapfer und hielt sich damit an Regel drei:

3. Immer von der besten Seite zeigen. – Kate wird zur wahren Fashion-Ikone. Und beweist einmal mehr, egal wie es in ihr aussieht: Von außen wird sie immer die perfekte Kate sein.

Darin ähnelte Kate Williams Mutter Diana, die nach der Trennung von Prinz Charles modisch noch einen draufsetzte und zur Stil-Ikone aufstieg. Sie kleidete sich plötzlich viel moderner, wurde mutiger und zeigte so der Welt: Seht her, ich bin eine unabhängige, lebensbejahende Frau.

Wie sich herausstellte, war die Trennung von Will und Kate mehr so etwas wie ein royaler Beziehungsschluckauf. Nur wenige Monate später war wieder alles gut. Und als Harry und William auf die Bühne des ausverkauften Wembley-Stadions traten, um mit Elton John den ersten Akt des Gedenkkonzerts für ihre Mutter Diana anzukündigen, da war Kate schon wieder im Team. Kate war neben Zara und Peter Phillips – den Kindern von Prinzessin Anne –, Prinzessin Beatrice und Eugenie von York – den Kindern von Prinz Andrew –, ihren Geschwistern James und Pippa, Mike Tindall und Autumn Kelly unter den VIP-Gästen des Abends. Sie hatte die Trennung mit Fassung ertragen, und nun war sie zurück. Offensichtlich war sie nun Teil der jungen Generation der Royals, die die Dinge etwas anders als die Elterngeneration anpackte.

IM AUFTRAG IHRER MAJESTÄT

Als Prinz William 2010 nach Neuseeland reiste, hätte man den Eindruck haben können, der Prinz sei nicht sonderlich willkommen. Erst streckte ihm jemand die Zunge heraus, dann wurde er auch noch angebrüllt. Aber William wusste natürlich, was es damit auf sich hatte. Das Herausstrecken der Zunge und lautes Gebrüll sind in Neuseeland Teil des Begrüßungsrituals, und man kann sich was darauf einbilden, wenn das mit einem passiert, denn solche Rituale sind nur hochrangigen Persönlichkeiten vorbehalten. «Prinz William ist ein Häuptling, und als solchen haben wir ihn begrüßt», erklärte Nga Iwi O Taranaki, Anführer der Maori, diesen Besuch.[103]

Kuscheln musste William dann übrigens auch, denn der traditionelle Nasengruß gehört bei den Hongi dazu. Das geht so: Man legt Nase an Nase und herzt dann so richtig drauflos. Ein Geschenk gab es für den Prinzen auch noch, beim gemeinsamen Grillen bekam der Prinz ein Spielzeug namens Buzzy Bee überreicht, in Anlehnung an seinen ersten Besuch in Neuseeland. Das war im Jahr 1983, William bekam damals gerade seine ersten Zähne, und das Spielzeug sollte ihm das Zahnen erleichtern. Knapp siebenundzwanzig Jahre später kehrt Prinz William also zurück an diesen besonderen Ort.

Aber nicht einfach so. Er reiste in wichtiger Mission. Denn zum ersten Mal schickte ihn die Queen als ihre Vertretung nach Neuseeland und Australien. Und die Einwohner der beiden Länder schienen von der Idee begeistert. Und dankten es dem jungen Royal mit viel Applaus. Alle wollten sehen, wie er sich gemacht hatte, dieser Prinz, der schon als Baby das Land bereist hatte. Damals hatte man ihm den Spitznamen «Willy der Wombat» gegeben. Weil er angeblich süß war wie ein Wombat, das heimliche Lieblingstier der Australier. Trotz der seit Jahren schwelenden republikanischen Bestrebungen, die Beliebtheit der Royals zu stören, jubelten ihm die Menschen zur Begrüßung zu. Und ganz wie seine Mutter es ihm vorgelebt hatte, nahm William sich viel Zeit bei diesem Besuch, um diese besondere Herzlichkeit zu erwidern.

Zum Zweck der Reise sagte ein Mitarbeiter des Palasts: «Ihre Majestät sieht es als eine Gelegenheit für ihren Enkel, sich in die Grundlagen einzuarbeiten.»[104] Heißt wohl so viel wie: Wer irgendwann mal König sein will, muss was lernen, und William sollte hier wohl in die Schule eines Thronfolgers gehen. Völlig traute die Queen dem Ganzen aber doch nicht. Oder zumindest ging sie auf Nummer sicher und hatte ihren Privatsekretär Christopher Geidt mit nach Neuseeland geschickt, der die Leistungen des royalen Azubis genau unter die Lupe nahm. Doch William fiel nicht durch, eher im Gegenteil: Der Prinz hinterließ einen bleibenden Eindruck. Und warum? Allein weil er die Dinge anders machte.

Statt in Begleitung einer großen Entourage reiste er ausschließlich mit seinen engsten Mitarbeitern, verteilte Umarmungen, klatschte lässig ein paar Teenager ab und wirkte in Jeans, Poloshirt und Sneakers weit zugänglicher als der Rest der Familie auf Auslandsreisen. Und das kam an: «Ich denke, sein Auftreten ist vortrefflich – ein echter Mensch. Er wirkte wirklich bodenständig. Er hat den Charakter und die Einstellung seiner Mutter ... Ich denke, er wäre ein exzellenter König», sagte die siebenundsechzigjährige Ali Golding, die schon die Queen und Prinzessin Anne auf früheren Reisen begrüßt hatte.[105]

In den Jahren vorher hatte Prinz William sich, was die Ausübung seiner royalen Pflichten betraf, nicht gerade verausgaben müssen. Ab 2009 änderte sich das. Mit Erlaubnis der Queen gründeten Harry und William, neben ihrer Ausbildung beim Militär, einen eigenen gemeinsamen Haushalt, eine Art royale WG – ich hatte sie schon einmal erwähnt. Wobei Harry angeblich leidenschaftlich den Kühlschrank plünderte und William ihn wieder auffüllen musste. Die beiden stellten fest, dass sie nicht nur als Brüder ein super Team abgaben, sondern auch beruflich was auf die Beine stellen konnten. Und das taten sie. Eine Premiere in der Geschichte der Windsors. Dass zwei Mitglieder der Familie als Duo erfolgreich zusammenarbeiteten. Die Idee ging auf. Zusammen waren die beiden unschlagbar, wenn es darum ging, Aufmerksamkeit auf ein Thema zu lenken. Und das wollten sie.

Drei Bereiche hatten es ihnen dabei besonders angetan, sie wurden zu den großen Zukunftsthemen der Prinzen. Benachteiligte Kinder und Jugendliche, Veteranen und Militärfamilien, und nachhaltige Entwicklung, Umweltschutz, und dazu zählt heute auch noch der Bereich psychische Gesundheit. Im Gegensatz zu ihren Großeltern, die im Laufe ihres Lebens Hunderte Schirmherrschaften ansammelten, und Prinz Charles, der es schafft, jährlich über 100 Millionen Pfund für seine zahllosen wohltätigen Organisationen einzutreiben, um sie am Laufen zu halten, gründeten die jungen Prinzen mit der Foundation of Prince William and Prince Harry eine Organisation, die heute projektbezogen arbeitet: «Unsere Aufgabe war es nicht, das Rad neu zu erfinden, stattdessen ist es unser Job, dem Beispiel derer zu folgen, die vor uns kamen. An den Werten festzuhalten, von denen sich unsere Familie schon immer leiten ließ, aber auch danach zu streben, uns im öffentlichen Leben zu engagieren, und dies auf eine auf unsere Generation zugeschnittene und relevante Weise», brachte Prinz William es 2018 anlässlich des Royal Foundation Forums auf den Punkt. Anstatt ihre Popularität zu nutzen, um immer wieder einzelne wohltätige Organisationen vorzustellen, hier Bänder durchzuschneiden und dort Hände zu schütteln, machten William und Harry es sich zur Aufgabe, Organisationen für großangelegte Projekte zusammenzubringen und gemeinsam gesellschaftliche Missstände zu benennen, um wirklich etwas zu verändern.

Mittlerweile stellen William und Harry gemeinsam mit Kate und Meghan und in Zusammenarbeit mit verschiedenen wohltätigen Organisationen Kampagnen auf die Beine, die eine beeindruckende Reichweite haben. Da schaltet sich dann auch mal ein Popstar wie Lady Gaga mit ein, und weltweit berichten Fernsehsender und Onlinemedien. Das beste Beispiel für eine dieser erfolgreich durchgeführten Kampagnen ist wohl «Heads Together», bei der es um psychische Erkrankungen ging. Natürlich kann man sagen: Wenn nicht die was tun, wer dann? Und das stimmt auch. Der Name verpflichtet, und so ist es seit Jahrhunderten in der königlichen Familie gang und gäbe, die privilegierten Verhältnisse, in die man hineingeboren wurde, dafür zu nutzen, etwas zurückzugeben. Mit politischer Macht hat dieser Job nicht mehr viel zu tun. Die Stärke der Royals ist neben dem Fakt, dass sie ein wichtiger Wirtschaftsfaktor für Großbritannien sind, ihr Engagement in den sozialen Bereichen.

Vor allem durch ihren wohltätigen Einsatz sichert sich die königliche Familie das Überdauern einer Institution, die sich heute in einer Demokratie immer schwieriger behaupten kann. Und es ist dieses andauernde Engagement in nahezu allen möglichen Bereichen des öffentlichen Lebens, das im hohen Maße zur Popularität der Royals in der britischen Bevölkerung beiträgt. William erinnert sich: «Wir kamen zu dem Punkt, zu verstehen, dass das, was die königliche Familie von anderen Institutionen unterschied, die Möglichkeit war, sich auf langfristige Projekte zu fokussieren ... wir würden danach streben, eine reale und anhaltende Veränderung herbeizuführen.»[106]

Mit der Gründung der Royal Foundation stellten Harry und William die Weichen für eine neue Form der Monarchie, und möglicherweise war das sogar ein mitentscheidender Coup, den Fortbestand der Monarchie in Großbritannien zu sichern. Zumindest erscheint die Monarchie dank dieser jungen Royals, ihrem Engagement und ihrer Medienpräsenz moderner aufgestellt. Eine Institution am Puls der Zeit – und die Mitglieder dieser Monarchie wirken nicht mehr wie Figuren aus einem Historienfilm, sondern mit ihren aufgekrempelten Hemdsärmeln und in maßgeschneiderten Anzügen und schicken Kostümen wie eine schneidige Familie im Kampf für das Gute. Dabei legen sie ihrer Arbeit das Prinzip der britischen Monarchie zugrunde: «Wir bringen Menschen zusammen, wir packen die Dinge an, die wir alleine nicht bewältigen könnten.»[107] Und das taten sie nicht nur mit der Royal Foundation. Schon 2006 gründeten sie das Princes' Charities Forum, um die Organisationen, mit denen sie zusammenarbeiteten, an einen Tisch zu bringen.

Ein Jahr nachdem die beiden Brüder den Grundstein für diesen Wandel gelegt hatten, holte der Ältere der beiden ein wertvolles neues Teammitglied an Bord, indem er einer gewissen jungen Dame während eines Urlaubs in Kenia einen Ring an den Finger steckte – einer jungen Dame, die sich bestens auskannte mit den Mechanismen, die eine Familie zusammenhalten. Das Warten hatte ein Ende.

FAMILIENZUWACHS

Prinz Charles sagte es geradeheraus: «Ich bin begeistert, natürlich», und er konnte es sich nicht verkneifen zu witzeln: «Sie haben jetzt wirklich lange genug geübt ...»[108] Prinz Harry war noch euphorischer: «Ich freue mich riesig, dass mein Bruder die Frage endlich gestellt hat! Es bedeutet, dass ich eine Schwester bekomme, das habe ich mir schon immer gewünscht.»[109] Williams Onkel meldete sich zu Wort: «Das sind wundervolle Neuigkeiten. Sehr aufregend. Meine Familie freut sich für die beiden.»[110] Es war das Statement von Carole und Michael Middleton, das einen kleinen Einblick in das gemeinsame Leben des Paares gewährte: «Carole und ich sind hocherfreut über die heutige Bekanntgabe und begeistert von der Aussicht auf eine Hochzeit im nächsten Jahr. Wie Sie alle wissen, gehen Kate und William schon seit ein paar Jahren miteinander aus, was großartig für uns ist, weil wir William sehr gut kennengelernt haben. Wir alle denken, er ist wundervoll, und wir mögen ihn sehr. Sie geben ein hübsches Paar ab, es macht Spaß, Zeit mit ihnen zu verbringen, und wir haben viel zusammen gelacht. Wir wünschen ihnen alles erdenklich Gute für die Zukunft.»[111]

Als Kate Middleton am 16. November 2010 neben ihrem Prinzen in das Blitzlichtgewitter der Fotografen trat, waren die beiden seit knapp acht Jahren ein Paar. Aber die meisten der Zuschauer, die dem ersten offiziellen Interview der jungen Frau aus Bucklebury folgten, waren auch deshalb so gespannt, weil sie hier, an diesem Tag, zum ersten Mal die Stimme der Frau hörten, die irgendwann mal Königin werden sollte. Die ganze Welt beobachtete also sehr gespannt, wie sie sich gab, die Frau, die das Herz des Thronfolgers erobert hatte.

Im königsblauen Kleid der Marke Issa saß sie da – das sofort nach Ausstrahlung des Interviews weltweit ausverkauft war –, sprach in schönstem Privatschulenglisch, an dem alle Englischlehrer der Welt ihre Freude hätten haben können, und beantwortete jede der gestellten Fragen kontrolliert, zurückhaltend und mit einem Lächeln. Sie war natürlich etwas nervös, wer wäre das nicht in so einer Situation gewesen. In Ermangelung von Informationen hatte die Presse ihr im Lauf der Jahre nicht gerade schmeichelhafte Namen gegeben wie «Her Royal Shyness», «Waity Katy» oder «Lady of Leasure». Also, alles in allem wenig freundlich. Doch Kate meisterte ihren ersten Auftritt trotz der unschönen Vorgeschichte. Und wie wir heute wissen, machten die Zeitungen sie danach zur nächsten großen Fashion-Ikone nach Diana.

Das Interview der beiden verlief eben so ganz anders als das, welches Williams Eltern knapp dreißig Jahre zuvor gegeben hatten. Die wurden natürlich auch gefragt, ob sie verliebt seien, und damals antwortete Diana: «Natürlich», und verdrehte die Augen, woraufhin Charles anfügte: «Was immer ‹verliebt› bedeutet.» Niemand störte sich daran. Längst hatten die Medien das neunzehnjährige Mädchen als die Zukünftige des Prinzen von Wales auserkoren. Für Tom Bradby, der William und Kate beim Verlobungsinterview gegenübersaß, erübrigte sich diese Frage. Anstelle eines Mädchens, das den Prinzessinnentraum einer ganzen Nation auslebte und die, angesprochen auf die «einschüchternde Aussicht», von der Kindergärtnerin zur zukünftigen Königin Englands zu werden, antwortete, sie habe ja eine kurze Probezeit gehabt (sechs Monate), saß da eine junge Frau, die sich sehr bewusst war, auf was sie sich einließ. Teil der königlichen Familie zu werden sei – und hier griff sie auf ebenjene Worte des Verlobungsinterviews von Charles und Diana zurück – eine «einschüchternde Aussicht». Aber sie hoffe, gut damit zurechtzukommen. William sei ihr ein guter Lehrer und werde ihr auf diesem Weg zur Seite stehen.[112]

Genau das sagte auch Diana über ihren Mann, doch es war nicht Charles, sondern sein Sohn, der dieser Aufgabe knapp dreißig Jahre später gerecht werden würde. Er hatte sich fest vorgenommen, seine Familie – und dazu zählte er nicht nur Kate, sondern auch deren Eltern und Geschwister – so zu beschützen, wie er seine Mutter hätte schützen wollen: «Ich wollte sicherstellen, dass sie und ihre Familie die beste Beratung haben und die Möglichkeit, zu erfahren, wie es ist, Teil der Familie zu sein. Und das ist der Grund, warum ich so lange gewartet habe. Ich wollte ihr die Möglichkeit geben, es sich anzusehen und sich zurückzuziehen, wenn nötig ... Ich versuche, meine Lehren aus der Vergangenheit zu ziehen, und ich wollte ihr die Gelegenheit geben, sich einzugewöhnen und zu erfahren, was auf der anderen Seite geschieht.»[113] Es war ganz eindeutig William, der während des Interviews die Führung übernahm. Schwierige Fragen nahm er seiner Verlobten ab und ergänzte oder präzisierte ihre Antworten, wenn sie nicht weiterwusste. Jedem, der die beiden beobachtete, war klar, dass William sich als Beschützer von Kate und ihrer Familie verstand. Wie das bei jungen verliebten Ehemännern eben im besten Falle so ist. Und er tat das nicht ohne Grund: «Ich verstehe mich sehr gut mit ihnen und bin sehr froh, dass sie uns so unterstützt haben ... Sie haben mich mit offenen Armen empfangen, sodass ich mich wie ein Teil der Familie fühlte, und ich hoffe, dass es Kate mit meiner Familie ebenso ergangen ist.»[114]

Familie – und das gefiel den Briten – war überhaupt ein Wort, das oft fiel in diesen ersten Interviews. Und in der Tat war William längst in die Familie aufgenommen worden und häufiger und gerngesehener Gast auf dem Anwesen der Middletons. Bis heute spielen sie eine große Rolle im Leben der Cambridges und zählen zu dem engen Zirkel von Vertrauten, mit denen Kate und William sich umgeben. Kate betonte, wie wichtig ihr die Familie sei und dass sie hoffe, selbst ebenfalls eine eigene glückliche Familie zu gründen – darüber jubelten viele insgeheim. Dass mit Kate Middleton eine Bürgerliche in die königliche Familie einheiratete, war natürlich Thema in den Medien, und nicht alle waren ohne Vorbehalte. Eine Zeitung schrieb sogar von «Revolution» – also zumindest nach königlichen Maßstäben –, während im Satz darauf die bange Frage folgte, ob Kate der königlichen Familie womöglich den Zauber nehmen werde.[115] Die *New York Times* aber jubelte: «Die Tage dynastischer Heiraten, basierend auf einer Klasse, sind für die britische Königsfamilie offensichtlich passé», um dann zu fragen: «Aber haben sich die Dinge wirklich so sehr geändert, dass wir eine Hochzeit gleichberechtigter Partner sehen werden, die Haushaltsentscheidungen gemeinsam treffen, gemeinsam bei den Fußballspielen ihrer Kinder jubeln und Seite an Seite gehen?»[116]

Heute kennen wir die Antworten auf all diese Fragen: Ja! Genauso ist es. Die «bürgerliche» Kate hat der königlichen Familie nicht den Zauber genommen, wohl eher ganz im Gegenteil.

EINMAL UM DIE WELT –
JA, DAS MEILENKONTO DER ROYALS
MÜSSTE MAN HABEN

Die Autorin Lucy Maud Montgomery ist ein Star in Kanada, Großbritannien und darüber hinaus. Sie schreibt Romane und beschreibt darin die romantischen Landschaften Kanadas. Und möglicherweise ist Kate der Hauptfigur Anne beim Lesen gefolgt und hat sich gedacht, da muss ich auch mal hin. Ganz nebenbei heißt die kleine Insel an diesem wilden Küstenabschnitt die Prinz-Edward-Insel, das dürfte ihr wohl auch gefallen haben. Zumindest war es tatsächlich Kates besonderer Wunsch, auf ihrer ersten offiziellen Reise mit ihrem Mann William die kleine Insel zu besuchen. Dieser Besuch war Teil ihrer ersten großen Hallo-wir-stellen-uns-mal-vor-Tour durch Kanada und die USA. Und dabei hätten sie so manchen Eiltouristen noch getoppt. Denn die beiden schafften ihren Trip in nur elf Tagen durch Ottawa, Montreal, Québec, auf die Prinz-Edward-Insel und in die Northwest Territories.

Überall winken, lächeln, Fotos – und diese Vorstellungstour wurde zum großen Erfolg. Die kanadischen Zeitungen brachen in eine wahre «Kate-Manie» aus und schwärmten für ihren Sinn für Stil, ihr selbstsicheres Auftreten und ihre Fähigkeit, ungezwungen mit Menschen auf der Straße in Kontakt zu kommen. Was ihr viele Vergleiche mit Diana einbrachte. Brenda Hoerle, die schon 1981 für den *Waterloo Region Record* über Charles' und Dianas Reise durch Kanada berichtet hatte, machte einen entscheidenden Unterschied im Auftreten der beiden Paare aus: Während Charles verletzt reagiert hatte, als die Menschen auf den Straßen nach Diana verlangten statt nach ihm, sah sie 2011 ein Paar, das sich zu hundert Prozent aufeinander verließ: «Sie waren eine Einheit. Sie werden ein fabelhaftes Team sein.»[117]

Auch auf der Prinz-Edward-Insel, wo es weniger formell und gemütlicher zuging, sahen die Einwohner ein entspanntes junges Paar. Das sich, eingeladen auf ein sportliches Wettrennen im Drachenboot, nichts schenkte. Sehr zur Freude der Schaulustigen. Nach dem Rennen hatte Kate dann auch die letzten Herzen auf ihrer Seite: Als sie versuchte, William ins Wasser zu werfen, jubelten die Massen. Kaum jemand konnte sich daran erinnern, wann sich jemals ein königliches Paar derart ungezwungen und zugewandt gegeben hatte. Und noch eines war auffällig bei dieser Reise: Mit diesen Royals ging es lockerer zu als in den Generation davor. Und das kam großartig bei den Leuten an: «Die Kanadier sahen dieses junge dynamische Paar, das die nächste Generation der Monarchie ist, und sie waren begeistert von dem, was sie sahen ...», fasste der kanadische Sekretär der Queen, Kevin McLeod, es am Ende der Tour zusammen.

Nach neun Tagen in Kanada, im Schnelldurchlauf, in denen William und Kate von über 800 000 Menschen begrüßt wurden, reisten die beiden weiter nach Kalifornien. Hier hatte Kate das erste Mal die Chance, auch ihre Glamour-Seite zu zeigen, die sie ohne Frage hat. Bei dem Event «Brits to watch» der BAFTA, deren Präsident William ist, schlugen die beiden auf, und Brad Pitt und Angelina Jolie hätten nicht mehr Aufmerksamkeit bekommen können: Als sie vor dem Belasco Theatre in Los Angeles vorfuhren, ging ein Kreisch- und Jubelkonzert los um den Herzog und die Herzogin. Kate trug Alexander McQueen und machte sich mit diesem Abend endgültig zur Fashion-Ikone. Überall auf der Welt wollten nach dieser Reise Frauen so aussehen wie Kate Middleton aus Bucklebury alias die Herzogin von Cambridge. Und das hat sich bis heute gehalten. Egal welches

Kleid Kate trägt, vor allem wenn es erschwinglich ist – worauf Kate sehr achtet –, kann man davon ausgehen, dass es innerhalb von Minuten ausverkauft ist und die Marke einen Aufschwung erlebt. Der «Kate-Effekt» bringt der britischen Modeindustrie jährlich geschätzte hundertfünfzig Millionen Pfund ein. Hat mal ein schlauer Rechner ermittelt.

Und noch etwas bewies Kate, und da schien sie bei der Queen gut aufgepasst zu haben: Auch mit Mode kann man Politik machen. So kam sie zum Canada Day in den Nationalfarben des Landes. Sie recycelte einfach ein cremefarbenes Kleid der Londoner Marke Reiss, das sie schon auf den Fotos zu ihrer Verlobung getragen hatte, und kombinierte dazu einen roten Fascinator mit Ahornblatt – damit sah sie nicht aus wie eine wandelnde kanadische Flagge, aber sie hatte schon an der ein oder anderen Stelle deutlich gezeigt, wie man sich auch modisch vor einem Land und seinen Traditionen verneigen kann. Die Queen macht genau das seit Jahren mit großem Erfolg.

Und so war es natürlich auch kein Zufall, dass Kate beim Besuch eines Kinderkrankenhauses in Ottawa ein Kleid von Catherine Walker trug – der Lieblingsdesignerin der verstorbenen Diana, die in jenen Tagen ihren 50. Geburtstag gefeiert hätte.

WUSSTEN SIE SCHON, DASS …

viele Windsor-Frauen im Laufe ihres Lebens für große Fashion-Momente sorgten? Prinzessin Margaret, die kleine Schwester der Queen, verstieß mit ihrer risikofreudigen Kleiderwahl gerne mal gegen das Protokoll. Ihr Lieblingsstück aber war ein Kleid des Designers Christian Dior, das sie auf einem Porträt anlässlich ihres 21. Geburtstags trug – eine märchenhafte Robe, die in der britischen Presse für großes Aufsehen sorgte. Der Designer selbst nannte Margaret «eine wirkliche Märchenprinzessin, grazil, elegant, exquisit».[118]

Und als Kate auf den Prinz-Edward-Inseln sportlich gefragt war, da zeigte sie mit ihrem blau-weißen Segel-Outfit mit Turnschuhen von Alexander McQueen und Nike: So kann ich auch sein, unkompliziert und unprätentiös – eine Prinzessin zum Anfassen eben. Heute ist Kate bekannt für diesen Mix aus High Fashion und Stücken, die sich jedermann leisten kann. Ihre Lieblingsteile trägt sie – ganz wie die Queen – auch mal zu mehreren Gelegenheiten. Was wohl auch sagen soll, dass sie sparen kann. Was in Zeiten, da Großbritannien den Gürtel enger schnallen muss, natürlich auch ein Zeichen an den Steuerzahler ist. So kombiniert dann eben auch eine Prinzessin Kate mal erschwingliche Mode von der Stange mit älteren Designerstücken, und schon wird auch das wieder weltweit als Trend kopiert. Es gibt übrigens noch so einen Mode-Sparfuchs in der Familie. Prinz Charles, der seinen Lieblingsmantel inzwischen fast mit ins 30. Jahr nimmt. Das ist auch eine Form von Nachhaltigkeit, oder?

Wer Kates Stil beschreiben will, würde ihn wohl als klassisch bezeichnen. Klare Schnitte, wenige, dafür edle Details. Anders als Diana anfangs, die modisch noch in jedes plüschige Fettnäpfchen trat und erst später ihren Stil fand, wusste Kate von Beginn an, dass Kleider eine Botschaft senden können. Und wenn man es clever anstellt, fällt man mindestens auf, besser noch, es bleibt etwas. Übrigens gab es anfangs noch hochgespielten Ärger um Kates Rocklänge. Die Presse unkte, die Queen sei angeblich not amused, was so viel heißt wie wenig begeistert. Denn mehrfach war bei windigen Ankünften auf dem Flughafen Kates Kleidersaum hochgeflogen, und das ziemte sich schließlich nicht für eine Prinzessin. *So* viel Tradition sollte eben doch noch sein. Kate schien sich das nicht zweimal sagen lassen. Und ließ angeblich danach all ihre Kleidersäume beschweren – seitdem fliegt nichts mehr, was nicht fliegen soll.

auch die Queen diese Form der nonverbalen Kommunikation perfektioniert hat? Als sie im Juni 2017 ihre übliche Rede zur Parlamentseröffnung hielt – Top-Thema war der Austritt aus der EU –, überraschte sie mit ihrem Outfit: Anstelle der Krone und königlicher Robe trug sie ein blaues Kostüm mit passender Kopfbedeckung, die mit den kreisförmig darauf angeordneten gelb-blauen Blumen stark an die europäische Flagge erinnerte. Ist die Queen etwa eine heimliche Brexit-Gegnerin? Adelskenner Rolf Seelmann-Eggebert dazu: «Was die Königin angeht, denke ich, dass sie sich immer für den Verbleib ausgesprochen hätte, weil es dem royalen Prinzip entspricht, das vorsieht, dass man zusammenarbeitet.»[119]

Wenn irgendjemand daran gezweifelt haben sollte, ob Kate dem Job als Prinzessin gewachsen sein würde, war spätestens nach dieser Reise klar: Diese Frau erschüttert so schnell nichts. Die beiden Tage in L. A. rundeten das Bild einer perfekt gelungenen Antrittsreise ab. Stephen Fry fasste die Stimmung damals so zusammen: «Selbst wenn man Clark Gable und Marilyn Monroe von den Toten auferweckt hätte, wäre Amerika nicht begeisterter gewesen als durch die Anwesenheit der Cambridges.»[120]

Bis heute haben ihre Reisen im Auftrag der Queen William

und Kate in die entlegensten Winkel der Erde geführt. Wo sie auch hinkommen, erliegen die Menschen ihrem Charme.

Auch in Ländern wie Deutschland, in denen man sich längst von der Monarchie verabschiedet hat. Warum? Weil die Royals die neuen Popstars sind? Weil sie Kontinuität symbolisieren in einer immer hektischeren Zeit oder weil wir gern noch an Märchen glauben, auch wenn wir lange erwachsen sind und wissen, dass Wölfe keine roten Hauben tragen? Vielleicht ist es ein bisschen von alldem.

Umso spannender die Frage, was die Zukunft dieser jungen Monarchie für neue Aufgaben stellt.

IM AUFTRAG IHRER MAJESTÄT

Regen klatschte an die Fenster der Royal-Air-Force-Basis auf Anglesey an der Küste vor Nordwales, und der Wind ließ die Scheiben erzittern. Draußen auf der Irischen See wütete ein Sturm der Windstärke acht. «Schietwetter» würde man wohl im Norden sagen. Abgesehen von dem leisen Klirren der Scheiben war es still in der Basis, einige der Diensthabenden hatten sich aufs Ohr gehauen, um während der 24-Stunden-Schicht eine Mütze Schlaf zu bekommen, aber um kurz nach zwei war es vorbei mit dieser Ruhe. Das Funkgerät knackte, und die Küstenwache von Holyhead meldete den Eingang eines Notrufs. Innerhalb von Minuten war das Team auf den Beinen. Ein alter Frachter, die «Swanland», war zwanzig Meilen vor der Küste der Halbinsel Llyn in Seenot geraten. Eine riesige Welle hatte den Rumpf des Schiffes entzweigerissen, und innerhalb von Minuten hatte die aufgewühlte See den alten Frachter verschlungen. Acht Seeleute waren irgendwo da draußen auf See.

Minuten nachdem der Funkspruch eingegangen war, dröhnten die Rotorblätter des gelben Sea Lion über das Flugfeld des Royal Airforce Valley. Als auch der Letzte der vierköpfigen Rettungscrew mit eingezogenem Kopf an Bord gestiegen war, zog der Pilot die Kiste hoch und steuerte den Hubschrauber hinaus auf die offene See. Zwei russische Seeleute konnte das Team in dieser Nacht bei schlechtester Sicht, hohem Wellengang und starkem Wind aus der aufgewühlten See retten. «Angesichts der Bedingungen muss es ein ziemlicher Kraftakt gewesen sein. Sie mussten nicht nur den Helikopter stabil halten, sondern dazu einen Mann zu einer Rettungsinsel ablassen, die auf dem Wasser hin und her geworfen wurde», erklärte ein Sprecher des Verteidigungsministeriums gegenüber dem *Guardian*.[121]

Als die Crew später nach dem Einsatz in der Basis zusammensaß, muss die Stimmung trotz des gelungenen Einsatzes gedrückt gewesen sein. Zwei Menschen hatten sie aus der aufgewühlten See retten können, sechs verloren in dieser Nacht ihr Leben. Als Flight Lieutenant Wales, der in dieser Nacht der Co-Pilot des Sea Lion gewesen war, die Tür zu dem abgelegenen Farmhaus öffnete, das er seit über einem Jahr sein Zuhause nannte, muss seiner Frau Kate ein tonnenschwerer Stein vom Herzen gefallen sein.

Es war nicht der erste gefahrvolle Rettungseinsatz, an dem Flight Lieutenant Wales teilnahm, und es sollte bei weitem nicht der letzte sein. Wie es sich für die Herren im Hause Windsor gehört, hatte auch William nach seiner Zeit an der Universität eine Karriere in der Army eingeschlagen. Statt seine Ausbildung bei der Navy zu absolvieren, war er in die Fußstapfen seines Bruders getreten, der seine Grundausbildung in Sandhurst bei den Streitkräften absolvierte: «Sandhurst wäre ein guter Ort, um zu lernen, wie man führt, und um sich Respekt zu verdienen ...», reflektierte William noch kurz vor seinem Abschluss in St. Andrews während eines Interviews.[122] «Auf keinen Fall will ich verhätschelt oder in Watte gepackt werden ... wenn ich der Army beitrete, möchte ich dorthin, wo auch meine Männer hingehen, und das tun, was auch sie tun.»[123]

Anlässlich der Parade zum Abschluss seiner Ausbildung ermahnte die Queen ihre Soldaten, man erwarte viel von ihnen: «Sie müssen mutig sein, aber auch selbstlos, Anführer, aber auch Bezugsperson, selbstbewusst, aber auch bedachtsam, und all diese Dinge müssen Sie in einigen der herausforderndsten Umgebungen der Welt sein ...»[124] Wenngleich der Zweite in der Thronfolge nie in den Kampfeinsatz geschickt wurde, sollte die Queen recht behalten. Auf ebendiese Qualitäten würde ihr Enkel ein paar Jahre später zurückgreifen müssen, wenn er über der rauen Irischen See und in den Bergen von Snowdonia im Einsatz wäre.

Die Faszination fürs Fliegen liegt bei den Windsors seit Generationen in der Familie. Williams Urgroßvater Prinz Albert, der spätere George VI., war der Erste in der Familie, der in der Royal Air Force diente. Prinz Philip wurden seine Flügel 1953 verliehen – als er seine Karriere beendete, hatte er 5986 Flugstunden angesammelt und neunundfünfzig verschiedene Fluggeräte geflogen. Seine Leidenschaft für das Fliegen gab er offenbar an seine Söhne weiter. Prinz Charles nahm schon in jungen Jahren Flugstunden. In einem Special über seine Flugkünste hieß es: «Wie sein Vater verspricht er ein erstklassiger Pilot mit einer natürlichen Begabung zu werden.»[125] Und Charles' Bruder Andrew flog während seiner Karriere bei der Royal Air Force mit dem Sea King das Vorgängermodell des Sea Lion.

William kletterte schon als kleiner Junge auf den roten Hubschraubern herum, die im Garten des Kensington Palace landeten, um Prinz Charles zu Terminen abzuholen. Als Matt Lauer ihn in einem Interview anlässlich des Gedenkkonzerts für seine Mutter Diana fragte, welchen Job er wählen würde, wäre er nicht in die königliche Familie hineingeboren worden, zögerte William: «Als ich jünger war, wollte ich Polizist werden. Das will ich heute nicht mehr. Ich weiß nicht. Es ist eine knifflige Frage. Ich würde auf jeden Fall gerne Hubschrauber fliegen. Ich würde gerne irgendein Hubschrauberpilot sein, vielleicht für die UN arbeiten, in der Art.»[126]

Nicht ein Jahr später, am 17. Januar 2008 und nach gerade einmal achteinhalb Stunden Unterricht, unternahm William seinen ersten Soloflug in einem Flugzeug der Royal Air Force in Cranwell, wo er innerhalb von vier Monaten das lernen sollte, was andere in drei bis vier Jahren lernten. Mark Shipley, einer der anderen Anwärter, sagte: «Als ich ihn das erste Mal traf, war es irgendwie surreal, aber mittlerweile spielen wir Fußball und trinken was zusammen ... William arbeitet noch härter als wir, weil er nur so wenig Zeit hat, um seinen Kurs zu absolvieren.»[127] Nach seiner Landung sagte William begeistert: «Alleine zu fliegen ist eines dieser Dinge – wenn man eine Liste führen würde mit den Top 50, die man tun muss, bevor man stirbt, das stünde mit darauf.»[128]

Es war der erste Schritt in Richtung einer bis dahin in der königlichen Familie nie da gewesenen Karriere als Rettungsflieger, die sich über viele Jahre erstreckte. 2010 meldete er sich als Flight Lieutenant Wales beim 22. Schwadron in Anglesey zum Dienst, wo er seine zweijährige Ausbildung zum Hubschrauberpiloten abschloss. Einer seiner Kollegen – Sergeant Keith Best – erinnert sich: «Als William hier ankam, war das für uns alle ein krasser Schock, wir waren ziemlich perplex, dass jemand so Namhaftes zu unserem Schwadron stieß. Aber er gewöhnte sich sehr schnell ein und wurde einfach einer der Jungs, einer von uns, ein Teil der Familie ... er ist ein großartiger Kollege.»[129]

Für die nächsten drei Jahre wurde Anglesey zur Heimat von William und auch Kate. Wann immer William über seine Arbeit sprach, wurde deutlich, dass er diesen Job mit Leib und Seele tat: «Es ist definitiv anspruchsvolles Fliegen, und es ist bereichernd. Das beides zusammen sorgt dafür, dass es ein phantastischer Job ist. Es ist bereichernd, weil man jeden Tag, wenn man zur Arbeit kommt, nicht wirklich weiß, was geschehen wird ... es ist unvorhersehbar. Und zugleich ist es großartig, dass man da rausgehen und jemandes Leben retten darf ... Die Jungs machen einen phantastischen Job und sind so froh darüber. Es ist ein Job, aber er ist emotional und körperlich sehr anspruchsvoll.»[130]

Erst als Co-Pilot und später als Pilot war William für den gelben Sea Lion verantwortlich, in dem er die Crew teils bei schlechtesten Bedingungen zum Einsatzort flog, um Menschen aus einer schwierigen Lage zu retten. Manchmal war es nur ein verstauchter Fuß, der einen Wanderer daran hinderte, aus dem Gebirge abzusteigen, der einen Einsatz auslöste, manchmal war es aber auch ein Surfer, den eine Strömung aufs offene Meer gezogen hatte und der zu ertrinken drohte. Oft erfuhren die Menschen, die mit Hilfe des Sea Lion gerettet wurden, nie, dass es der zukünftige König Englands gewesen war, der da im Cockpit des Hubschraubers gesessen und sie aus einer Notlage gerettet hatte. Auf Anglesey und als Hubschrauberpilot führte William ein Leben fernab vom royalen Zirkus und der ungeliebten Aufmerksamkeit, die man ihm in seiner Rolle als Zweitem in der Thronfolge entgegenbrachte. Sein ganzes Leben hatte er im Fokus der Öffentlichkeit gestanden, und nichts schätzte William mehr, als «normale» Dinge zu tun. Können wir uns als «Normale» vielleicht gar nicht so vorstellen, aber als Prinz mag es so sein.

Und somit war Anglesey der ideale Rückzugsort für ein frischverheiratetes Paar, das schon einige Monate vor der Hochzeit in ein kleines angemietetes Farmhaus zog. Das weiße Cottage schmiegte sich hoch oben auf einer Klippe in die grünen Hügel der Insel und bot einen atemberaubenden Blick auf einen entfernten Strand und die See. Die walisische Insel im äußersten Westen Englands ist landwirtschaftlich geprägt, ein idyllischer Flecken Erde mit langen Stränden, einer rauen Küstenlandschaft und sanft geschwungenen grünen Weiden, an denen sich verwunschene Sträßchen entlangschlängeln. Die Einwohner der Gegend gewöhnten sich an den Anblick des königlichen Paares, fügten sie sich doch so mühelos in die Inselgemeinschaft ein. Man traf die beiden im Pub, wo sie gemeinsam mit Williams Kollegen am Pubquiz teilnahmen, sah Kate, wie sie die Einkäufe erledigte, dann wieder bei privaten Abenden zu zweit in einem ihrer Lieblingsrestaurants oder bei ausgedehnten Spaziergängen mit ihrem Labrador. Wenn dann und wann eine rote Ducati vorbeifuhr, konnte man sich sicher sein, dass es William war, der seine Freiheit genoss.

William wird einmal der erste König Großbritanniens sein, der durchsetzen konnte, für einige Zeit ein Leben zu führen, das sich die, die vor ihm kamen, vergeblich gewünscht hatten. Er übte – wenigstens in Teilzeit – einen Beruf aus und verwirklichte sich außerhalb der Firma. Er hatte einen Weg gefunden, einen Nebenweg, der es ihm erlaubte, für eine Zeitlang selbst Herr seines Schicksals zu sein, und legte ganz nebenbei den Grundstein für sein Image als arbeitender Prinz. «Einer von uns» – gut, das wird ein Prinz sicher nie sein, auch wenn es die Menschen, die mit ihm zusammentrafen, immer wieder betonten. Aber er ist einer, der weiß, wie normales Leben funktioniert. Auch wenn William Jahr für Jahr immer mehr königliche Pflichten übernahm und sich so auf seine zukünftige Rolle vorbereitete. Aber bis 2017 war er in der besonderen Position, diesen Teil seines Lebens noch etwas hinauszuzögern, und das vor allem deshalb, weil die Queen selbst im hohen Alter noch sehr aktiv war und laut William «unglaubliche Führungskraft» an den Tag legte, ebenso wie sein Vater und der Rest der älteren Garde sehr viele Verpflichtungen übernahmen und immer noch übernehmen.

Mehr als in der jüngeren Generation scheint den Älteren noch immer der unglaubliche Akt der Pflichtverweigerung Edwards VIII. nachzuhallen, der zur Folge hatte, dass sich der Wunsch von Elizabeths Vater nach einem ganz normalen Leben im Kreise seiner Lieben – er sprach von «uns vier», wenn er sich auf die Familie bezog – von einem Tag auf den anderen zerschlug und er die schwere Bürde der Krone auf seinen schwachen Schultern tragen musste. Weinend soll er zusammengebrochen sein, heißt es, als er seiner Mutter erzählte, was ihm bevorstand. Plötzlich standen der schüchterne, stotternde Mann und seine kleine Familie im Fokus der Öffentlichkeit – und vorbei war es mit dem Traum der kleinen Elizabeth von einem Leben auf dem Lande. Die Amtszeit Georges VI. fiel in den Zweiten Weltkrieg, und es war Elizabeths Vater, der zu Hause alles zusammenhalten musste. Als er 1952 im Alter von nur sechsundfünfzig Jahren starb, war seine Frau, Queen Mum, felsenfest davon überzeugt, dass ihn das Amt und somit die Pflichtvergessenheit seines Bruders das Leben gekostet hatte.

Die sechsundzwanzigjährige Elizabeth, die ihrem Vater auf dem Thron nachfolgte, hatte nur wenig Zeit gehabt, ein normales Familienleben zu führen, und schon während der Krankheit ihres Vaters erste Reisen übernommen. Zeit, eine eigene Rolle für sich zu finden, hatte sie nie gehabt, und so führte sie die Monarchie im Sinne ihres Vaters pflichtbewusst weiter – eine

Haltung, die ihre Kinder, in besonderem Maße Charles, von ihr übernahmen. Selbst William ist davon nicht unberührt, auch er hat gesehen, was geschehen kann, wenn die Pflicht alles andere unter sich begräbt: «Ich halte die königliche Pflichterfüllung für äußerst wichtig. Ich nehme diese Verpflichtung sehr ernst, und ich nehme meine Verantwortung sehr ernst. Aber es geht darum, zur richtigen Zeit den eigenen Weg zu finden. Und wenn man nicht vorsichtig ist, kann einen die Pflicht schon in jungen Jahren niederdrücken. Ich denke, dass man in diese Rolle hineinwachsen muss.»[131]

Mit William ist eine Generation herangewachsen, die versucht, eine Balance zu halten zwischen der Pflicht und der Verantwortung gegenüber sich selbst und der eigenen Familie. Mit dieser Einstellung gewann William etwas zurück, das in den neunziger Jahren verlorengegangen war: Am 22. Juli 2013 um 16.24 Uhr Ortszeit feierte die königliche Modellfamilie ihr Comeback.

DIE KINDER – EROBERER IN LATZHOSEN

Im Juli 2013 ächzten die Londoner unter einer seltenen Hitzewelle, mit Temperaturen, die über neunundzwanzig Grad kletterten. Sportlich gesehen war es ein guter Monat für die Briten – Christopher Froome gewann die 100. Tour de France und stieß bereits auf seiner letzten Runde durch Paris mit einem Glas Sekt auf den Sieg an, während zu Hause auf der Insel mit Andy Murray zum ersten Mal seit 1936 wieder ein Brite das traditionsreiche Tennisturnier von Wimbledon gewann. Und in London tanzten die Menschen auf den Straßen in Rosa: Denn die Queen hatte ihre Zustimmung zu einem Gesetz gegeben, das gleichgeschlechtliche Ehen in England und Wales legalisierte. Am 22. Juli stiegen die Temperaturen mit 33,5 Grad auf ein neues Rekordhoch, und Reporter und Schaulustige, zum Teil mit Leitern bewaffnet, erhofften sich den besten Blick auf den privaten Flügel des Londoner St.-Mary's-Krankenhauses. Würde sich endlich etwas tun? Würde sich endlich diese Tür öffnen und der «Great Kate Wait» – die große Kate-Warterei – ein Ende finden?

Liebevoll wurden Schattenplätze geteilt, alles war bereit für die große Kate-Show. Nicht nur neun Monate endloser Spekulationen, von denen einige jeglicher Grundlage entbehrten, lagen hinter der britischen Presse, nein, über zwei Jahre waren es. Seit der Traumhochzeit der jungen Royals stand wohl nichts so sehr unter Beobachtung wie der trainierte Bauch der Herzogin oder wahlweise der angeblich so besondere Glanz, der auf ihrem Gesicht lag. Wäre sie tatsächlich immer dann schwanger gewesen, wenn die Magazine es ihr unterstellten – weil sie sich verdächtig oft an den Bauch fasste, weil sie und William in ein größeres Apartment umzogen –, hätten sich die Briten vor lauter kleinen Thronfolgern kaum retten können.

Die frohe Botschaft fiel dann etwas anders aus: Kate war schwanger – und ihr war kotzübel. So schlecht ging es der werdenden Mutter, dass Prinz William sie ins Krankenhaus fuhr, wo eine schwere Form von Morgenübelkeit diagnostiziert wurde – wobei Morgenübelkeit es nicht recht trifft: Bis zu fünfzig Mal am Tag übergeben sich Frauen, die an der Krankheit leiden. Dehydrierung und ein starker Gewichtsverlust sind die Folge und können für Mutter und Kind lebensbedrohlich sein, wenn man die Krankheit unbehandelt lässt. Dem Palast blieb nichts anderes übrig, als die Schwangerschaft bekannt zu machen. Und damit gingen die Spekulationen erst richtig los: Wann ist der mögliche Geburtstermin? Natürliche Geburt oder

Kaiserschnitt? Mädchen oder Junge? Vielleicht sogar Zwillinge? Blond oder brünett? Sechs Pfund oder doch eher sieben? Krebs oder Löwe? Und das Wichtigste: der Name – Alexandra oder Charlotte, George, James oder Louis, und wie wäre es mit Philip?

Aber als es endlich so weit war, ließ der kleine Thronfolger auf sich warten. Prinz Charles meldete sich zu Wort: Er sei sehr dankbar für all die guten Wünsche zu seinem «doch recht langsam näher rückenden Großvaterdasein»[132], und selbst die Queen zeigte sich ungeduldig: «Ich hoffe sehr, dass es bald kommt, denn ich fahre demnächst in den Urlaub ... Ich wünschte, es würde sich beeilen.»[133] Fürsorglich verteilte die Polizei Wasser an die wartenden Journalisten, um zu verhindern, dass die Kameramänner dehydriert von ihren Leitern stürzten – es war wohl das erste Mal, dass die Tür eines Krankenhauses über mehrere Stunden live im Internet gestreamt wurde.

Um 20:28 britischer Zeit, als so manch einer schon seinen Sonnenbrand pflegte, kam endlich die erlösende Nachricht aus dem Palast: «Ihre Königliche Hoheit die Herzogin von Cambridge wurde heute um 16:24 sicher von einem Sohn entbunden. Das Baby wiegt drei Kilo und siebenhundertneunzig Gramm. Der Herzog von Cambridge war bei der Geburt anwesend. Ihrer Königlichen Hoheit und ihrem Kind geht es gut.»

WUSSTEN SIE SCHON, DASS ...

es die kleine Elizabeth 1926 offenbar kaum abwarten konnte, das Licht der Welt zu erblicken? Eine Woche vor dem errechneten Termin kam sie unter Anwendung «einer bestimmten Behandlungslinie» – Codewort für Kaiserschnitt – im Elternhaus ihrer Mutter in Mayfair bei einer Hausgeburt zur Welt, was durchaus üblich war. Ebenso üblich war die Anwesenheit des britischen Innenministers. Eine Praxis, die dann aber bei der Geburt der Kinder der Queen im Buckingham Palace als altertümlich empfunden und deshalb abgelehnt wurde.

Vier Stunden hatten seine Eltern sich vorbehalten – vier Stunden, in denen sie so tun konnten, als wäre er ein ganz normales Kind, vier Stunden, in denen niemand außer seiner Familie wusste, dass es ihn gab, niemand etwas über ihn schreiben konnte, niemand eine Kameralinse auf ihn richtete, vier Stunden, in denen es nur die Familie gab. Die schlichteste und deshalb wohl auch so anrührende Nachricht des Abends ließ der frischgebackene Vater veröffentlichen: «Wir könnten glücklicher nicht sein.» Und damit brach die große Party los: Die Pubs in London füllten sich, die Menschen stießen auf Kate und den Mini-Thronfolger an. Der Brunnen am Trafalgar Square leuchtete an diesem Abend blau, als Zeichen für die Ankunft des Jungen. Der, wenn er erst mal ausgewachsen war, sich was drauf einbilden könnte, dass zu seiner Geburt selbst die Niagarafälle blau illuminiert waren.

Am nächsten Morgen ging es munter-fröhlich weiter. Denn immer wenn es bei den Windsors wirklich was zu feiern gibt, werden Salutschüsse abgefeuert. Und so startete auch dieser Morgen begleitet von Salutschüssen aus dem Green Park, und vom Tower läuteten die Glocken der Westminster Abbey durch die Stadt. Aber erst um Punkt 19:13 Uhr öffneten sich endlich die Türen des Krankenhauses, und hinaus auf die Stufen trat die neue kleine königliche Familie – Kate im blauen Kleid mit weißen Punkten erinnerte zauberhaft an Diana, die zu Williams Geburt aus ebendieser Tür getreten war und etwas Ähnliches trug. Es war, als würde sich einmal mehr ein Kreis schließen.

Prinz William im babyblauen Hemd, die Ärmel aufgekrempelt, die obersten zwei Knöpfe offen, nahm gelassen seinen kleinen Sohn von seiner erschöpften und dank ihrer Stylistin nur einen Tag nach der Geburt schon wieder strahlenden Frau entgegen. Baby Cambridge – zu diesem Zeitpunkt noch namenlos – steckte das Näschen aus seinem Tuch, kämpfte eine kleine Hand frei und vollzog ein erstes verhaltenes royales Winken. Kate lächelte breit und sah ihren Mann rückversichernd an, bevor sie auf die Frage eines Journalisten antwortete: «Es ist eine hochemotionale, eine so besondere Zeit. Ich denke, alle Eltern werden wissen, wie sich das anfühlt.»[134] Und William scherzte: «Ich werde ihn an sein Zuspätkommen erinnern, wenn er etwas älter ist.»[135] Noch war der kleine Thronfolger auf seinem Arm zwar namenlos, doch das sollte sich schnell ändern: Einen Tag nachdem William seinen Sohn und seine Frau eigenhändig zum Kensington Palace gefahren hatte, verkündete der Palast auch schon seinen Namen. Seine Königliche Hoheit Prinz George Alexander Louis von Cambridge wird – bei aller Vorsicht, was Altersberechnungen in dieser Familie angeht – wahrscheinlich irgendwann in der zweiten Hälfte dieses Jahrhunderts der nächste König auf dem britischen Thron werden.

Offizielle Titel hat der kleine George zwar genug, aber die Zeitungen überschlugen sich, dazu noch weitere zu finden. Sie verliehen ihm Titel wie «Commoner-King» – der bürgerliche König, «Prince of Cuteness» oder «Gorgeous George». Das *Time Magazine* titelte, angelehnt an J. K. Rowlings «Harry Potter», gar mit «Der Halbblutprinz» und spielte damit auf die halb bürgerliche, halb königliche Herkunft des Cambridge-Sprösslings an.[136] Nicht ohne darauf zu verweisen, dass der Begriff ein Oxymoron sei, «eine Kreuzung aus sich gegenseitig aufhebenden Kategorien»[137]. Wie wird der Nachfahre von Minenarbeitern auf der einen Seite der Familie und Blaublütern auf der anderen Seite die Monarchie in der Zukunft beeinflussen? Eines ist jetzt schon sicher: William und Kate legen Wert darauf, beide Familien an der Erziehung ihres Sohnes zu beteiligen und ihn, so gut es geht, vor der Presse abzuschirmen, um ihm eine, soweit es eben geht, normale Kindheit zu ermöglichen. Kurz nachdem die Queen ihren Urenkel das erste Mal gesehen hatte, brachen die frischgebackenen Eltern zu Kates Familie nach Bucklebury auf, wo sie die ersten Wochen nach der Geburt verbrachten. Flight Lieutenant William Wales hatte sich zwei Wochen Elternzeit genommen. Er war damit der erste Royal, der von dem 2003 in Großbritannien gesetzlich eingeführten Vaterschaftsurlaub profitierte. Als Vater folgte er in vielem Prinz Charles, der bei der Geburt seines Sohnes ebenfalls anwesend war, doch in einigen Punkten wich er auch von seinem Vorbild ab. Statt kurz nach der Geburt alleine vor die Presse zu treten, wie es sein Vater getan hatte, widmete er die Zeit seiner Frau und seinem Kind, übernachtete in der Klinik und wechselte unter den wachsamen Augen der Krankenschwestern die ersten Windeln: «Für mich sind Katherine und unser kleiner George die Priorität ...», stellte er denn auch bei seinem ersten Interview als frischgebackener Vater klar.[138]

Mit der Entscheidung, die ersten Wochen nach der Geburt bei Catherines Familie zu wohnen, setzten sie ganz klar ein Zeichen: Dieser Prinz würde in beiden Welten aufwachsen – in den repräsentativen Palastzimmern unter den Augen der Weltöffentlichkeit und am Küchentisch einer normalen Familie, unter den Augen von Granny Carole, Grandpa Michael, seiner Tante Pippa und seinem Onkel James. Insbesondere Carole Middleton spielt noch heute eine entscheidende Rolle im Leben der Cambridge-Kinder. Kates Mutter hat ihre drei Kinder eigenhändig großgezogen und dazu gemeinsam mit ihrem Mann ein

Geschäft aufgebaut, das ihnen Millionen einbrachte. Sie gilt als tough und als echtes Muttertier. Und es kam nicht von ungefähr, dass sie und ihr Mann Michael nach der Geburt die ersten Besucher im Lindo-Flügel des Krankenhauses waren, noch vor Großvater Charles und Stiefgroßmutter Camilla, was böse Zungen als Protokollbruch empfanden – wahrscheinlich ebenjene, die sich über Caroles frühere Karriere als Stewardess mokierten und sich darüber beschwerten, dass sie in der Öffentlichkeit Kaugummi kaute – auch so ein angeblicher Skandal! Heute füllt sie als Großmutter eine zentrale Rolle in der Erziehung der Cambridge-Kinder aus, holt Klein George von der Schule ab, verbringt mit ihm Zeit am Strand und fährt gemeinsam mit der ganzen Familie in den Urlaub.

Auf eine Nanny wollten Kate und William deshalb zunächst verzichten, merkten dann aber doch wie viele Eltern, dass sich dieser Wunsch nicht immer mit dem Job vereinbaren lässt. Schon mal gar nicht, wenn es royale Pflichten sind, die warten. Seit Georges siebentem Monat hilft – ganz typisch – eine Absolventin des renommierten Norland-Colleges aus, der Nanny-Schmiede für die Upper-Class Großbritanniens. Wer hier seinen Abschluss gemacht hat, der kann von sich behaupten, heute besser auf den Job vorbereitet zu sein, als Mary Poppins es je war. Absolventen der dreijährigen Ausbildung sind darin geschult, Entführungsversuche abzuwehren, aufdringliche Paparazzi abzuhängen, und selbst bei stundenlangem Babygeschrei entspannt zu bleiben – und so ganz nebenbei sind sie natürlich Profis in Sachen Kindererziehung und gesunder Ernährung. Basteln, nähen, spielen. Logo – alles inklusive! Die Spanierin Maria Borrallo gilt als Super-Nanny und komplettierte neben Kate und Carole das Power-Trio, das sich um die Erziehung des «Halunken» kümmert, wie William George nennt.

Einen Monat nachdem der kleine Thronfolger das Licht der Welt erblickte, veröffentlichte der Palast die ersten Fotografien der königlichen Familie. Und da fiel etwas auf: Aufgenommen hatte sie kein Starfotograf wie Mario Testino, sondern Michael Middleton, der Großvater von Baby George, das auf der Fotografie in den Armen seiner stolzen Mama Kate lag, an der Seite William und Lupo, ein weiteres Familienmitglied der Cambridges, ihr Hund. «Picture-perfect», wie die Briten es nennen würden, waren sie – eine Bilderbuchfamilie.

ALLE LIEBEN GEORGE

Das Wetter war alles andere als festlich an diesem Tag, als der Pilot die Maschine auf dem Flughafen von Wellington landete. Obwohl die Herzogin von Cambridge umwerfend aussah, wie sie da so in ihrem Flatterkleidchen die Gangway hinuntertrat, der eigentliche Hingucker an diesem Tage war George – der mit nicht mal ganz einem Jahr seine erste Dienstreise ins Ausland absolvierte. Und wie schon bei seinem Vater 1983 führte ihn die nach Neuseeland und Australien. Und wie seine Urgroßmutter Elizabeth in ihrem gelben Kleidchen auf dem Cover des *Time Magazine*, sorgte auch George mit seinem Outfit für einen bleibenden Moment – plötzlich machte ein kleiner Trendsetter in Windeln seiner Mutter Konkurrenz. Bei einem Treffen mit einer Gruppe neuseeländischer Babys trug George eine blaue Marinehose mit Segelboot auf dem Latz, die im Netz umgehend zum Must-have von modeverrückten Mamis auserkoren wurde. Innerhalb von Minuten, nachdem Fotos des Kleinen publik wurden, war die Hose der Designerin Rachel Riley restlos ausverkauft, und bis heute ist sie einer der Topseller der Marke.

Rachel Riley beschreibt ihre Mode als klassisch. Sie bezieht ihre Inspiration aus den dreißiger und vierziger Jahren. Und das umschreibt auch den George-Stil – natürlich made by Mama Kate. Legt man Bilder von Prinz William und seinem Sohn nebeneinander, sieht man, dass auch der kleinste Thronfolger in das Spiel aus modischen Rückverweisen mit einbezogen wird. Bei der Taufe seiner kleinen Schwester Charlotte trug George ein Outfit, das 1:1 an eines erinnerte, das schon sein Vater Prinz William getragen hatte.

WUSSTEN SIE SCHON, DASS ...

Prinz George mit gerade mal drei Jahren auf der Liste der fünfzig bestgekleideten Männer in Großbritannien stand? Auf Rang achtundvierzig belegte er zwar einen der hinteren Plätze, war aber definitiv der süßeste Anwärter unter den gelisteten Jungs. Um seinen Großvater einzuholen, hätte er allerdings noch einen draufsetzen müssen, denn der belegte auf dieser Liste Platz sieben.

Warum Kate auf Retro-Kleidung für ihre Kinder steht? Vielleicht auch, weil es das traditionelle Image der britischen Familie zeigt. Und ist Ihnen schon mal aufgefallen, dass man George bis vor kurzem ausschließlich in Shorts sah? Fast könnte man meinen, er friere nie oder der Winter sei in Großbritannien ausgefallen. Tatsächlich tragen traditionell die Jungen der Upper-Class in England bis zu einem gewissen Alter Shorts, erst danach lange Hosen. Die Cambridges spielen da also mit. Wie es Generationen von Windsors davor getan haben. Zum ersten Mal in langen Hosen bei einem großen öffentlichen Anlass sah man

George übrigens erst kürzlich auf der Hochzeit seines Onkels Harry mit Meghan Markle. Seinen wohl niedlichsten modischen Fauxpas – und vielleicht wird er es seinen Eltern später unter die Nase reiben – hatte der kleine Prinz weit vorher: Fünfzehn Minuten länger durfte er wach bleiben, als Michelle und Barack Obama zu Besuch im Kensington Palace waren. Die Bilder von Prinz George, der dem damaligen Präsidenten von Amerika in Bademantel und Pyjama schüchtern die Hand reichte, gingen um die Welt. Obama verarbeitete das Zusammentreffen mit dem zukünftigen König Großbritanniens später in einer Rede und reagierte mit gespielter Entrüstung: «Letzte Woche tauchte Prinz George zu einem unserer Treffen in seinem Bademantel auf. Es war ein Schlag ins Gesicht. Ein klarer Bruch des Protokolls.»[139]

Die Reise der Cambridge-Familie nach Neuseeland und Australien wurde zum großen Erfolg. Bilder des kleinen George gingen um die Welt und machten ihn zum royalen Superstar. In Australien verlieh die Moderatorin Shelly Horton dem kleinen Thronfolger mit Augenzwinkern den Titel «Republikaner-Würger». Denn seit George seine kleinen Füßchen auf australischen Boden gesetzt hatte, war die Zahl der Unterstützer einer australischen Republik auf einen neuen Tiefstand gesunken. Ihre königliche Niedlichkeit wickelte alle um den Finger.[140] Doch es sollte nicht mehr lange dauern, bis Klein-George sich die Aufmerksamkeit mit jemandem würde teilen müssen. Und dieser Jemand verstand es ganz wie ihre Namenspatin, die Herzen der Menschen überall auf der Welt im Sturm zu erobern.

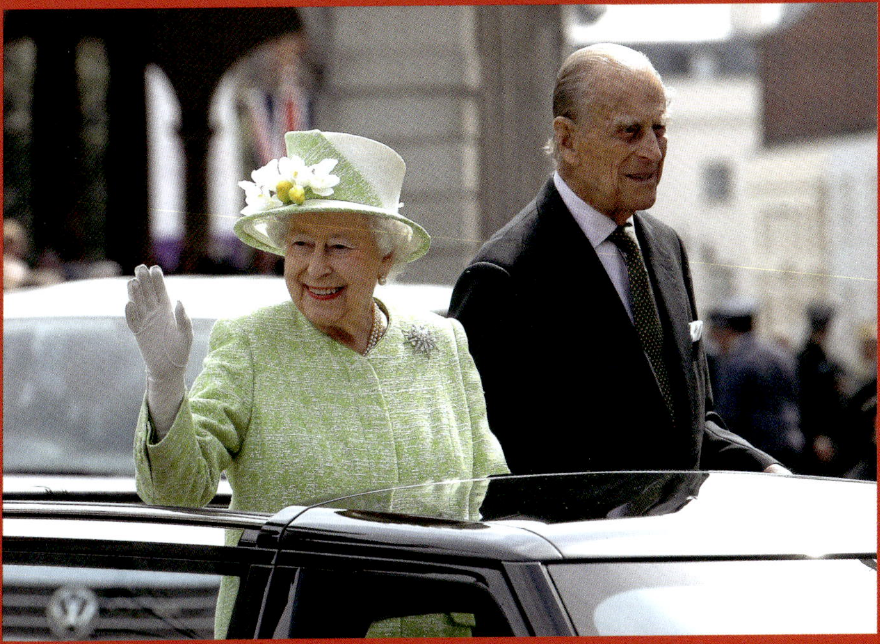

OBEN

Die bekannteste Frau der Welt: Queen Elizabeth II.

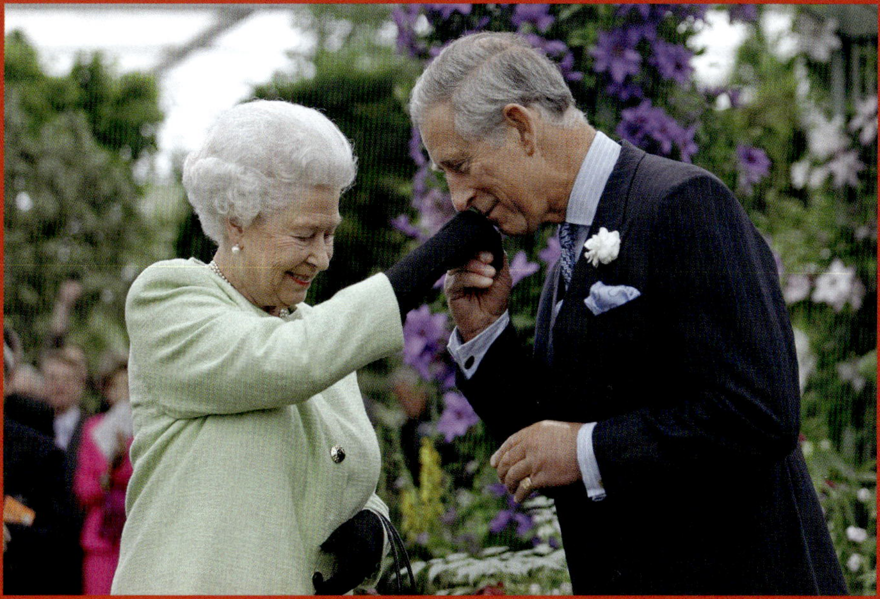

OBEN

Wer ist der Mann, der das Erbe der Queen antritt? Und: Wird er die Monarchie verändern?

LINKS

Der Öko-Prinz.

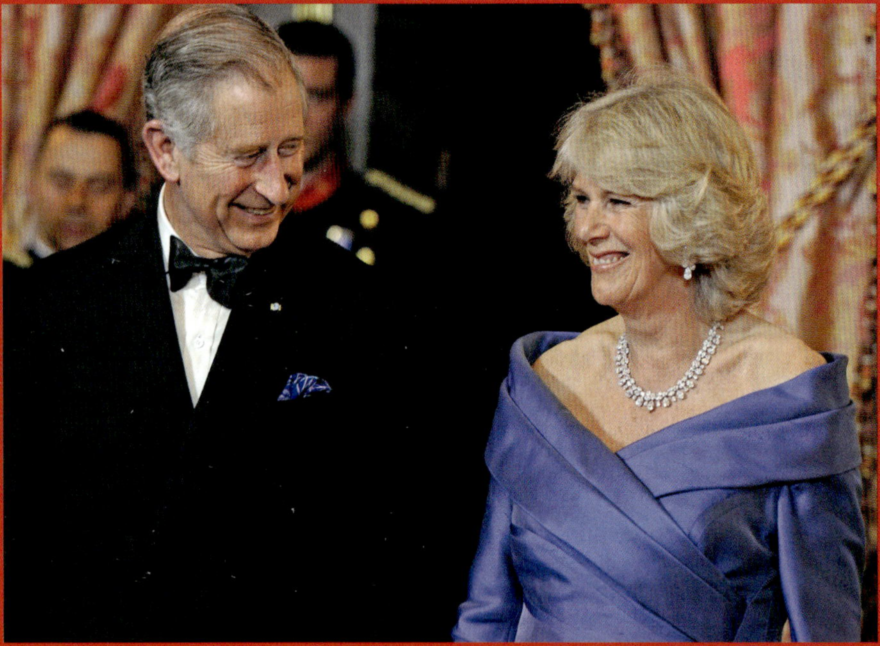

OBEN

Happy End für den Thronfolger: 2005 heiratete Prinz Charles seine große Liebe Camilla.

RECHTS

Die ewige, unsterbliche Prinzessin der Herzen: Diana war die erste Frau im Schloss, die ihre Rolle als Mutter öffentlich definiert und gelebt hat.

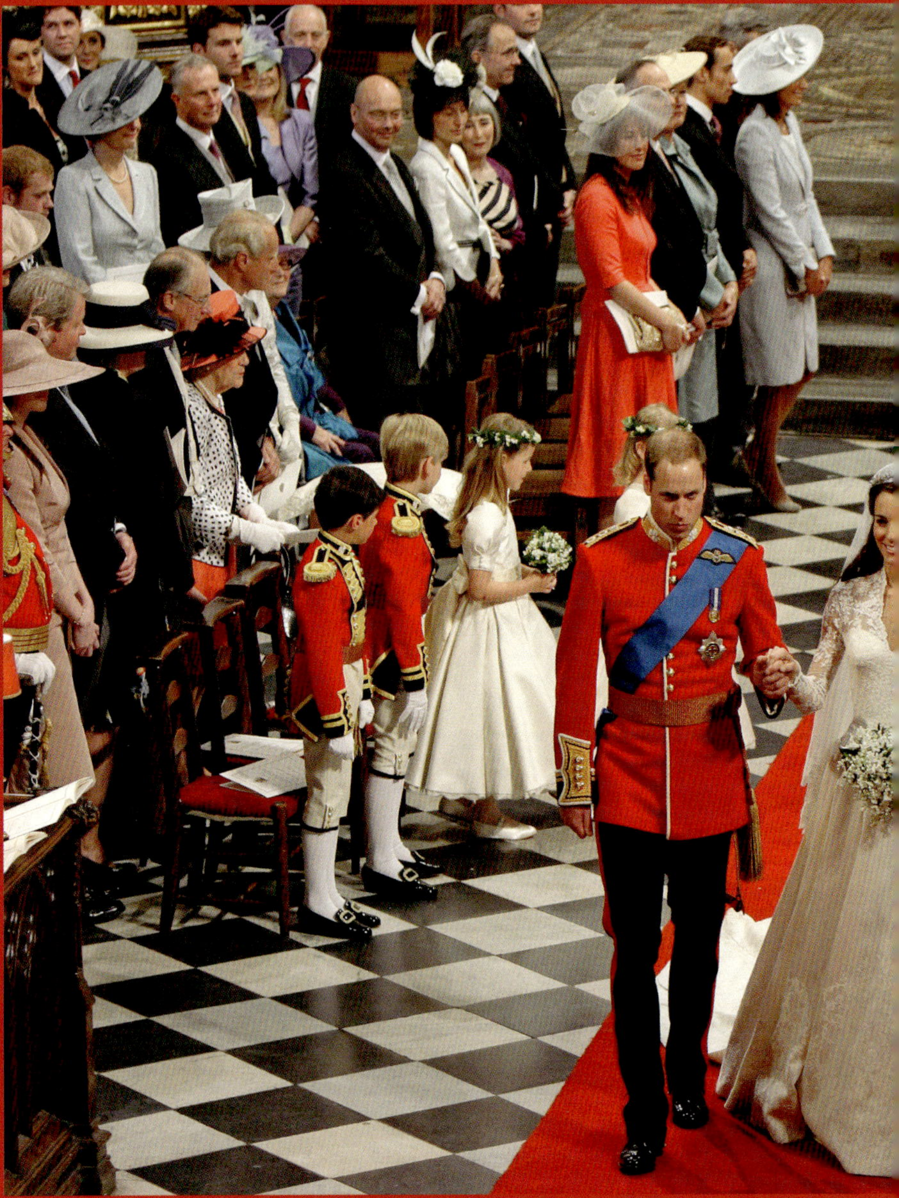

OBEN

Fast wie im Märchen, eine Bürgerliche aus Bucklebury bekommt den Superprinzen. Diese Hochzeit wurde zum Fest der Symbole. Auch wenn diese Gesten weit weniger mediales Echo

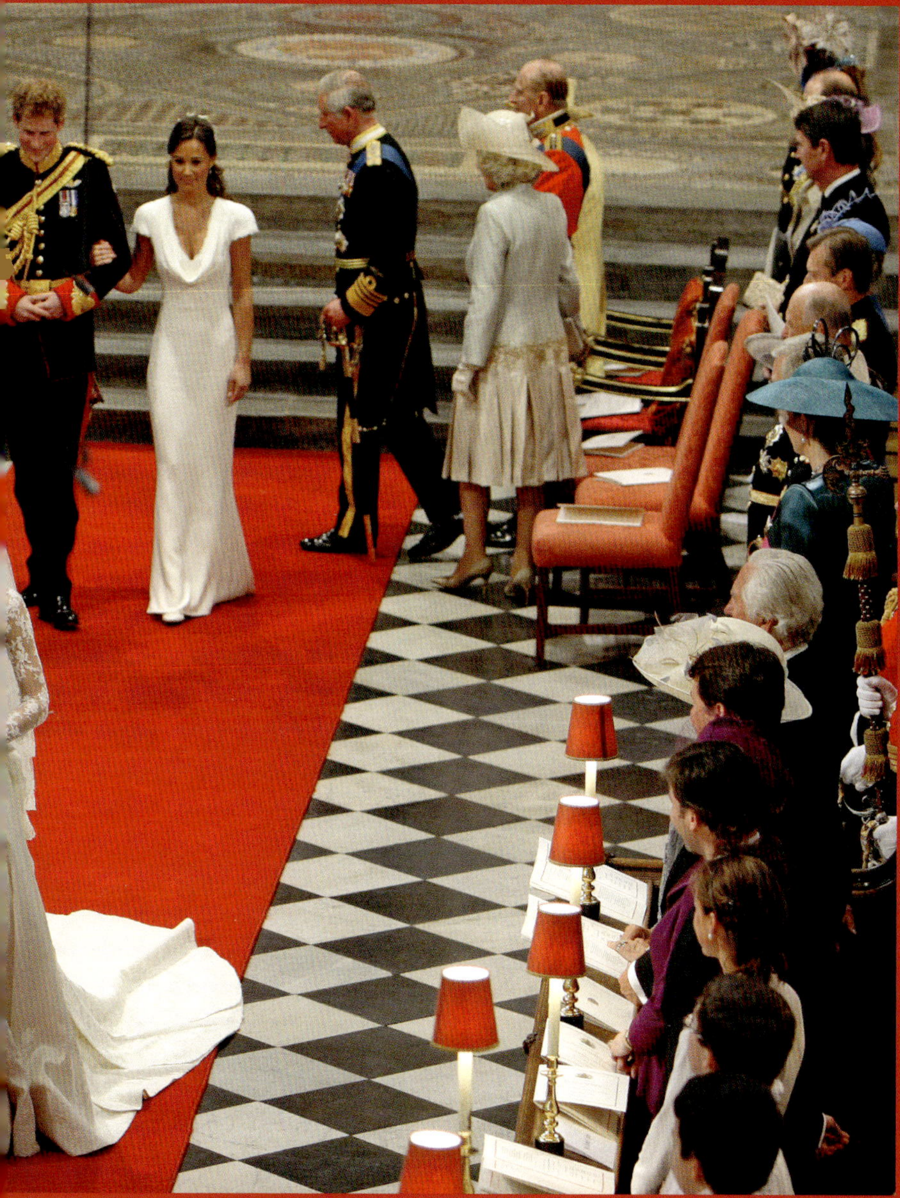

OBEN

bekamen als so manch schöne Kehrseite dieser Hochzeit: «Her royal Hotness» taufte die britische Presse die Rückansicht von Kates Schwester und Trauzeugin Pippa.

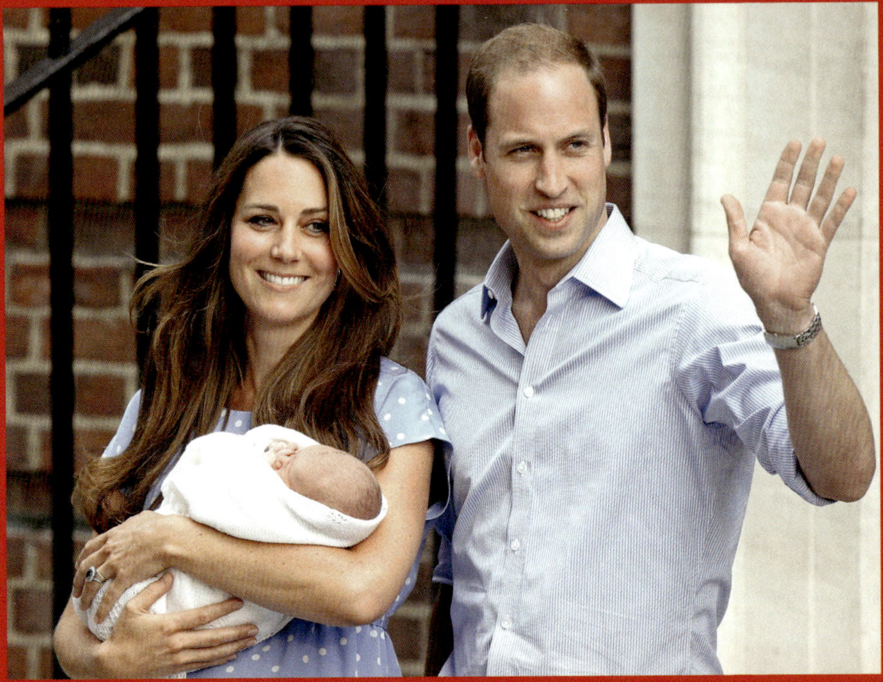

OBEN

Platz 3 der Thronfolge: Prinz George mit seinen glücklichen Eltern vor dem Londoner Krankenhaus. Kates Kleid ist wieder einmal ein Tribut an Lady Di.

RECHTS

William und Kate mit den Mini-Royals Prinzessin Charlotte, Prinz George und Prinz Louis bei Louis' Taufe.

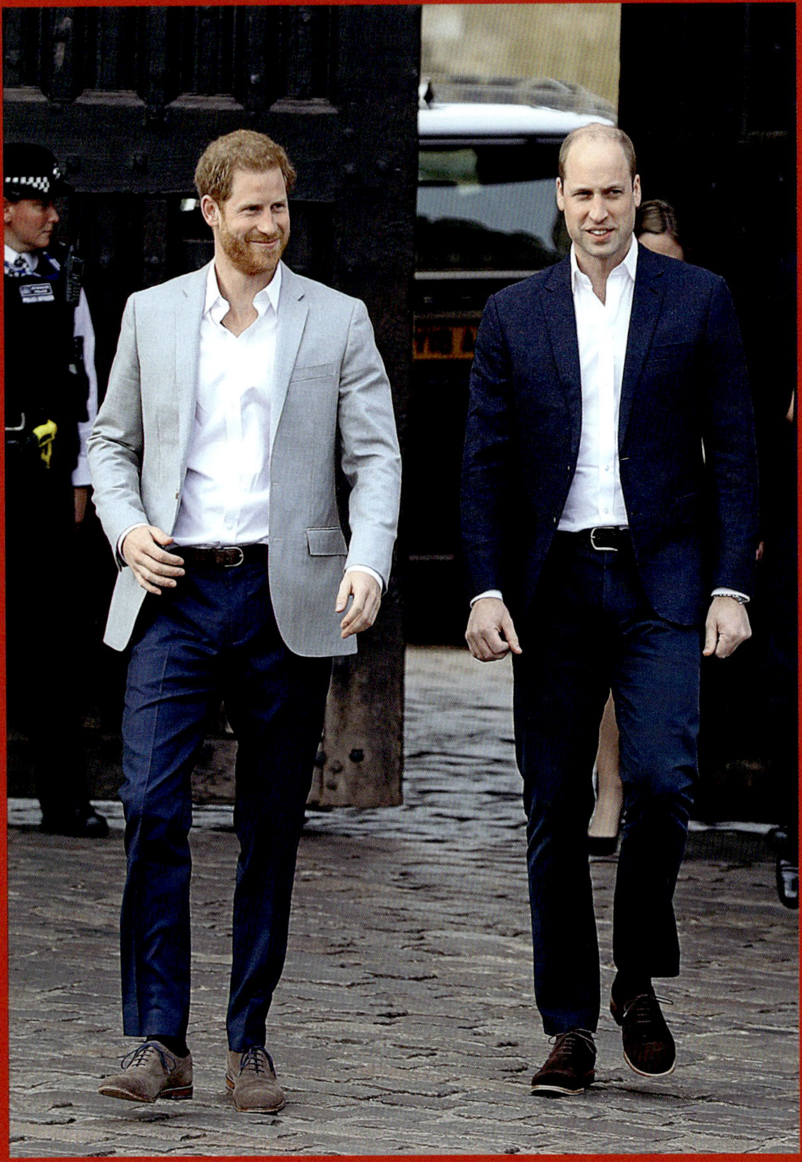

OBEN

Die beiden Brüder entspannt und lässig am Tag vor Harrys Hochzeit.

RECHTS

Meghan – eine Hollywood-Prinzessin für die Krone.

Good vibations. Nicht nur die Queen mag Meghan, auch ihre geliebten Hunde waren begeistert, wie Harry berichtete: «Die letzten dreißig Jahre musste ich mich anbellen lassen. Und sie [Meghan] kommt hier rein, und es passiert absolut nichts! Nichts als freudiges Schwanzwedeln.»

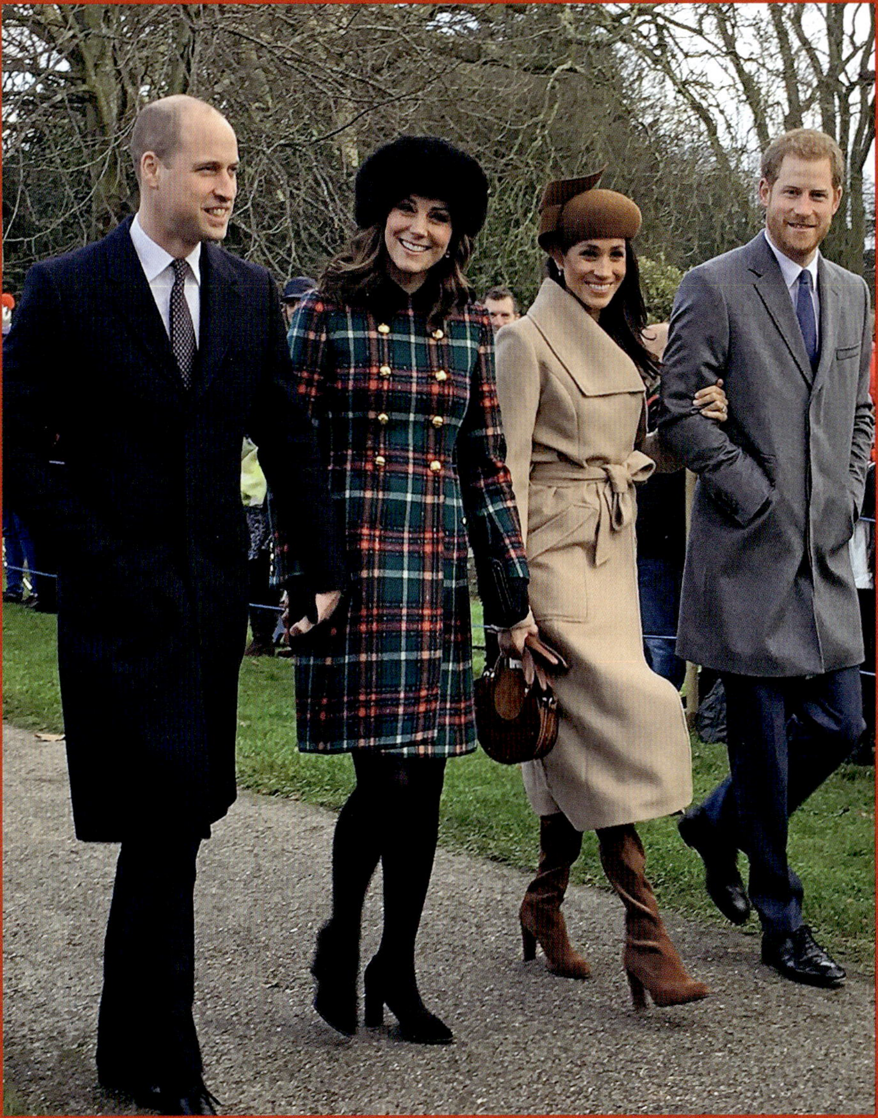

OBEN

Die vier Shooting-Stars der britischen Royals.

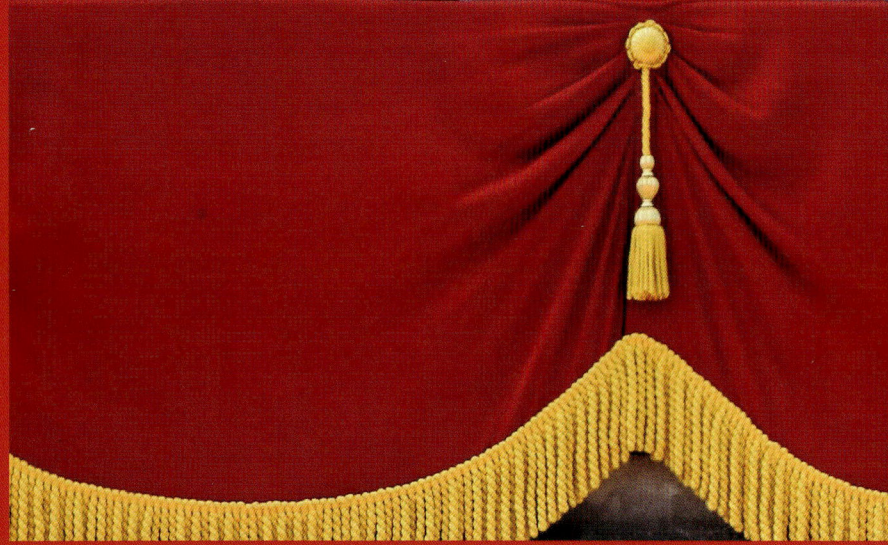

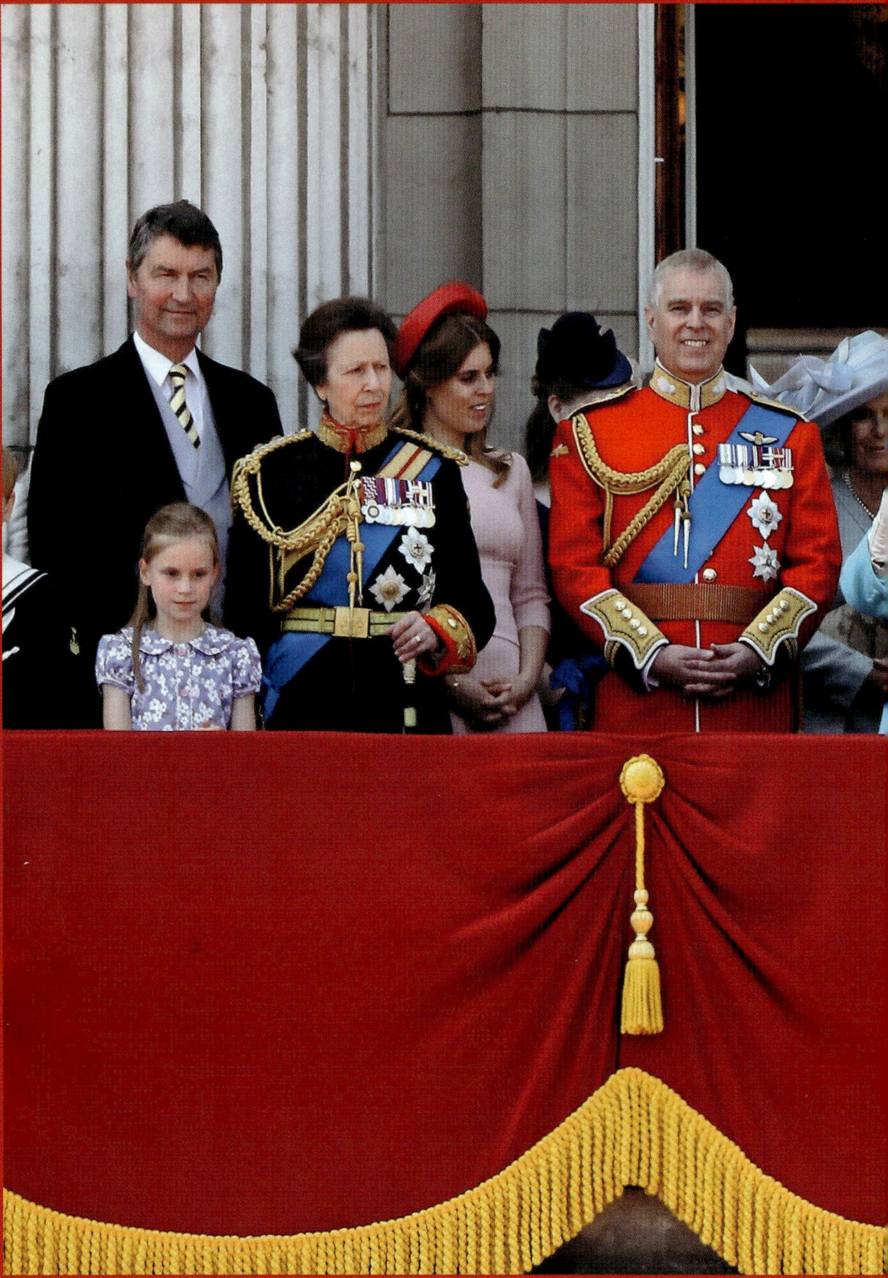

OBEN

Die Royal Family 2018 auf dem Balkon des Buckingham Palace. Zwar stand noch die ältere Generation im Zentrum des Balkons, doch der Fokus der Öffentlichkeit lag längst auf den

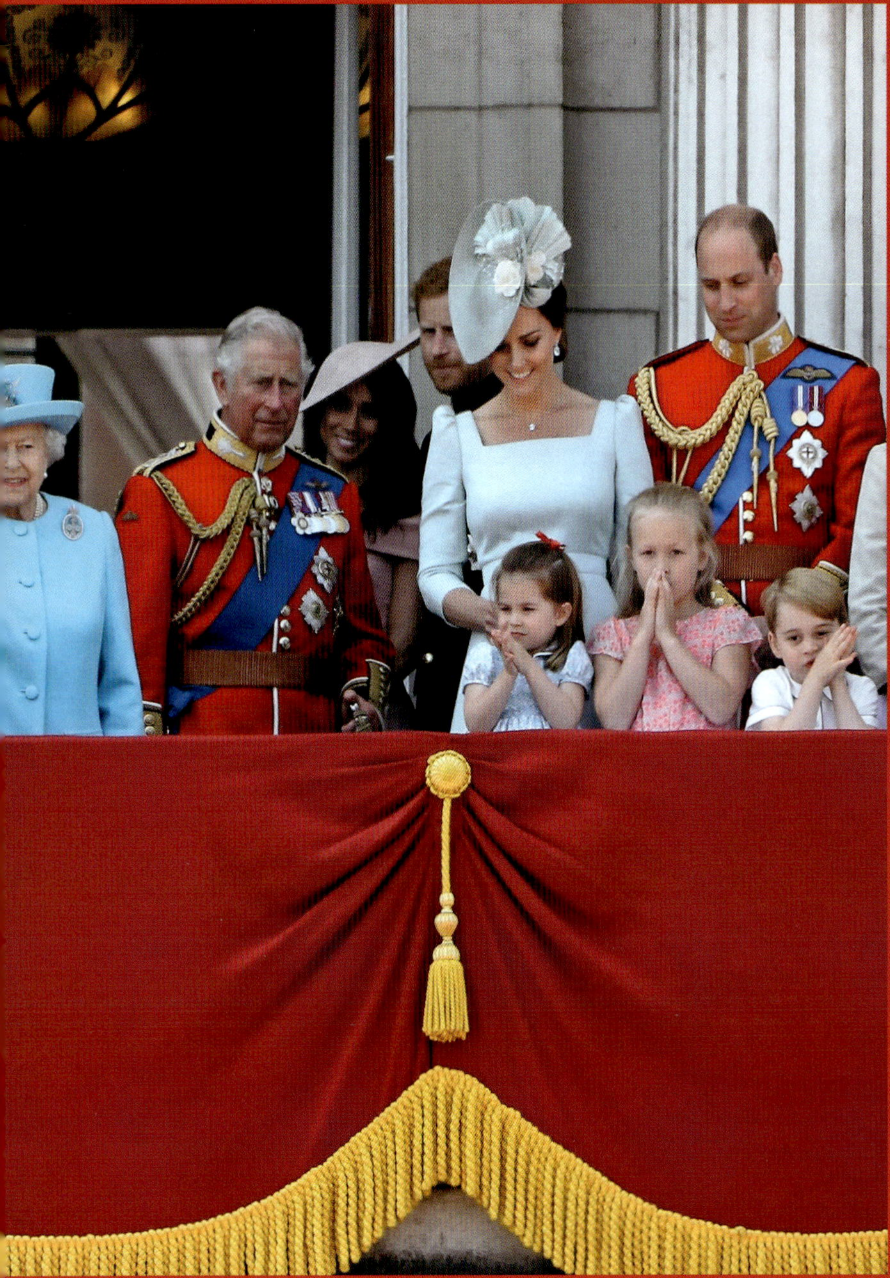

OBEN

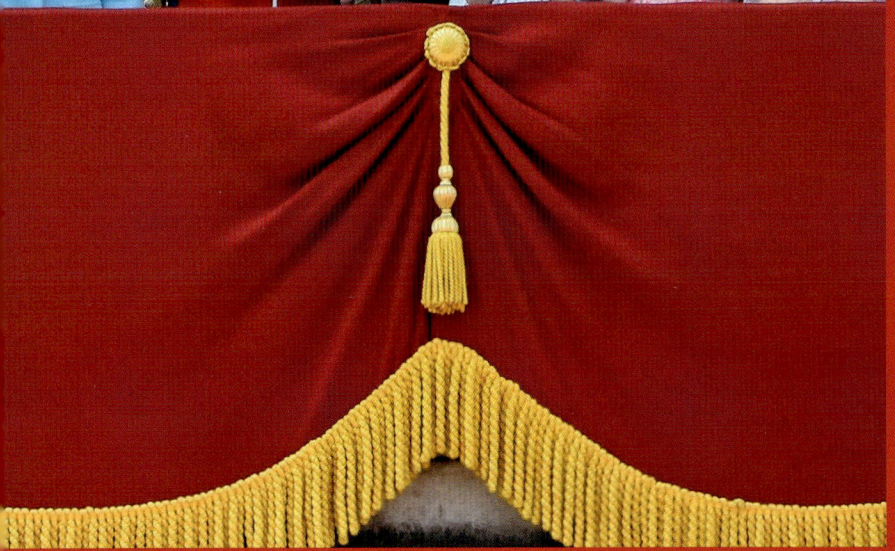

Jüngeren, auf William, Kate, Harry und Meghan – und auf den kleinen Superstars der Royals: George und Charlotte, die an der Balustrade ihre eigene süße Show abzogen.

BILDNACHWEISE

Tafel 1: Queen Elizabeth II. und Prinz Philip am 90. Geburtstag der Königin im April 2016 (Chris Jackson / Getty Images) **Tafel 2:** Prinz Charles beim Hedge Laying auf der Broadfield Farm in Tetbury, Gloucestershire, im Oktober 2005 (Nigel Housden / Alamy Stock Photo) **Tafel 3:** Die Queen und Prinz Charles auf der Chelsea Flower Show im Mai 2009 (picture-alliance / empics / Sang Tan) **Tafel 4:** Prinz Charles mit seiner Frau Camilla, Herzogin von Cornwall, vor einem Gala-Dinner mit Kronprinz Felipe und Prinzessin Letizia im Königspalast in Madrid, 30. März 2011 (picture-alliance / REUTERS) **Tafel 5:** oben: Lady Diana mit Prinz William beim Tennisturnier in Wimbledon, Sommer 1991 (Bob Thomas / Getty Images) **Tafel 5:** unten: Lady Diana mit ihren Söhnen William und Harry im Winterurlaub in Lech / Österreich, März 1994 (Tim Graham / Getty Images) **Tafel 6/7:** Prinz William und Kate verlassen nach der Trauungszeremonie Westminster Abbey, 29. April 2011 (picture-alliance / empics / Dave Thompson) **Tafel 8:** Prinz William und Herzogin Kate präsentieren ihren Erstgeborenen Prinz George am 23. Juli 2013 beim Verlassen von St. Mary's Hospital in London der Öffentlichkeit (picture-alliance / empics / Jonathan Brady) **Tafel 9:** William und Kate mit ihren Kindern Prinzessin Charlotte und Prinz George bei der Taufe von Prinz Louis am 9. Juli 2018 in St. James's Palace (DOMINIC LIPINSKI / AFP / Getty Images) **Tafel 10:** Prinz Harry und sein Trauzeuge Prinz William am Vorabend von Harrys Hochzeit mit Meghan Markle vor Windsor Castle, 18. Mai 2018 (Neil Mockford / GC Images / Getty Images) **Tafel 11:** Nach Bekanntgabe ihrer Verlobung stellen sich Prinz Harry und seine Verlobte, die US-Schauspielerin Meghan Markle, den Fotografen im Garten von Kensington Palace, 27. November 2017 (DANIEL LEAL-OLIVAS / AFP / Getty Images) **Tafel 12:** Queen Elizabeth und Meghan, die Herzogin von Sussex, besuchen die Eröffnung der neuen Mersey Gateway Bridge in Widnes, Nordwestengland, am 14. Juni 2018 (picture-alliance / AP Photo / Danny Lawson) **Tafel 13:** Prinz William, Herzogin Kate, Meghan Markle und Prinz Harry beim Weihnachtsgottesdienst in der St. Mary Magdalene Church in Sandringham, 25. Dezember 2017 (hgm-press / Karen Anvil) **Tafel 14/15:** «Trooping the Colour» am 9. Juni 2018. Mitglieder der königlichen Familie beobachten vom Balkon des Buckingham Palace eine Fliegerformation der Royal Air Force: (v. l.) Vizeadmiral Timothy Laurence, Prinzessin Anne, Prinzessin Beatrice von York, Prinz Andrew, Camilla, Herzogin von Cornwall, Queen Elizabeth II., Prinz Charles, Meghan, Herzogin von Sussex, Prinz Harry, Kate, Herzogin von Cambridge (mit Prinzessin Charlotte und Prinz George) und Prinz William (DANIEL LEAL-OLIVAS / AFP / Getty Images)

PAMPERS-OFFENSIVE

An einem frühlingshaften Tag im Mai 2015 wurde aus den drei Cambridges ein Vierergespann. Um 8:34 Uhr erblickte die kleine Charlotte Elizabeth Diana das Licht der Welt, und hatte die Briten wie schon ihr großer Bruder vor ihr auf sich warten lassen – vielleicht hatte sie einfach früh ein gutes Gespür für den großen Auftritt? Bei ihrer Geburt war die Kleine das fünfte Urenkelchen der Queen und stieg auf Platz vier der Thronfolge ein. Den ersten Besucher empfing sie nur wenige Stunden nach ihrer Geburt. Als William mit ihrem großen Bruder George vor dem Krankenhaus vorfuhr, brachen die Menschen in Jubel aus und riefen den Namen des kleinen Thronfolgers, der verschlafen und ob des Geschreis und der zahllosen Kameras doch etwas irritiert wirkte und sich umgehend in Papas Arme flüchtete – zu einem zaghaften royalen Winken ließ er sich dann aber doch hinreißen, um dann mit einem Küsschen von Papa im Krankenhaus zu verschwinden und seine kleine Schwester Charlotte zu begrüßen.

WUSSTEN SIE SCHON, DASS ...

die Namen der Royals zumeist in Gedenken oder zu Ehren ihrer Vorfahren ausgewählt werden? Charlotte Elizabeth Diana – der Name spricht für sich: Charlotte als weibliche Form von Charles wählten seine Eltern zu Ehren ihres Großvaters aus, der Zweitname Elizabeth ist natürlich eine offensichtliche Ehrung der Mütter beider Familien – der Queen und Carole Elizabeth Middleton. Mit Diana wählten William und Kate den Namen von Williams verstorbener Mutter, Charlottes verstorbener Großmutter.

Wenn alles den gewohnten Gang geht, wird Charlotte niemals die Krone tragen. Sie entgeht dieser Last, wenn sie es denn später so empfindet. Für ein Kind kann es sicher von Vorteil sein, denn auf der Zweitgeborenen – der Reserve – lastet meist weniger Druck als auf der Nummer eins. Und das merkt man bei offiziellen Terminen schon jetzt: Glück für Charlotte, die der Wildfang in der Familie ist und sich bei offiziellen Anlässen auch mal einen kleinen Ausrutscher leisten darf. Anders als ihr großer Bruder George, der sicher schon jetzt spürt, dass von ihm zukünftig gutes Benehmen erwartet wird. Aber das passiert natürlich auch allen anderen großen Brüdern auf der Welt. Nur dass dieser eben irgendwann König werden wird.

Und Charlotte? Die hat viele andere Qualitäten. Winken wie eine Weltmeisterin? Kein Problem, macht sie sofort! So, dass die Queen neidisch werden könnte. Handstand üben, während Papa auf dem Polo-Feld Geld für wohltätige Zwecke erspielt? Klaro! Den Fotografen auf der Hochzeit ihres Onkels frech die Zunge rausstrecken? Abgehakt! Schon jetzt gilt Charlotte als der neue kleine Star der Royals, und bei der Geburt ihres Brüderchens Prinz Louis Arthur Charles, der bisher letzten Ergänzung zur jungen königlichen Familie, war sie es, die Geschichte schrieb. Zum ersten Mal in der Geschichte des Landes wurde ein königliches Mädchen bei der Geburt ihres Bruders von diesem nicht von ihrem Rang auf der Liste der Thronfolge verdrängt, wie es bei der Geburt von Prinzessin Annes jüngeren Brüdern noch der Fall gewesen war. Doch seit Inkrafttreten des Succession to the Crown Act von 2013 ist damit Schluss.

Laut ihrer Mutter Kate ist Charlotte im Privaten eine kleine Tänzerin – und tut es damit ihren Großeltern Charles und Diana gleich, die beide ausgezeichnete Tänzer waren. Auch mit ihrer berühmten Uroma teilt sie ein Hobby. Beide lieben Pferde. Über die Queen wurde das mal so formuliert: Erst kommen bei ihr die Hunde, dann die Pferde und dann lange nichts. Legt man Fotografien der kleinen Charlotte und alte Kindheitsaufnahmen der Queen nebeneinander, ist die Ähnlichkeit kaum zu übersehen. In ihrer Enkelin hat Elizabeth II. ihre persönliche Doppelgängerin gefunden.

Anlässlich ihres neunzigsten Geburtstags feierte die Queen ihr Oma- und Uroma-Dasein mit einer zauberhaften Fotografie. Lächelnd sitzt sie darauf inmitten einer Schar Kinder. Die kleine Charlotte hat sie auf dem Schoß. In ihrer fast identischen Strickjacke, dem fast identischen Gesichtsausdruck und mit dem kleinen Spielzeugpony in der Hand sieht Williams und Kates Töchterchen aus wie das Mini-Me der Queen. Die hatte allen Grund zu lächeln – denn für den Fortbestand der Dynastie war ganz offensichtlich gesorgt. Die jüngste Generation der Windsors steht längst in den Startlöchern und rückt immer mehr in den Fokus der Öffentlichkeit.

EIN BRIEF AUS KENSINGTON

Für Prinz George muss es ein guter Start in sein drittes Lebensjahr gewesen sein. So ganz anders als sein erster Geburtstag, den er noch im Kensington Palace mitten in London verbracht hatte. Kinder können ja eigentlich nie genug Geschenke bekommen. Prinz George vielleicht schon. Allein bis zu seinem ersten Geburtstag wurden an den kleinen Prinzen 4000 Geschenke aus achtundvierzig Ländern geschickt. In Australien hatte man sogar ein Krokodil nach ihm benannt, die Obamas schenkten George ein Schaukelpferd, in Neuseeland bekam er ein kleines Boot – aber ein Aufschrei besorgter Eltern ist nicht nötig. Die meisten dieser Geschenke wurden gespendet. Mittlerweile lebte George mit seinen Eltern und seiner kleinen Schwester Charlotte auf einem Anwesen auf dem Gelände von Sandringham. Kurz vor Charlottes Geburt war die kleine Familie mit Sack und Pack in das frisch renovierte Haus umgezogen, das die Queen Prinz William zu seinem 30. Geburtstag geschenkt hatte und der Familie dank einer schnell noch eingepflanzten Baumreihe etwas Privatheit schenkte, die ihnen in London manchmal fehlte. Während seine Mutter zu Hause seine Geburtstagsparty vorbereitete, genoss George einen gemeinsamen Ausflug mit Großmutter Carole und Hund Lupo an den Strand: Barfuß im Wasser, herumtollen mit Lupo und mit Eimerchen und Schaufel im Sand buddeln – das machen nun mal alle Zweijährigen auf der Welt gern. Selbst die, die sich Prinz nennen dürfen.

Einige Tage später wusste die ganze Welt, wie Prinz George seinen Geburtstag verbracht hatte. Wie immer in der Geschichte der Royals sind es die Kleinsten, die nach und nach in den Vordergrund rücken und das Interesse der Medien und der Menschen rund um den Globus auf sich ziehen. Wie sie sich geben, was sie tragen, welchen Kindergarten sie besuchen und wo und wie sie aufwachsen, das beschäftigt Millionen Leser – sicherlich manchmal zum Leidwesen der ebenso berühmten Eltern, die versuchen, ihren Kindern so viel Freiheit wie nur möglich zu erhalten. Als William und Kate von der Veröffentlichung der Bilder erfuhren, braute sich auf Anmer Hall ein Sturm zusammen. Eine Woche später entlud sich die Wut eines Vaters in einem offenen Brief, den der Pressesprecher der Cambridges an die Presseaufsicht und die Chefetagen führender Medienhäuser schickte – und dazu auf allen Kanälen mit der interessierten Öffentlichkeit teilte. In dem Brief listete Jason Knauf, Kates und Williams PR-Berater, in aller Breite auf, auf welche Weise Paparazzi immer wieder in die Privatsphäre der Familie eindrangen. Die Liste war lang und nahm direkt Bezug auf die Fotos, die kurz nach Georges Geburtstag erschienen waren. Es wurde beschrieben, dass Fotografen sich am Strand eingruben, um Prinz George und seine Großmutter Carole beim Spielen zu fotografieren, sich auf dem Anwesen der Familie versteckten, die Wagen von Besuchern der Familie verfolgten, Freunde der Kinder ungefragt fotografierten, andere Kinder benutzten, um Prinz George vor die Kameras zu locken, und dauerhaft Posten vor dem Zuhause der Middletons bezogen, um jede Bewegung der Familie zu überwachen. Jason Knauf appellierte einerseits an die Presse, derartige Fotos nicht mehr zu veröffentlichen, richtete sich aber auch an die Öffentlichkeit: «Sie – William und Kate – wissen, dass fast alle Eltern, so auch sie selbst, es lieben, Fotos von ihren Kindern zu teilen. Aber sie wissen auch, dass alle Eltern es ablehnen würden, wenn irgendjemand – insbesondere Fremde – ohne ihre Erlaubnis Fotos von ihren Kindern machen würden.»[141]

Der Brief war ein klares Zeichen an die Paparazzi und an die Medien: Bis hierher und nicht weiter. Und er war Teil einer Null-Toleranz-Strategie, die von der Queen ausging und von der gesamten Familie getragen wurde. Damals äußerte sich Prinz Charles' Pressesprecher gegenüber dem *Sunday Telegraph*: «Die Mitglieder der königlichen Familie sind der Ansicht, ein Recht auf Privatsphäre zu haben, wenn sie privaten Aktivitäten nachgehen. Sie erkennen das öffentliche Interesse an ihnen und an dem, was sie tun, an, sind aber nicht der Meinung, dass dies auch für das Fotografieren ihrer und der privaten Aktivitäten von Freunden gilt.»[142] Ein anderer Mitarbeiter des Palasts fügte an: «Die jahrelangen Übergriffe fordern nun ihren Tribut. Die königliche Familie ist der Ansicht, ein Recht auf Privatsphäre zu haben ...»[143] Die königliche Familie drohte offen damit, rechtliche Schritte gegen Paparazzi einzuleiten, wenn die Übergriffe nicht aufhörten. Dazu gab es klare Ansagen, wodurch die Windsors Spekulationen vorgriffen und wieder mehr Einfluss auf das gewannen, was über sie geschrieben wurde. Als Entgegenkommen luden die Pressesprecher der Mitglieder der Familie einzelne Vertreter der Presse von Zeit zu Zeit zu ungezwungenen Treffen mit den Royals ein. Es ging einfach darum, verhärtete Fronten wieder abzubauen und die Beziehungen zur Presse zu verbessern. Unter den Royals ist es vor allem William, der vehement auf die Privatsphäre seiner Familie besteht, zumal er seinem Schwiegervater genau das bei der Verlobung mit Kate versprochen hatte: «Ich bin entschlossen, uns und die Kinder zu schützen, das bedeutet, etwas für uns zu bewahren. Ich denke, ich habe einen ausgeprägten Sinn für Selbstschutz.»[144]

Williams Entschlossenheit kommt natürlich nicht von ungefähr. Er erinnert sich gut daran, wie oft er seine Mutter nach einer weiteren Verfolgungsjagd mit der Presse hatte trösten müssen: «Leider drehen sich viele meiner Erinnerungen darum, wie ich versuche, meine Mutter aufzuheitern. Ich glaube, sie hat häufiger wegen der Übergriffe der Presse geweint als wegen irgendetwas anderem.»[145] Williams Abneigung gegenüber Medien hatte aber auch mit den Ereignissen aus dem Jahr 2005 zu tun. In der *News of the World* erschienen damals die ersten Meldungen, die William und Harry sich nicht erklären konnten. Die Journalisten verfügten über Informationen, die sie ausschließlich mit einem kleinen Kreis Vertrauter geteilt hatten. Zugleich stießen einige Mitarbeiter der Familie in ihrer Mailbox auf Nachrichten, die als empfangen markiert waren, sie aber nie erreicht hatten. Der Palast schaltete Scotland Yard ein, und ein ungeheuerlicher Verdacht bestätigte sich: Jemand hatte die Telefone der Prinzen gehackt. Zwar konnte die Tat eindeutig einem Journalisten der *News of the World* und einem Privatermittler nachgewiesen werden, doch wie sich herausstellen sollte, war der Fall nur die Spitze des Eisbergs: Nicht nur Mitglieder der königlichen Familie, sondern auch Politiker, Sportler und Prominente waren durch Journalisten des Boulevardblatts abgehört und durch Privatdetektive ausspioniert worden.

Der nächste Vorfall ereignete sich 2012. Ein französisches Magazin veröffentlichte unter dem Titel «Kate und William – ihr sehr heißer Urlaub in der Provence» Oben-ohne-Bilder seiner Frau, die mit einem Teleobjektiv aufgenommen worden waren. Diesmal reichte Prinz William Klage ein. Die Anwälte der königlichen Familie verklagten die Fotografen und zwei französische Magazine auf 1,5 Millionen Euro. Als der Fall 2017 nach unzähligen Verzögerungen vor Gericht kam, verlas der Anwalt des Prinzen ein eindringliches Statement: «2012 dachten meine Frau und ich, wir könnten für ein paar Tage nach Frankreich in eine abgelegene Villa eines Familienmitglieds fahren und dort unsere Privatsphäre genießen. Wir kennen Frankreich und die Franzosen, und wir wissen, dass sie das Privatleben ihrer Gäste respektieren. Die illegale Art und Weise, durch welche diese Fotos entstanden sind, hat uns in besonderem Maße schockiert, weil sie unsere Privatsphäre verletzte.»[146] Die angeklagten Magazine hielten dagegen, das Paar stehe im Fokus der Öffentlichkeit – insbesondere seit ihrer Hochzeit – und dass die Fotos sie doch in einem positiven Licht zeigten. Das Gericht entschied zugunsten der Herzogin. Und wenngleich die zu zahlende Summe von 100 000 Euro weit geringer ausfiel als die geforderte, war sie doch höher angesetzt als je zuvor.

In den vergangenen hundertfünfzig Jahren hat sich das Verhältnis zwischen Palast, Presse und Öffentlichkeit gewandelt. Manches ist sicher gut daran, anderes für die handelnden

Akteure nicht. Als 1842 das erste bekannte Foto eines Mitglieds der britischen Königsfamilie mit Hilfe einer kiloschweren Apparatur angefertigt wurde, war das noch etwas wirklich Einmaliges. Erst mit der Entwicklung der Zeitungsindustrie Mitte des 19. Jahrhunderts begann das goldene Zeitalter der Fotografie – die ersten Fotoapparate für unterwegs kamen auf den Markt –, doch erst mit der Drucktechnik begann das Zeitalter der Massenmedien. Queen Victoria wird heute als die erste Medien-Monarchin bezeichnet. Seitenweise erschienen Zeitungsberichte über nahezu jede Wendung ihres Lebens, und sie führten erstmals zu einer gefühlten Omnipräsenz. Und die Königin spielte dieses Spiel: Noch zu ihren Lebzeiten willigte Queen Victoria in die Publikation von Auszügen aus ihren Tagebüchern ein. Das Werk avancierte 1884 umgehend zum Bestseller. 1924 erklang dann zum ersten Mal die Stimme eines britischen Regenten in den Wohnzimmern in Großbritannien, die sich ein Radio leisten konnten. Die Monarchie nutzte auch dieses Medium für sich, um in Kontakt zu kommen mit dem Volk. Die alljährliche Weihnachtsansprache ist in dieser Zeit geboren worden – sehr zum Leidwesen Georges V., der sich darüber ärgerte, dass er gerade an Weihnachten Staatsgeschäften nachgehen musste, anstatt sich gemütlich der Familie widmen zu können.

Zwölf Jahre später sorgte sein Sohn für eine der schwersten Krisen der Monarchie, indem er eine Affäre mit Wallis Simpson einging, und das Ende ist bekannt, er verzichtete für eine Heirat und aus Liebe auf den Thron. Doch die britische Öffentlichkeit erfuhr als Allerletzte von dieser Liaison. Stattdessen genoss der Rest der Welt 1936 jedes Detail der mondänen Mittelmeerkreuzfahrt des Königs und der verheirateten Amerikanerin, während die britische Presse aufgrund von Absprachen mit dem Palast die Füße stillhielt. Dieser Deal ging sogar so weit, dass Artikel über die Affäre aus den nach Großbritannien verschifften internationalen Zeitungen herausgerissen wurden.

Noch mal vierzehn Jahre später war es Marion Crawford, die zur ersten Whistleblowerin am Hofe wurde. Sie stand im Dienste der Royals, was sie nicht daran hinderte, Details aus deren Privatleben weiterzugeben. Zwar enthielten die Bekenntnisse eines Kindermädchens wenig Explosives. Trotzdem schlug «The Little Princesses» bei Erscheinen ein wie eine Bombe. Bis heute nennt man es in Großbritannien «eine Crawfie abziehen», wenn ein Mitarbeiter des Palasts über die Familie auspackt.

Aber erst das neue Medium Fernsehen schaffte es, das populäre Image der Monarchie in die Wohnzimmer zu bringen. Die Krönung der Queen 1953 war das erste königliche Großereignis, das im Fernsehen übertragen wurde. Vor der Ausstrahlung wurden extra neue Sendemasten errichtet, damit auch jeder britische Haushalt mit einem Fernseher die Queen in voller Schönheit an ihrem großen Tag erleben konnte. Und die Briten wollten, und nicht nur die.

Mehr als 20 Millionen britische Zuschauer sollen damals eingeschaltet haben, und 100 Millionen Amerikaner sahen sich einen Tag später die eiligst über den Großen Teich geschickten Aufnahmen ebenfalls an. Es war das erste königliche TV-Großereignis – und ein riesiger PR-Erfolg. Aber nichts gegen das, was in den Achtzigern passierte. Charles und Dianas Hochzeit wurde eingeschaltet wie ein Blockbuster mit weltweit 750 Millionen Zuschauern. Und die Monarchie legte nach: Im Laufe der Jahre wurden royale Hochzeiten zu Fernsehevents, vergleichbar mit einem WM-Fußballspiel. Natürlich nutzen die Royals das Fernsehen inzwischen auch zur Image-Politur. So sagte man in den wilden Siebzigern der Queen nach, sie sei steif und die Monarchie weltfremd. Und was tat die Queen deshalb? Sie klingelte bei der BBC durch und gab eine Dokumentation in Auftrag, die 1969 ein ganz anderes Bild der Familie zeichnete.

Nie zuvor hatte die Queen der Öffentlichkeit einen derartigen Einblick in ihr Privatleben gewährt. Der Film mit dem Titel «Royal Family» war ein großer Erfolg und wurde anschließend noch in 125 anderen Ländern ausgestrahlt. Der Tenor des Films? Die Windsors – eine ganz normale moderne britische Familie. Die Zuschauer sahen Prinz Philip am Grill Steaks wenden, wie die Queen ein Eis für ihren Sohn kaufte und die Familie sich am Abend vorm Fernseher versammelte. Mittlerweile ist der Film in den Archiven verschwunden und höchstens mal ausschnittweise in einer Ausstellung zu sehen – die Queen soll den Schritt von damals bereut haben, denn die Popularität der Familie, sie wurde erkauft zum Preis der Privatsphäre.

Es waren die achtziger und neunziger Jahre, in denen die Royals das ganze Ausmaß dieser Misere zu spüren bekamen.

Schon seit den späten sechziger Jahren war eine neue Generation von Fotografen unterwegs, auf der Jagd nach dem besten Foto und ausgerüstet mit Teleobjektiven, mit denen man den Zucker im Tee der Queen hätte fotografieren können. Die scheue Beute waren erst Berühmtheiten aus Filmen, auch Sportler, Politiker – lange nicht auf der Abschussliste: die Windsors. Später jedoch zahlten die britischen Boulevardblätter Unsummen für dieses eine besondere Bild. Und während das Empire Ende der Sechziger endgültig auseinanderfiel, baute sich Rupert Murdoch von Australien aus ein Medien-Imperium auf, das er 1969 mit dem Kauf der *News of the World* und kurz darauf der *Sun* auf Großbritannien ausweitete. Mit der Schonfrist für die Royals war es damit vorbei. Dazu bot die Familie den Boulevardblättern einfach zu viel Stoff, und was ehemals Privatsache der Royals war und worüber die Medien den Mantel des Schweigens gehüllt hatten, prangte nun stets auf der ersten Seite. Die Situation geriet außer Kontrolle. Und die königliche Familie war offenbar schlecht beraten. Der mediale Tiefpunkt war erreicht, als einige der Royals in einer von Prinz Edward organisierten Spielshow gegeneinander antraten. Sie stand wie ein Sinnbild für eine Monarchie, die sich fragen musste, ob sie nicht inzwischen in ihrer eigenen Seifenoper mitspielt? Der Titel der Sendung lautete: «The Grand Knockout Tournament», wurde später aber auch übersetzt mit: ein königliches K.O. Und es kam noch schlimmer: In den Neunzigern gaben Butler, Ex-Geliebte und Mitarbeiter der royalen Familie großzügig Auskunft über die Verhältnisse im Palast, die ersten Oben-ohne-Bilder erschienen, Diana und Charles äußerten sich öffentlich zu ihrer Ehe, eine Scheidung nach der anderen wurde eingereicht, Telefongespräche der Royals abgehört und veröffentlicht. Die Welle der negativen Berichterstattung riss nicht ab. Dann starb Diana.

William und Harry wuchsen mit den neuen Medien auf. In den Neunzigern kamen die Computer und Handys in die Privathaushalte, und mit dem Internet veränderte sich auch der Auftritt der Windsors. Selbst die Queen hat heute ihren eigenen Account in den sozialen Medien. So funktioniert PR 2.0. Innerhalb von drei Jahrzehnten hat sich die Medienlandschaft und die Art und Weise, wie wir miteinander reden, radikal verändert. Auch die Royals spielen dabei mit. Die ersten Handys mit integrierter Kamera kamen 1999, die ersten Smartphones 2007 auf den Markt – ab diesem Augenblick konnte plötzlich jeder ein Paparazzi sein. Was Prinz Harry nach einer durchzechten Nacht in Las Vegas niemals wieder vergessen wird. Mit Facebook, Twitter und Instagram hat sich auch die Schnelligkeit von Nachrichten verändert. Plötzlich brauchen Nachrichten und Fotos nur noch Sekunden, bis sie um die Welt gehen. So war das auch mit den Fotografien, die 2012 von der halbnackten Kate aufgenommen wurden, oder 2015 die Bilder des kleinen Prinzen George. Heute sind es die neuen Medien, die neue Chancen, aber auch Risiken bieten. Und die Frage noch mal neu stellen: Was ist privat und was nicht? Wann hat ein Prinz das Recht am eigenen Bild und wann nicht?

William und Kate nutzen deshalb immer häufiger den Dialog mit der Presse, um ihren Kindern mehr Freiraum zu verschaffen. Ein Beispiel dafür war der erste Kindergartentag von Prinz George. Als er im Alter von zwei Jahren von seinen Eltern in den Kindergarten gefahren wurde, warteten dort statt unzähliger Fotografen und Kamerateams, wie es noch bei Williams erstem Tag im Kindergarten gewesen war, einfach nur siebenundzwanzig andere Kinder aus der näheren Umgebung und eine Handvoll Betreuer. Auf George richtete sich an diesem Tag nur eine Fotokamera, und die hielt seine Mutter selbst. Kate machte die Bilder. Eben genauso wie es andere Mamas auch tun. Sie bezeichnet sich übrigens selbst als nicht besonders gute Fotografin, sie sagt, sie sei eine «enthusiastische Amateurfotografin»[147].

Damit ist sie bei den Windsors übrigens in guter Gesellschaft. Durch die Reihen der britischen Königsfamilie gab es immer wieder Fotografie-Begeisterte. Kate machte sogar einen Studienabschluss in diesem Bereich, mit einer Arbeit über Lewis Carrolls Kindheitsinterpretationen. Zwei der Fotografien, die Kate an Georges erstem Kindergartentag aufgenommen hatte, schickte das Pressebüro später um die Welt. Und das ganz simpel. Die Bilder landeten einfach auf dem offiziellen Instagram-Account der jungen Royals. Der Rest geht heute von ganz allein. Inzwischen veröffentlicht der Palast immer häufiger zu besonderen Ereignissen im Leben der Kinder Fotografien, die Kate selbst gemacht hat. Das stört die Kleinen sicherlich herzlich wenig, und dank

Kates besonderem Blickwinkel sind es ganz persönliche Bilder, die da entstehen. Sicherlich ist es so etwas ganz anderes, als käme der Hoffotograf zum hochoffiziellen Termin vorbei.

Und die familiären Schnappschüsse der Mini-Royals haben Millionen Fans: In den sozialen Medien werden sie geliked, geteilt, ganze Blogs und Accounts widmen sich heute ausschließlich dem Leben der jungen Cambridges und ziehen Hunderttausende Follower an. So verrückt das klingen mag, aber die zukünftige königliche Familie hat sich durch diese neue Art der PR zumindest zum Teil das erkämpft, was William sich für seine Kinder fest vorgenommen hatte. Was so wirkt, als sei die Familie nahbar wie niemals zuvor, ist die Chance auf mehr Privatheit, und es ist auch die Chance zu kontrollieren, welche Schlagzeilen verbreitet werden und welche eben auch nicht.

Anders als es noch bei William und Harry war, stehen George heute nur noch selten große Ansammlungen von Fotografen gegenüber. Umso authentischer ist ihre Reaktion, wenn es mal passiert. Diese Kinder müssen nämlich nicht mehr auf Knopfdruck funktionieren, und das sieht man ihnen zum Glück an, wenn sie müde und verschlafen von der weiten Reise aus einem Flieger steigen.

2018 schrieb Kate in ihrer Funktion als Schirmherrin für die National Portrait Gallery einen Beitrag über Kinderfotografien aus dem viktorianischen Zeitalter, und in dem Text konnte man zwischen den Zeilen lesen, was William und Kate sich als Eltern für ihre Kinder wünschen: «Diese Fotografien erlauben es uns, darüber zu reflektieren, wie wichtig es ist, die Kindheit zu schützen und sie wertzuschätzen, solange sie andauert. Kinder hatten einen besonderen Platz in der viktorianischen Vorstellungskraft und wurden für ihr scheinbar grenzenloses Potenzial gefeiert. Dieser Gedanke hat für uns auch heute noch Gültigkeit und ist das Fundament vieler Bereiche meiner Arbeit, der Charitys, für die ich mich engagiere, und, in der Tat, meiner Rolle als Mutter einer jungen Familie.»[148]

COVERGIRL

Das Gesicht der Frau, das von dem Cover der 100. Ausgabe der britischen *Vogue* lächelte, war nicht das eines Models. Dafür stachen die Wangenknochen zu wenig hervor, trug sie nicht genug Make-up und hatte überhaupt zu wenig Modelpose an sich. Es war ein Scoop, wie man es in England nennt – hier würde man wohl so was sagen wie «Es war ein echter Knüller» –, der Alexandra Shulman, der damaligen Chefredakteurin der *Vogue*, da gelungen war. Das «Covergirl» der Jubiläumsausgabe war keine andere als die Herzogin von Cambridge. Alexandra Shulman hatte schon Monate vorher im Palast angeklopft, und das nicht zum ersten Mal, um Kate für die *Vogue* zu gewinnen. Sie hatte immer nein gesagt, aber diesmal eben dann doch ja. Und an einem frischen Morgen im Januar war sie gemeinsam mit dem britischen Fotografen Josh Olins und einem großen Team – klar, wenn man die Herzogin vor die Linse bekommt – raus aufs Land gefahren, um auf einem abgelegenen Feld in Norfolk eine Modestrecke mit der zukünftigen Königin von England zu shooten. Die Fotos waren weniger modern als jene, die Demarchelier in den Neunzigern von Diana für die *Vogue* aufgenommen hatte, oder die von Mario Testino einige Jahre darauf, aber sie sagten doch viel aus über Kate und über ihre Rolle in der königlichen Familie.

Kate nicht das erste königliche Covergirl war? Fotografen wie Cecil Beaton, Norman Parkinson, Lord Snowdon, Patrick Demarchelier und Mario Testino lichteten die Damen des Hauses für die *Vogue* ab. Heute lassen sich auch die Herren der Schöpfung in Pose ablichten: Prinz William und Prinz Harry zierten beispielsweise das Cover der britischen *GQ*, und William schrieb 2016 Geschichte, als er sich für das Cover des Schwulenmagazins *attitude* ablichten ließ, während Mario Testino Prinz Charles für die *Vogue* im Morgenmantel beim Hühnerfüttern fotografierte.

«Von Beginn an orientierten sich die Details und die Stimmung der Bilder, das Styling und – natürlich – die Wahl Josh Olins als Fotograf an den Überlegungen der Herzogin zu dieser Unternehmung», erinnert sich die *Vogue*-Chefredakteurin an das Shooting.[149] Neben dem Titelbild, das Kate als Land-Lady in Hut und Wildledermantel zeigt, brachte das Magazin eine siebenseitige Modestrecke raus, die eine moderne, bescheidene und modisch eher klassische junge Frau zeigte. Und ihren Schwiegervater Charles wird es gefreut haben, auf den Bildern war eine große Vorliebe für das Landleben zu erkennen. Im Begleitartikel wurde dann auch geschwärmt von der zukünftigen Königin, die auch in Jeans besteht: «Die Kleider, die Fashion-Direktorin Lucinda Chambers für den Tag zusammentrug, orientierten sich daran, was die Herzogin gerne trägt, wenn sie nicht im Dienst ist – Jeans, Hemden, T-Shirts. Wie wir alle.» Und offenbar war Kate ein freundliches Covergirl, so wurde zumindest von ihr geschwärmt: «Sie war den ganzen Tag über gut gelaunt und unglaublich geduldig. Die Ungezwungenheit, die sie während des Shootings zeigte ... Josh hat sie genau so festgehalten, wie sie wirklich ist – voller Leben, mit einem großartigen Sinn für Humor, rücksichtsvoll, intelligent und augenscheinlich wunderschön.»[150]

Kurzum: Sie zeigten Kate als Mädchen von nebenan – dessen Charme auch William sich nicht erwehren konnte. Wenn sich die Welt eine Prinzessin malen könnte, sie wäre vermutlich wie Kate. Denn mit ihr, mit Kate, Catherine, Kate von nebenan, konnten Millionen Frauen mitträumen. Wenn sie als Bürgerliche einen Prinzen heiraten kann, warum dann nicht auch wir? Seit Aschenputtel hat es so ein Märchen nicht mehr gegeben. Oder zumindest wird es uns so verkauft. Mag man nun Royal-Fan sein oder nicht – aber viele haben sich wohl angesichts dieses Paares schon dabei erwischt, dass sie den Traum vom modernen Märchen gern ein bisschen mitträumen. Bei der Hochzeit der beiden schien Kate wie der Beweis, dass alles möglich ist. Dass es sich lohnt, an Märchen zu glauben. Eine junge schöne Frau aus einer hart arbeitenden Familie, die auch leiden musste, die «Prinzessin in Warteschleife» genannt wurde, als «Fräulein Müßiggang» beschimpft wurde, weil sie nach Abschluss des Studiums eben nicht ganz so hart arbeitete, wie man sich das vorgestellt hatte. Und doch schaffte genau sie es, sich ihren Prinzen zu angeln.

Dabei übersah man dann auch gern, dass Kate in einem reichen Elternhaus aufgewachsen und auf Eliteschulen gegangen ist. Natürlich hat sie nicht irgendwo Tennis gespielt, sondern in einem teuren Londoner Club, ihre Eltern besaßen einen großen Familiensitz in einer hochpreisigen Wohngegend vor den Toren Londons und leisteten sich eine Wohnung im exklusiven Londoner Stadtteil Chelsea. Wenn man die rosarote Brille ein wenig zur Seite schiebt, dann war Kate sicher nie ein ganz normales

Mädchen aus einem normalen Leben, wie es so gern erzählt wird. Sie war immer schon eine höhere Tochter aus gutem Hause, und diese Frauen haben im letzten Jahrhundert typischerweise in die königliche Familie eingeheiratet. Also doch kein echtes Märchen?

Tatsächlich erinnert Kates Geschichte an die von Lady Elizabeth Bowes-Lyon, die Anfang des 20. Jahrhunderts in die Familie Windsor einheiratete und die heute besser bekannt ist als Queen Mum. Wie Kate es heute ist, galt die junge Elizabeth damals als die «Bürgerliche» und als «der frische Wind» im Hause Windsor. Weil sie eben nicht aus einem königlichen Haus stammte. So ganz bürgerlich war sie als Tochter des Grafen und der Gräfin von Strathmore dann aber auch nicht. Gemeinsam mit neun Geschwistern wuchs sie auf Glamis Castle in Schottland auf, einem der beiden weitläufigen Landsitze der Familie. Die Strathmores galten als fröhliche Großfamilie, die ihr Leben genossen, so wurde es beschrieben, und die ein freundschaftliches Verhältnis zu ihren Angestellten und Nachbarn pflegten. Robert Lacey zitiert in seiner Biographie über die Queen einen Freund der Familie: «Die Strathmores waren so beeindruckend, man realisierte nie, dass sie es überhaupt waren.»[151]

Die Rolle der Bürgerlichen war die erste, die Kate im Laufe ihrer Beziehung zu Prinz William immer wieder nachgesagt wurde, und tatsächlich funktioniert dieses Bild von ihr noch heute – wie bei dem Shooting mit der *Vogue*, Geschichten wollen eben erzählt werden. Und die Mode braucht ihre Ikonen. So wie Prinzessin Margarets Name auf ewig mit dem Modehaus Dior verbunden wird, weil sie gern Roben aus diesem Hause trug. Manche so ausladend, dass sie ein ganzes Sofa für sich brauchte, um den Fünf-Uhr-Tee zu trinken. Doch Kate prägt heute einen ganz neuen, moderneren Stil. Das Modehaus Alexander McQueen wird wohl in Gedanken bis heute Purzelbäume schlagen, wenn es den Namen Kate hört. Denn es war ihr Haus, das von der Herzogin ausgesucht wurde, ihr ein Hochzeitskleid zu entwerfen. Und dieses Kleid, das ihr die Chefdesignerin Sarah Burton auf den Leib schneiderte, beeinflusst bis heute die Brautmode überall in der Welt. Seitdem wünschen sich Frauen wieder, ganz traditionell Schleppe zu tragen zum Hochzeitskleid. Und zwar in Ausmaßen, für die man eigentlich mehrere Hände bräuchte, damit man sich in dem Berg aus langen Stoffbahnen nicht verfängt und womöglich am großen Tag der Tage auf die Nase fällt.

Für Kate war das natürlich kein Problem. Ihre Kleideraufpasser am Tag der Hochzeit waren so gut getarnt, dass sie so gut wie unsichtbar blieben. Wenn jemand etwas am Kleid richten musste, waren die Kameras zufällig gerade an anderer Stelle zugange. So geht es eben nur im Märchen zu. Mit dem V-Ausschnitt und den langen Ärmeln setzte die Designerin – oder war es Kate selbst, das wurde so genau nie verraten – einen neuen Trend. Mit diesem Kleid prägte die Designerin Sarah Burton den Look einer modernen Prinzessin – klare, einfache und zeitlose Linien, gepaart mit feinster Spitze. Und genau diesen Kate-Look ordern seitdem Bräute überall in der Welt.

Kates Mode zeigt dabei nicht aufdringlich, aber doch stetig die zwei Seiten der Monarchie. Beständigkeit und Tradition, gepaart mit Moderne. Diese Prinzessin will zeigen, dass sie alle Seiten vereint: Glanz und Zauber, Bodenständigkeit und Familie. Dies ist die Rolle, die Kate spätestens seit der Geburt ihrer drei Kinder prägt: Ehefrau und Mutter, alles mit viel Zuckerguss, ziemlich traditionell. Aber es kommt an. Kaum hat man Kate in den vergangenen Jahren ohne Charlotte und George erlebt. Ob sie nun am Rande eines Polofeldes mit ihnen um die Wette rennt oder den kleinen Prinz George bei der Hochzeit ihrer Schwester zurechtweist, weil er mal wieder Wirbelwind spielt, oder ob sie Charlotte unter den Augen Tausender Zuschauer auf dem Balkon des Buckingham Palace tröstet, weil sie sich das Kinn am Geländer angeschlagen hatte. «Meine Eltern lehrten mich, wie wichtig Qualitäten wie Güte, Respekt und Ehrlichkeit sind, und heute verstehe ich, wie zentral diese Werte in meinem Leben waren. Deshalb wollen William und ich unseren Kleinen, George und Charlotte, während sie aufwachsen, beibringen, wie wichtig diese Dinge sind. Meines Erachtens ebenso wichtig wie sich in Mathe oder Sport hervorzutun.»[152] Ja, da spricht eine liebevolle und sicherlich gute Mutter. Die sich in Mathe allerdings auch nie hervortun musste, weil es andere Möglichkeiten gab.

Die Familie ist heute wieder neu gefragt, und das leben diese jungen Royals vor wie kaum eine zweite Familie. Gemeinsam mit William ist es dabei Kates Aufgabe, einen zukünftigen Thronfolger von England zu erziehen und ihn bestmöglich vorzubereiten auf diese Rolle, die für ihn irgendwann mal ansteht. Gut behütet und heiß geliebt wird er groß, dieser kleine Prinz. Und dabei überlässt die besorgte Kate nichts dem Zufall. Das heißt, sie erzieht ihre Kinder im Sinne von Tradition und Familie: Natur ist wichtig, und deshalb kommen die kleine Prinzessin und die beiden Prinzen viel an die frische Luft. Angeblich kocht die Familie sogar gemeinsam, ganz ohne Hilfe. Natürlich alles bio, gesunde Küche ist Kate sehr wichtig, ebenso wie nachhaltige Landwirtschaft. Sportlich wie sie sollen sie auch werden, die Kids, deshalb fördert Kate schon ihre Jüngsten. George muss sicherlich keiner mehr erklären, wie man einen Hockeyschläger hält. Auch die Wahl der Kindergärten und Schulen für George und Charlotte war wohlüberlegt: George besuchte wie schon William und Harry einen Montessori-Kindergarten, allerdings einen weit weniger exklusiven. Dort wurde er, so ist es Leitlinie bei Montessori, darin gefördert, seine eigenen Interessen zu entdecken und diese weiterzuverfolgen. So hält es Kate auch zu Hause: Klar geht die kleine Charlotte längst zum Tanztraining, sie reitet und hat sogar schon erste Versuche auf dem Tennisplatz hinter sich.

Und ihr großer Bruder übt fleißig Skifahren. Die Liebe seines Vaters zum Fliegen hat offenbar auch schon abgefärbt auf George: Bei einem Besuch in Hamburg war George so von den kleinen Socken, als er einen Hubschrauber von nahem sehen durfte, dass man sich schon vorstellen kann, was da noch kommt. Ängstlich zumindest ist dieser Prinz nicht. Was die Schulausbildung des jungen Thronfolgers betrifft, gehen die beiden Eltern den in diesen Kreisen klassischen Weg: Mit der Thomas's London Day School besucht George eine exklusive Privatschule in Battersea in London, die der *Good Schools Guide* als «groß, geschäftig und ein bisschen chaotisch» beschreibt.[153] Sie biete die beste Ausbildung, die man sich für Geld kaufen kann. Neben dem Üblichen hat Prinz George an dieser Schule auch die Wahl zwischen Aktivitäten wie Ballett- und Theaterunterricht, Fechten, Töpfern, Karate, Chor, er könnte in verschiedenen Bands singen und vieles, vieles mehr. Das Motto der Schule ist schnell erklärt und hilft sicherlich auch einem Prinzen im Leben weiter: «Sei freundlich». «Von den Schülern an der Thomas's erwarten wir, freundlich und ihren Nächsten gute Freunde zu sein, stets Ausschau haltend nach denen, die eines Wortes der Ermunterung oder eines offenen Ohres bedürfen. Wir erwarten von unseren Schülern, Unterschiede nicht nur zu tolerieren, sondern sie zu feiern, dazu zählen Glaube, Werte und Kultur.»[154]

Die Werte, die dem kleinen Thronfolger an der als kosmopolitisch beschriebenen Schule vermittelt werden, reichen von

Höflichkeit, Ehrlichkeit und Respekt über Selbstsicherheit und Führungsqualitäten bis hin zu Demut und Großzügigkeit – das klingt nach einer ganzen Liste an idealen Bedingungen und viel Wichtigem in Vorbereitung auf seine Rolle. Hoffentlich hat Prinz George auch Lust, bei alledem mitzuspielen. Kommt er ein wenig nach seinem Onkel Harry, werden sie noch viel Spaß mit ihm haben. Georges kleine Schwester Charlotte besucht übrigens einen Kindergarten ganz in der Nähe des Kensington Palace, in den die Familie 2017 umgezogen ist. Ein Teil des Palastes ist Museum. Den kann man besuchen, aber im nicht einsehbaren Bereich lebt die Familie. Der ist immer noch groß genug. Die Willcocks Nursery School ist ein traditioneller englischer Kindergarten, in dem Wert auf gute Manieren und auf hohe Standards gelegt wird. Mit einer jährlichen Gebühr von über 14 000 Pfund ist er allerdings wohl nur für die wenigsten Eltern eine ernst zu nehmende Option.

Kate hat für ihre Kinder in jedem Fall ein gut abgesichertes Bildungspaket geschnürt, von dem normale Eltern wohl eher nur leise träumen dürften. Was sie sich dabei gedacht hat, klingt allerdings wie bei den meisten liebenden Müttern. «Wir hoffen, George und Charlotte zu ermuntern, offen über ihre Gefühle zu sprechen, und ihnen die Werkzeuge und die Sensibilität mitzugeben, damit sie ihre Kameraden und Freunde unterstützen, während sie älter werden», betonte Kate 2016 in einem Beitrag, den sie als Gastredakteurin für die *Huffington Post* schrieb.[155]

Nach den Jahren, in denen sie sich vorwiegend der Erziehung ihrer Kinder George und Charlotte gewidmet hatte, gab es 2016 das Jahr, das von der Presse sehr gefeiert wurde. Denn Kate setzte sich in diesem Jahr wieder mehr für die Firma ein, den Job für die Krone. Plötzlich war Kate gefühlt überall im Einsatz. Und nicht mehr nur Muttertier. Zum ersten Mal sah man sie auch mal ohne Mann und ohne Kinder. In einem kurzen Beitrag zum neunzigsten Geburtstag der Queen sprach sie über die Herausforderung, Familie und Arbeitsleben miteinander zu vereinbaren, und lobte die Queen voller Bewunderung für das, was sie so auf die Beine gestellt hat in all den Jahren: «Als Mutter und dazu noch neu in diesem Job, ist es mir unbegreiflich, wie die Queen es mit vier eigenen Kindern geschafft hat.»[156]

Es war das Jahr, in dem Kate, William und Harry ihre erste große gemeinsame Kampagne «Heads together» auf die Beine stellten, die auf die Initiative der Herzogin zurückging: «Es war der rote Faden. Psychische Gesundheit schien sich durch all die verschiedenen Bereiche zu ziehen, in denen wir arbeiten ...»[157] Zudem traten zu den Charitys, für die sich Kate als Schirmherrin einsetzte, 2016 noch einige hinzu, auch welche, die sie quasi erbte. Denn als die Queen am Ende des Jahres von einigen ihrer Ämter zurücktrat, übernahm Kate die Arbeit. Insbesondere für jene, die sich für das Wohl der Kleinsten in der Gesellschaft starkmachen. Neben den Schwerpunkten Kunst und Sport ist dieser Bereich der wohl umfangreichste, für den Kate die Werbetrommel rührt und noch vieles mehr unternimmt.

«Familie und Kinder», das ist ihr Schwerpunkt, eben nicht nur privat, sondern auch im Job für die Krone: «Mein Engagement gilt den Jüngsten und den Verletzlichsten in ihren frühen Jahren – Babys, Kleinkindern und Schulkindern – und all jene zu unterstützen, die sich um sie kümmern.»[158] Sie rückt damit in eine Lücke, die nach dem Tod Dianas lange unbesetzt blieb. Bis heute wird Diana verbunden mit einer ungezwungenen und spontanen Art, die sie im Umgang mit Kranken, aber eben auch mit Kindern hatte. Im Interview mit Martin Bashir von 1995 brach sie dann sogar ein Tabu, über das vorher in diesen Kreisen niemals öffentlich gesprochen wurde. Etwas wie eine postnatale

Depression hätte wohl vor ihr niemand zugegeben. Doch sie litt darunter nach Williams Geburt und erzählte davon, und überall auf der Welt dankten es Frauen ihr. Damals sagte sie: «Niemand traut sich, darüber zu sprechen.»[159]

Heute ist es Kate, die offen Themen anschneidet, über die vorher nur hinter den Palastmauern gesprochen wurde. So beschrieb sie sehr offen ihre ersten, nicht immer nur leichten Erfahrungen zum Thema Muttersein: «Nichts kann einen auf die schier überwältigende Erfahrung vorbereiten, was es bedeutet, Mutter zu werden. Sie ist voller komplexer Emotionen von Freude, Erschöpfung, Liebe und Sorge, die alle ineinandergreifen. Das innerste Selbst verändert sich über Nacht. Eben sah man sich noch primär als Individuum, und plötzlich ist man zuallererst Mutter.»[160]

Irgendwo da will Kate ihre Rolle finden. Zwischen Gemeinwohl und Familiensinn. Für manche mag das einfach nur spießig klingen, doch für eine Monarchie ist es die sichere Bank und ein Versprechen auf die Zukunft. Nur so kann sie überdauern. Vorbilder hat Kate ja zur Genüge.

Die Queen und auch Queen Mum schlüpften vor ihr in diese symbolische Rolle. «Mutter der Nation», das klingt nicht mehr so schick, nicht mehr nach Designerkleid und kreischenden Massen. Aber es klingt nach Beständigkeit, und das fordert man von dieser jungen Familie bei allem Glamourfaktor irgendwann ein. Großmutter der Nation stünde dann auch noch an. Diese sicherlich sehr traditionelle Rolle der Mutter und Ehefrau haben Generationen von Frauen vor Kate ausgefüllt, aber zumindest hat man bei diesen beiden, Kate und William, das Gefühl, sie wissen, was gefordert ist, und spielen gern mit. Dafür zahlen sie einen nicht geringen Preis. Wenig private Freiheit, immer geradlinig sein – das kann nicht nur leicht sein, selbst wenn man dafür morgens in einem Schloss wach werden darf mit Ausblick in den eigenen Park.

Doch Kate und William sind das, was sie sind, mit Überzeugung, so scheint es zumindest auf die Betrachter zu wirken, und das macht sie so wichtig für diese Familie und die Krone und damit zum Symbol für eine Monarchie, die es in die Zukunft schaffen will. Obwohl es Menschen gibt, auch in Großbritannien selbst, die kritische Fragen stellen nach Sinn und Kosten einer so veralteten Sache wie der Monarchie.

Doch selbst die größten Nörgler geraten angesichts dieser Bilderbuchfamilie wieder ins Schwärmen für eine alte Sache wie die Monarchie.

MIT SCHIRM UND CHARME,
ABER OHNE KRONE

Das war schon ein verrücktes Timing, oder war es viel eher geradezu perfekt? Während in Brüssel scharf über den Austritt der Briten aus der EU verhandelt wurde, schickte Großbritannien Kate, William und die Kinder als britisches Super-Ass nach Deutschland. Auf diplomatischer Mission ging es von Ost nach Süd und von Süd nach Nord, und Großbritannien sendete damit in Zeiten brüchig werdender Allianzen die schönsten Signale der Freundschaft, die es zu bieten hat: Und plötzlich fielen da wieder Sätze, die in der Krisenberichterstattung zum Brexit eher selten gehört wurden. «Als offene und demokratische Gesellschaften teilen Großbritannien und Deutschland stolz gemeinsame Werte ... Wir teilen das fundamentale Interesse an Frieden und Wachstum auf dem Kontinent Europa, zu dem wir beide gehören. Die Beziehung zwischen Großbritannien und

Deutschland ist von großer Bedeutung. Sie ist das Ergebnis einer jahrelangen und engen Zusammenarbeit. Und sie wird weiterbestehen, trotz Britanniens kürzlicher Entscheidung, aus der Europäischen Union auszutreten. Ich bin zuversichtlich, dass wir die besten Freunde bleiben.»[161]

Um solche Appelle ins Land zu tragen, waren William und Kate auf Tour. Wobei sie angeblich nicht als Kriseninterventionsteam da waren, offiziell fand diese Reise einfach nur statt, damit man sich mal wieder sagen konnte, wie gern man sich doch hat. Brexit hin oder her. Aber es funktionierte auch ohne große Erklärungen. Denn auch wenn sich in Berlin, Heidelberg und Hamburg die wartenden Journalisten vor der Ankunft des Paares heißredeten über Brexit und Signale dieser Reise, verhallten die Worte schnell im großen Jubel um das Paar. Und plötzlich sprachen auch gestandende Nachrichten-Journalisten mit Leidenschaft über Kleiderfarben und Hüte – darf bei aller Ernsthaftigkeit vielleicht auch mal sein.

Hamburg war der Abschluss dieser symbolträchtigen Reise durch Deutschland mit dem Besuch und anschließendem Konzert in der Elbphilharmonie – Hamburgs ganzer Stolz. Schließlich können die dort Gebäude zu Ende bauen und in der Hauptstadt, siehe Flughafen BER, nicht. Nach dieser Reise war klar, sie war Teil einer groß angelegten Charmeoffensive in Europa, die William und Kate gemeinsam mit ihren Kindern auf Bitten des britischen Außenministeriums übernommen hatten.

Und die Idee ging auf, auch anderswo. Frankreich, Polen, Deutschland, Belgien und Finnland bereisten Kate und William im Laufe des Jahres. Und überall hallten neben viel Jubel und Begeisterung auch große Worte über Großbritannien nach. Also: Reise aufgegangen – die royalen Botschafter waren auf ihrer Auslandsreise erfolgreich. Aber überhaupt wurde 2017 zum Jahr der großen Aufgaben für Kate und William. Nach zwei Jahren als Rettungspilot bei der East Anglian Air Ambulance kündigte William seinen Job. Statt seinem liebsten Hobby, dem Fliegen, weiter nachzugehen, kündigte er an, sich jetzt Vollzeit als Royal zu engagieren. Zum Ende gab es noch ein paar sentimentale Worte, und dann war Schluss: «Nun, da ich meine Fliegerkluft an den Nagel hänge, bin ich stolz, mit einem so unglaublichen Team zusammengearbeitet zu haben, das Tag für Tag in der Region Leben rettet.»[162] Höchste Eisenbahn war dieser Schritt, schrieben dazu einige kritische britische Medien, die ihm unterstellten, dass er wohl lieber eine Karriere als Pilot bei der Royal Air Force machen wolle als den Job für die Krone. Dass der aktuell gar nicht frei ist, schrieben sie nicht. Stattdessen fielen Sätze wie «The Reluctant Prince», der widerwillige Prinz, oder «William the Last», William der Letzte. Nicht sehr nett.

Wobei die Kritiker zumindest in diesem einen Punkt recht hatten, weil William ja wirklich der Letzte in der Reihe ist (Klein George nicht mitgezählt). Erst ist da die Queen: Gut, sie ist über neunzig und damit nicht mehr die Jüngste, und doch hält sie sich bekanntlich eisern in diesem Job. Und wenn es so wird, wie in der Familie unter den Frauen üblich, dann bleibt sie da auch noch eine Weile. Und wenn, dann ist ja Prinz Charles endlich mal dran. Lang genug geübt hat er ja. Und erst danach, und wirklich erst danach, kommt William. Trotzdem gab es Kritik an Williams angeblich mangelndem Fleiß für die Krone. Dabei hatte er über die Jahre immer wieder betont, dass er sich nicht drücken wolle und trotzdem eben seinen Beruf als Lebensretter liebe. «Die königliche Familie engagiert sich überall im Land, und ich hoffe, dass ich weiterhin meinen Teil dazu beitragen, aber daneben etwas tun kann, das ich für unglaublich wichtig halte ...»

Bis 2017 hatte William mehrere Jahre lang jongliert mit den Dingen, die ihm wichtig sind, und es war nicht immer einfach gewesen. Treusorgender Papa wollte er sein, Pilot und trotzdem immer noch im Dienste der Krone stehen – jeder weiß, ohne Akrobat zu sein, ab einer gewissen Menge an Bällen wird es mit dem Jonglieren schwieriger. Als Prinz Philip dann verkündete, er werde sich in die Rente verabschieden und nicht mehr zwei Schritte hinter seiner Frau hermarschieren, war klar, es wartet Arbeit. Und so ein Philip geht nach all den Ehejahren dann eben doch nicht allein. Die Queen reagierte auf die Ansage ihres Ehemanns und kündigte kurz darauf an, in Zukunft auch mehr und mehr Geschäfte abgeben zu wollen. Noch mehr Arbeit für die nächsten Generationen. Da kam William mit seinen drei Bällen in der Luft ins Straucheln und gab klein bei. Es war nicht zu schaffen, und die Zukunft für William ist eben längst geschrieben. Flugleidenschaft und Papa-Pflichten hin oder her. Und wie man diesen Job vorbildlich antritt, das hatte er ja von klein auf miterlebt bei der weltberühmten Oma. Ganz offensichtlich hat das Spuren hinterlassen bei dem jungen William, der voller Bewunderung von der Queen spricht: «Meine Großmutter hat einen ausgezeichneten Job gemacht bei der Führung des Landes – ihre Weitsicht, ihr Pflichtbewusstsein, ihre Loyalität, ihre Beständigkeit, darin war und ist sie unerschütterlich.»[163]

Von den Besten lernen ist aber sicherlich nicht immer nur leicht, kann man sich vorstellen. In großen Schuhen läuft es sich eben schwieriger. Denn selbst wenn die Queen ihre Krisenzeiten hatte, so hat sie doch die vielen Jahre plus auf ihrer Seite. Eine Königin, deren Regentschaft seit über einem halben Jahrhundert andauert, mit der gefühlt jeder in Großbritannien aufgewachsen ist – das ist Vorbild und schweres Erbe zugleich. Auf diese Erfahrungen und die seines Vaters wird William zurückgreifen können und müssen. «Ohne die älteren Mitglieder der Familie, die schon alles erlebt haben, wäre der jugendliche Haufen nicht relevant. Man braucht diese Ausgeglichenheit und die Erfahrung. Es ist wie in einem Rugby-Team. Wenn man die Mannschaft für eine Weltmeisterschaft zusammenstellt, wählt man Erfahrung und Jugend. Alles läuft besser mit dieser Ausgewogenheit und dieser Mischung. Und ich denke, das gilt auch für die Monarchie.»[164]

Heute wirkt die Queen nach all den Jahren als Königin unerschütterlich. Das hat sie sich mit viel Disziplin und eisernem Lächeln unter bunten Hüten erarbeitet. Eben auch mal in Situationen, in denen es weiß Gott nichts zu lachen gab. Diesen im besten Sinne «Sturschädel» scheint auch William geerbt zu haben. Der sich heute nicht mehr als stur bezeichnet, sondern als meinungsstark, so kann man es auch nennen. Mit seinen sechsunddreißig Jahren hat er ziemlich klare Vorstellungen davon, wo er mal hinmöchte, und er hat dabei keine Angst, eine alte Sache wie die Monarchie dafür etwas umzukrempeln: «Es geht darum, mit gutem Beispiel voranzugehen. Es geht darum, seine Pflicht zu erfüllen, wie sie [die Queen] es ausdrücken würde. Es geht darum, die eigene Position für das Gute zu nutzen. Es geht darum, dem Land zu dienen – das ist der Kern von alledem.»[165]

Um den guten Charakter in diesem Job, wirklich Veränderndes zu tun – darum geht es ganz offensichtlich dieser jungen Generation von Royals, zumindest bekunden sie das immer wieder. Dafür sind sie auch bereit, mit Gesicht und Charme ins Feld zu ziehen. Um damit nicht nur die sozialen Netzwerke zu erobern. Kaum eine Kampagne hat in Großbritannien für derartiges Aufsehen gesorgt wie «Heads Together». Das Ziel war es, eine landesweite Debatte über psychische Krankheiten anzustoßen, um so mit Vorurteilen und dem Stigma aufzuräumen, das immer noch mit solchen Erkrankungen verbunden wird. Dass dabei die jungen Royals gemeinsam an einem Strang ziehen, war eine Premiere und ziemlich einmalig, so sahen sie es selbst. «Es ist wirklich ein bisschen so etwas wie ein Experiment. Die königliche Familie tut so etwas üblicherweise nicht, drei Mitglieder der Familie, die den Fokus gemeinsam auf ein Thema lenken. Normalerweise laufen die Dinge recht unzusammenhängend, wir folgen unseren eigenen Interessen und sehen, wohin es sich entwickelt, aber wir fragten uns, wenn wir sie nun verbinden würden und einen fokussierten Ansatz hätten, würde das funktionieren? Wir wollten austesten, welchen Effekt wir haben können.»[166]

Und der Effekt war verblüffend. Studien, die während der Kampagne in Auftrag gegeben wurden, belegen, dass die Zahl der Menschen, die über psychische Probleme sprechen, zugenommen hat, vor allem mehr Männer suchen sich mehr Hilfe, und die beteiligten Charitys verzeichneten einen explosionsartigen Anstieg von Interessenten. Die jungen Royals waren dabei die Zugpferde. Erstmals hörte man Prinzen über psychische Probleme sprechen und die Herausforderungen, mit denen sie in ihrem Leben zu kämpfen hatten.

William und Harry sprachen zum ersten Mal darüber, wie es damals für sie war, als ihre Mutter starb und sie mit all ihrem Kummer in der Öffentlichkeit bestehen mussten. Harry gab zu, dass er eine Therapie gemacht hatte und jahrelang unter psychischen Problemen litt. Unter #okaytosay veröffentlichte die Foundation Anfang 2017 ein Gespräch zwischen Prinz William und Lady Gaga, das bis heute über neunzehn Millionen Menschen angeklickt haben. Gemeinsam holten William, Kate und Harry Schauspieler und Musiker vor Kameras, die in Interviews über ihre Erfahrungen mit psychischen Problemen sprachen, und im Laufe der Kampagne teilten unzählige Menschen ihre Geschichte unter dem Hashtag. 2017 erreichten sie, dass der London Marathon dank «Heads Together» unter dem Motto Mental Health, also psychische Gesundheit, stand, Zehntausende liefen zu diesem Motto durch die Stadt. Das Event sorgte für breite Aufmerksamkeit und Publicity für das Thema in der britischen Gesellschaft. Der Wunsch, dass es normaler wird, über Sorgen, Schwächen und Ängste zu sprechen, scheint in Großbritannien auf Resonanz zu stoßen. Auch dank des mutigen Einsatzes der jungen Royals.

Kate, Meghan, William und Harry waren dafür sogar bereit, eigene Defizite und Probleme in den Mittelpunkt zu stellen und sich so einer breiten Öffentlichkeit auszusetzen. Ein mutiger und neuer Ansatz im britischen Königshaus. Der sicherlich auch Risiken birgt. Wer viel gibt, macht sich angreifbar. Umso bemerkenswerter ist die Arbeit der vier.

Sicher ist, das ist erst der Anfang. In den nächsten Jahren werden wir mehr von William und dem gesamten jungen «Team Windsor» sehen und hören. William wird dabei sicherlich eine entscheidende Rolle spielen. Das wird die Monarchie, wie sie heute besteht, verändern. Die Anfänge sind schon gemacht. Prinz William ist mit seinen guten Beliebtheitswerten dabei ein starkes Zugpferd. Wenn es nach so manchen Briten ginge, dann würde er längst König werden, und zwar gern schnell. Dass er dann manches anders machen möchte und vielleicht sogar muss, ist ihm dabei längst klar. «Ich denke, die königliche Familie muss sich weiterentwickeln und modernisieren, und sie muss relevant bleiben, und das ist die Herausforderung für mich.»[167] Er will ein moderner Prinz sein und irgendwann mal König, der die Ärmel hochkrempelt, anpackt und dem auch mal die Business-Class ausreicht, um zu offiziellen Terminen zu fliegen.

Dabei ist es auch kein Problem, wenn mal jemand seinen Titel weglässt und einfach William ruft.

Möglicherweise wird die Zukunft im Schloss weit weniger formell zugehen als heute. In einer Welt, in der alternative Energien gefragt sind und Autos mit Ökostrom fahren, muss sich auch ein Monarch Umweltfragen stellen. Und möglicherweise in Zukunft einmal weniger den Bentley nehmen und den Hofstaat zu Hause lassen. Ein Revoluzzer ist William sicher nicht, kein Weltveränderer mit Brechstange, eher ein bedachter, softer Reformer. Das ist es wahrscheinlich auch, was die Menschen in ihm sehen und mögen. Er verändert, aber ohne großes Risiko.

Anders als Prinz Charles, den einige Briten wegen seiner Meinungsstärke manchmal geradezu fürchten. Denn eines wird in diesem Job nicht erwartet: zu viel Meinung. Auch wenn sich so mancher Europäer vielleicht eine klare Haltung zum Thema Brexit von den Royals gewünscht hätte. Aber in diesem Berufsfeld ist Schweigen immer noch Gold. Eine Disziplin, die William bislang beherrscht in Extraklasse. Mit ihm steht im Zentrum der Monarchie wieder das gute Bild der heilen Familie – mit all den bürgerlichen Werten und schönen Fotos, die dazugehören. Der Balanceakt zwischen Tradition, alten, möglicherweise auch angestaubten Werten und der Erneuerung – das wird die große Herausforderung für William. Vielleicht irgendwann seine große Chance.

KAPITEL 5

DIRTY HARRY –
DIE ROYALE ALLZWECKWAFFE

Auf die Frage, mit welchem Prinz aus dem britischen Königshaus man den meisten Spaß haben könnte, gibt es im Grunde nur eine Antwort. Zugegeben, bei Kostümfesten hat er ein ungünstiges Händchen bewiesen, er tanzt selbst bei offiziellen Anlässen gern mal aus der Reihe, er spricht auch, ohne nachzudenken, spielte schon nackt Billard, hat eine Vorliebe für alles Militärische und ist seit diesem Jahr auch noch fest vergeben. Aber sonst gibt es viele Argumente, Prinz Harry als den Zugewinn für die royale Familie zu sehen. Selbst wenn er in der royalen Hitliste, also der klassischen Thronfolge, mittlerweile das Schlusslicht in der Familie abgibt.

Sie lagen unter dem Tisch vor Lachen, als die Nacktfotos von Prinz Harry im Internet die Runde machten. Dass er sich das getraut hatte, in einem Hotelzimmer – oh Mann! – der Prinz nackt, auch noch Billard spielend. Irgendwie typisch Prinz Harry, hatte einer der Jungs von der Basis gesagt und sich grinsend durch die Bilder geklickt, die Prinz Harry schamlos von oben bis unten zeigten.

Daneben ein ebenfalls halbnacktes Mädchen, das sich offensichtlich gern verstecken wollte. Harry war das nicht gelungen. Vegas! Ja, Leute! Natürlich überschlugen sich die Klatschblätter zu Hause und übertrumpften sich mit schmissigen Schlagzeilen: «Harry schnappt sich die Kronjuwelen»; «Nackte Tatsachen, Nachtclubs und Nazi-Kostüm: Ein Jahrzehnt Skandale mit Prinz Harry».[168] Als er sich dann später allein durch seinen Facebook-Feed gescrollt hatte, war er über einen Post gestolpert, den er gar nicht fassen konnte. Waren das seine Jungs? Nee? Zwischen den Zelten in ihrer Basis in Afghanistan standen sie. Aber wie? Alle nackt. Na ja, fast nackt. Socken, Sandalen, Flip-Flops – die Schuhe hatten sie angelassen, denn der Sand war verdammt heiß. Nicht zu fassen. Und da stand auch noch etwas. «Unterstützt Harry mit einem nackten Salut!» Er schüttelte den Kopf, was für eine alberne Aktion. Aber eigentlich irgendwie auch verdammt cool. Er ärgerte sich, dass er es nicht mitbekommen hatte ...

Im August 2012 veröffentlichte die Website *TMZ* blanke Tatsachen – Prinz Harrys hüllenlose Ansichten. In Zimmer 2401 des noblen Wynn Encore Hotels war Harry einer der Ersten, der in dieser Nacht bei einer Runde Strip-Billard freudig die Hosen runterließ – das Ergebnis ließ sich sehen.

Die krisseligen Bilder, die offensichtlich mit einer Handykamera entstanden waren, verbreiteten sich rasend schnell im Netz, und innerhalb weniger Stunden war die Welt informiert über Harrys Ausflug in das Hotelzimmer und den Nackedei-Ausgang. Für ein paar Stunden war Prinz Harry das meistgefragte Motiv in den sozialen Netzwerken – für den Hoteleigner Mr. Wynn war es die Werbung seines Lebens.

Nur auf der Insel hielt sich die Presse äußerst widerwillig zurück. Die königliche Familie hatte die Notbremse gezogen und die Juristen in die Spur geschickt, die mit Nachdruck freundlich und bestimmt erklärten, dass die Veröffentlichung im Internet ein Eindringen in die Privatsphäre des Prinzen gewesen sei, an Veröffentlichung also nicht mal zu denken sei. Denn das hätte wiederum einen Bruch der Absprachen bedeutet, die es inzwischen ja zwischen Presse und der royalen Familie gab, unterstützt vonseiten der Politik. Daraufhin entwickelten über Nacht mehrere Redakteure einen gesteigerten Sinn für Kreativität. Und am nächsten Morgen sahen die Briten zwar nicht Prinz Harry auf dem Cover der *Sun*, aber einen nackten Redakteur mit demselben Namen, in einer auffallend ähnlichen Pose wie Prinz Harry und ebenso wenig bekleidet. Andere Zeitungen waren vorsichtiger und druckten zurückhaltend ganzseitige Bilder des Prinzen, aber eben nur oberkörperfrei. Den Rest mussten die Überschriften richten: «Harrys Nackt-Geschmuse», schrieb der *Mirror*, die *Daily Mail*: «Palast in Rage über Harrys Nacktfotos».[169] Trotzdem waren die Redakteure der *Sun* verärgert – die besten Bilder druckten schließlich immer noch die anderen außerhalb Englands. Zwei Tage später war es dann auch bei ihnen vorbei mit der Geduld, und die *Sun* druckte entgegen jeder Warnung des Palasts die echten Nacktfotos von Prinz Harry.

Was dann geschah, war verblüffend und für viele sicher unerwartet. Innerhalb weniger Tage gingen bei der Beschwerdestelle für Pressefragen in Großbritannien über 3000 Beschwerden über die Veröffentlichung der Fotografien ein, viele beanstandeten, dass auch ein Prinz ein Recht habe auf Privatsphäre. Prominente sprangen dem Prinzen bei. Lady Gaga twitterte: «HEILIGE MUTTER HARRY SIEHT FIT AUS. Hoffentlich ist deshalb niemand wütend auf ihn, ich bin es mit Sicherheit nicht #RoyalsArePeopleToo». Auf Facebook gründete Jordan Wylie, ehemaliger Soldat, Schriftsteller und Unternehmer, eine

Gruppe mit dem Titel: «Unterstützt Harry mit einem nackten Salut», und sagte: «Es war abscheulich, dass Harry für seine Mätzchen in Las Vegas kritisiert wurde, er ist doch nur einer der Jungs. Er mag ein Royal sein, aber er ist auch ein hart arbeitender Apache-Hubschrauber-Pilot, der ein bisschen Spaß haben möchte.»[170] Über 14 000 Soldaten oder deren Freundinnen folgten seinem Aufruf und unterstützten ihren Kameraden mit Nacktbildern, auf denen sie salutieren und ihre Genitalien mit den absonderlichsten Gegenständen bedeckten.

Nicht ganz so amused war wohl die Queen über Harrys Präsentation der Kronjuwelen. Wer kann ihr das verübeln. Mit über neunzig und diesem Amt im Rücken kann man solche Bilder mindestens ungünstig finden. Harry soll sich später einen saftigen Rüffel abgeholt haben. Ein solches Verhalten konnte die Queen selbst bei ihrem geliebten Enkel Harry nicht dulden, der bald auch noch zu einem zweiten Einsatz nach Afghanistan aufbrechen sollte. Passiert ist nach dem Anpfiff der Queen möglicherweise wirklich was bei Harry. Er blieb nämlich brav und ist es seitdem bis heute.

Die Bilder des nackten Party-Prinzen fielen in eine Zeit hinein, in der die Royals so hohe Beliebtheitswerte einfuhren wie nie zuvor. 2012 war für die Briten und die königliche Familie das Partyjahr gewesen. Die Queen feierte mit ihrem Diamond Jubilee ihr sechzigstes Thronjubiläum. Kurz davor hatte die Queen bewiesen, dass sie Humor versteht und die Telefonnummer von James Bond kennt. Die Eröffnung der Olympischen Sommerspiele wurde zu ihrem großen Coup. Ein Auftritt, mit dem keiner je gerechnet hatte. Mitten in der großen Eröffnungsfeier lief plötzlich James Bond über die großen Leinwände im Stadion, und man sah den Agenten Ihrer Majestät 007 im Buckingham Palace eintreffen, begleitet von zwei Corgies schritt er den weiten Flur entlang. Ein Diener öffnete ihm die Tür zu einem Arbeitszimmer, in dem 007 die Queen – natürlich an ihrem Schreibtisch – antraf. Gelassen beendete sie ihre Arbeit, stand auf und begrüßte den Agenten im Vorbeigehen mit «Good evening, Mr. Bond», während ein kleines Lächeln über ihre Lippen huschte. Gemeinsam stiegen beide wenige Augenblicke später in einen Helikopter und hoben ab in den Himmel über London. Etwa zur gleichen Zeit hörten die Besucher im Olympischen Stadion das Geräusch eines Hubschraubers, und es schien, als ob die Queen selbst aus dem Heli springen würde. Tatsächlich war es eine Stuntfrau, die nur ein identisches Kleid trug. Die echte Queen traf währenddessen im Stadion ein und nahm unauffällig auf ihrem Sitz Platz. Das Publikum feierte diesen Moment. Es war der wohl ungewöhnlichste Auftritt, den je eine Königin hingelegt hatte. Das Video wurde bei YouTube bis heute siebzehn Millionen Mal angeklickt – wer noch Zweifel hatte, ob diese Queen mit der Zeit gehen könne, der schwieg nach diesem Auftritt. Die königliche Familie war ganz offensichtlich im Zeitalter der neuen Medien angekommen. Vorneweg eine ziemlich coole Queen.

Darüber hinaus hatte Harry die Queen Anfang des Jahres auf einer Tour durch die Karibik vertreten – und das zum ersten Mal. Diese Aufgabe hatte er mit so viel Charme gemeistert, dass sich viele fragten, wo ist denn der alte Harry geblieben? Wird er etwa erwachsen? Er tanzte sich so gekonnt durch Belize, die Bahamas, Jamaika und Brasilien, dass er nur Begeisterung erntete. Auch aufgrund dieser Reise, wirkte die Las-Vegas-Tour inklusive Erinnerungsfotos wie ein Rückfall in die wilden Jahre des Prinzen, die ihm so zweifelhafte Spitznamen eingebracht hatten wie «Dirty Harry» oder «Party-Prinz». Während sein Bruder im Jahr zuvor bewies, dass er genau wusste, wie das ganz große Traumkino funktionierte, indem er seine Freundin Kate Middleton heiratete. Harry war in dieser Zeit immer noch solo unterwegs und schien es, in diesem Alter ja nicht so ganz ungewöhnlich, in vollen Zügen zu genießen. Warum auch nicht, wenn du ein Prinz bist und nebenbei einer der heißgehandelten Singles in Europa. Aber womöglich hat er sich nach Vegas dann doch gefragt, ob es so weitergehen konnte. Und was den Menschen später zu ihm einfallen sollte, «Playboy-Prinz» oder doch etwas anderes?

PARTYS, DROGEN, NAZIKOSTÜM

2005 schmiss Richard Meade, ein ehemaliger Olympiasieger im Vielseitigkeitsreiten, eine Kostümparty zum zweiundzwanzigsten Geburtstag seines Sohnes. Das Thema lautete, auch schon speziell: Kolonialzeit und Eingeborene. Dem Vater des Geburtstagskindes wurde ein Händchen für besonders ausgefallene Motto-Partys nachgesagt, und als die Einladungen in etwa 250 Briefkästen flatterten, stürmte die Crème de la Crème der britischen Upper-Class in die Kostümverleihe. An besagtem Abend trudelte diese bunte Runde in Wiltshire ein: allesamt Abkömmlinge des britischen Geldadels, verkleidet in Safari-Anzügen, Töchter und Söhne der Sport-Elite mit indianischem Federschmuck, ein paar blaublütige um die zwanzig waren auch dabei, einige in Bauchtänzerinnenkostümen. Unter diese fröhliche Runde mischten sich auch zwei royale Kostümierte. Prinz William, damals auch regelmäßig in Partylaune, hatte sich offenbar kurzfristig für einen Auftritt als Wildkatze entschieden und kombinierte schwarze Strumpfhosen mit Leo-Print-Muster. Doch es war nicht sein Kostüm, das später auf der Titelseite der *Sun* landete und kurz darauf um die Welt ging. Es war Harrys. Und neben dem Bild standen in großen schwarzen Buchstaben nur drei Worte: Harry. Der. Nazi.

Der Prinz trug eine Uniform des Deutschen Afrikakorps, und er kombinierte sie mit einer Hakenkreuzbinde. Um das Bild und die Ignoranz, die daraus sprach, abzurunden, hielt er in der einen Hand eine Zigarette und in der anderen einen Drink. Das Foto wurde zum Albtraum für die Pressereferenten von Prinz Charles, zumal der Zeitpunkt nicht schlechter hätte sein können, die Geschichte erschien zwei Wochen vor dem sechzigsten Jahrestag der Befreiung von Auschwitz. Prinz Edward, Harrys Onkel, sollte die Queen auf einer Gedenkfeier vor Ort vertreten, sie selbst hatte Auschwitz-Überlebende zu einem Empfang in den St. James's Palace eingeladen – es war ein denkbar schlechter Zeitpunkt für einen von Harrys Aussetzern, und er schadete mit seinem Verhalten nicht nur sich selbst, sondern auch der Institution.

Clarence House betrieb mit viel Mühe und so gut es eben ging Schadensbegrenzung und veröffentlichte eine Entschuldigung von Prinz Harry. «Es tut mir sehr leid, wenn ich irgendjemanden verärgert oder beschämt habe. Es war eine schlechte Kostümwahl, und ich entschuldige mich.» Aber es war längst zu spät. Internationale Zeitungen sprangen auf den Zug mit auf. In Deutschland empörte sich die *Bild* und titelte: «Nazi-Harry. Was hätte Diana nur dazu gesagt?» Die französische *Le Monde* zog einen Vergleich zu Harrys Großonkel, König Edward VIII., der Verbindungen zu hochrangigen Nazis gepflegt hatte und für seine zuweilen rassistischen Ansichten bekannt gewesen war. In Großbritannien zeigten sich ehemalige Mitarbeiter der Queen und Vertreter der jüdischen Gemeinschaft empört über den Vorfall. Dickie Arbiter, ein bekannter Fernseh- und Radiomoderator, vormals Pressesprecher der Queen, forderte Harry zu einer öffentlichen Entschuldigung auf: «Wenn er will, dass man ihn als Erwachsenen wahrnimmt, muss er sich auch wie einer verhalten.»[171] Der Vorfall habe die Mitglieder der jüdischen Gemeinschaft beleidigt, mahnte Rabbi Jonathan Sacks.[172] Harry war gerade aus Argentinien zurückgekehrt und stand kurz davor, mit seiner Ausbildung an der Royal Military Academy in Sandhurst zu beginnen. Stimmen wurden lauter, Harry sei ungeeignet für den Militärdienst, und dass jeder andere, der sich so aufführte, vom Dienst ausgeschlossen würde.

Dass Harry gern mal feiern geht und dann auch mal Anstand und Alkoholpegel vergaß, das war 2005 längst kein Geheimnis mehr. Schon gegen Ende seiner Schulzeit erschienen fast Monat für Monat neue Party-Berichte über Harry. Noch bevor der Deal mit dem Pressebüro von Prinz Charles am Ende von Harrys Zeit in Eton auslief, der den Schutz der Privatsphäre der Jungen beinhaltete, hielt es die Presse nicht mehr aus. Zu oft war Harry betrunken irgendwo gesichtet worden, trotzdem hatten die Fotografen kompromittierendes Material wegen des Deals nicht gedruckt. Aber dann war Ende. «Harrys Drogenschande» titelte die *News of the World* und berichtete, dass Harry regelmäßig an der «Tüte» hinge und Cannabis rauchte. Fortan war die Aufteilung gemacht, Prinz Harry war der Bad Boy und William der Saubermann – obwohl auch der nicht ohne Fehler war.

Aber die konnte man dank Harry eher übersehen. Oder William hatte den Rat seiner Mutter einfach noch besser im Ohr: «Sei so frech, wie du willst, aber lass dich nicht dabei erwischen.»

Als die Zeitungen erst mal begonnen hatten, rissen die Nachrichten über Harrys wilde Party-Exzesse nicht mehr ab. In seinen Ferien, schrieben die Zeitungen, feiere der Prinz wilde Techno-Partys im Keller von Highgrove. «Club H», wie Harry und William den Keller getauft hätten, soll mit einem beachtlichen

Soundsystem und einer unerschöpflichen Minibar ausgestattet gewesen sein, und Prinz Charles mag oft beide Augen oder eher Ohren zugedrückt haben, wenn es dort unten mal wieder zur Sache ging. Wie so viele Teenager in seinem Alter experimentierte Harry mit Drogen, betrank sich bis zur Besinnungslosigkeit und feierte die Nächte in den Pubs rund um Highgrove durch – aber im Gegensatz zu seinen Freunden wachte er am nächsten Tag nicht nur mit einem schweren Kater auf, sondern auch mit den Schlagzeilen in der Presse. Lange hatten ihm die Briten verziehen. Die meisten sahen in Harry einen Teenager, der seine Grenzen austestete und damit offensichtlich so seine Probleme hatte. Doch Harry war eben kein ganz normaler Teenager. Er war nicht in einem Teeniezimmer mit Postern an der Wand aufgewachsen, sondern in Palästen mit Ölbildern seiner Ahnen. Er hatte mit nur zwölf Jahren seine Mutter bei einem Autounfall verloren und durfte danach nicht leise traurig sein, sondern musste unter den neugierigen Blicken Tausender hinter dem Sarg herlaufen, und selbst Jahre später hörten die immer neuen Enthüllungen über seine Mutter nicht auf. Daneben war er immer die Nummer zwei. Der Zweitgeborene des Thronfolgers, William die Nummer eins. Erst nach seinem Vater und seinem Bruder stand er in der britischen Thronfolge. Das juckte ihn nie, sagt er bis heute. Stattdessen genoss er die Privilegien dieser Position. Im Gegensatz zu William, der irgendwann mal König werden wird und auf dessen Schultern all diese Verantwortung liegt, musste er kaum welche übernehmen.

Die Jobbeschreibung zu seiner zukünftigen Rolle als Royal, die hat Harry sich erst später und ganz allein geschrieben. Aber damals fiel sein Verhalten natürlich auch auf die Familie und die Institution zurück, und die Zeitungen beschrieben Harry als einen reichen, verzogenen Bengel, der nichts Besseres mit seiner privilegierten Position anzufangen wusste, als seine Zeit mit anderen gelangweilten Jugendlichen zu vergeuden, Drogen zu nehmen und seine Nase zwischen die Brüste einer Stripperin zu stecken. Nach dem Vorfall auf der Kostümparty war es Charles Kennedy, damals Vorsitzender der britischen Liberal Democrats, der die Situation immer noch mit einem Augenzwinkern, aber doch mit einer Warnung verbunden so beschrieb: «In diesem Land existiert ein großer Vorrat an Wohlwollen für Prinz William und Prinz Harry, aber er muss sich bewusst werden, dass er nicht unerschöpflich ist.»[173]

HARRY DER SOLDAT

Aber Harry zeigte es seinen Kritikern und begann 2005, mit einem Bügelbrett bewaffnet und einigen persönlichen Habseligkeiten und Papa Charles im Schlepptau, seine Ausbildung in Sandhurst. Prinz Charles lieferte seinen Sohn höchstpersönlich in Camberley, Surrey ab und versetzte ihm zum Abschied einen freundschaftlichen Stoß gegen den Arm. Möglicherweise wollte hier ein besorgter Papa sagen: Bitte nimm die Chance ernst. Und tatsächlich, ab diesem Moment, als Harry den Fuß über die Schwelle setzte, war er nur noch einer unter vielen Anwärtern, die an dem vierundvierzigwöchigen Grundkurs für die Ausbildung zum Offizier teilnahmen. Und es tat ihm gut.

Der Kurs ist nichts für zarte Gemüter. Gerade die ersten fünf Wochen sind fordernd, für Körper und Psyche. Und ein Großteil der Anwärter wird schon dort frühzeitig ausgesiebt, wer dem Druck nicht standhalten kann oder als ungeeignet gilt, der fliegt. Nicht für jeden klingt das wie eine Werbung: «Wir sagen hier, dass viele der Kadetten, die hier auftauchen, daran gewöhnt sind, vier Stunden am Tag zu arbeiten und zwanzig zu schlafen, und unser Ziel ist es, diese Taktung umzukehren.»[174] Es ist nicht ungewöhnlich, dass die Tage eines Sandhurst-Kadetten mit einer Inspektion der Stube beginnen, auf die zur Strafe für ein nachlässig gespanntes Bettlaken oder nicht zur Zufriedenheit auf Hochglanz polierte Schuhe endlose Liegestütze für die gesamte Einheit folgen. Alles andere als ein Spaß. Wer den vierundzwanzig-Stunden-Marsch durch die Black Mountains mit nicht weniger als dreißig Kilo Gepäck auf dem Rücken übersteht, der scheitert vielleicht daran, tagelang bei Wind und Wetter durch die Wälder zu robben und sich an Seilen über schlammige Gräben zu schwingen – wie gesagt, es ist nichts für Zartbesaitete, aber für Harry war es genau das Richtige. Bei einem Interview anlässlich seines einundzwanzigsten Geburtstags gestand der Prinz, dass die ersten fünf Wochen hart gewesen seien, ein ziemlicher «Systemschock», das zeigte aber auch, dass es seine eigene Entscheidung gewesen war, in die Armee einzutreten. Ein Faible für Tarnfarben hatte er schon früh.

1993 nahm Diana ihn mit zu einem nahe Hannover stationierten Regiment, wo er in einer eigens für ihn angefertigten Uniform, einem Klecks Tarnfarbe auf der Nase und einem viel zu großen Helm auf den roten Haaren in einem Panzer mitfahren durfte – und so breit, wie er da vor sich hin lächelte, schien bei dem Achtjährigen schon damals ein Schalter umgelegt. Dreizehn Jahre später machte er das noch deutlicher: «Ich wäre nicht in die Army eingetreten, wenn ich nicht dächte, dass ich auch kämpfen würde, so einfach ist das ... Auf keinen Fall möchte ich, dass meine Soldaten in den Irak geschickt werden oder sonst wohin und ich zu Hause bleiben muss ...»[175]

Harry, der sonst vor allem für seine nächtlichen Ausrutscher bekannt war, hängte sich jetzt rein, und die Armee half dem

Prinzen ganz offensichtlich, seine Richtung zu finden, schrieb auch die Biographin Penny Junor über den Prinzen. «Die Army brachte den Mann in ihm zum Vorschein. Der Mann war da, er brauchte nur etwas Zeit, um geformt zu werden und zu reifen … und wie wir wissen, liebte er es, weil er einer der Jungs sein konnte, weil er ‹normal› sein konnte.»[176]

Und Harry kam durch. 2006 schloss er den Kurs gemeinsam mit 219 Kameraden ab. Es gab eine große Parade, und die Queen persönlich kam vorbei. Als sie die Reihen der Absolventen abschritt, legte sie einen kurzen Zwischenstopp vor ihrem Enkel ein, und was auch immer sie in diesem Moment gesagt hat, blieb geheim, schien aber den Prinzen stolz zu machen. Er lief rot an wie eine Strauchtomate und strahlte bis über seine beiden abstehenden Ohren. In einer Dokumentation zum neunzigsten Geburtstag der Queen sagte ihr Enkel, und das zeigt, wie die Dinge so aufgestellt sind zwischen diesen beiden: «Für mich ist sie immer noch mehr die Queen als meine Großmutter. Man hat diesen riesigen Respekt vor seiner Chefin, und ich sehe sie als meine Chefin, und manchmal als Großmutter.»[177] Es war das erste Mal seit fünfzehn Jahren, dass die Queen die Parade abnahm, und in ihrer Rede sagte sie: «Dieser Tag markiert den Anfang einer, wie ich hoffe, höchst erfolgreichen Karriere.»[178] Wie so oft sollte Harrys Großmutter recht behalten.

WIE HARRY LERNT STRAMMZUSTEHEN

«Sie nennen ihn Harry, den Helden!» Es war ein Donnerstag im Februar, an dem *die* Story ans Tageslicht kam und das wohl bestgehütete «Gentleman's Agreement» der britischen Presse aufflog. Länger als acht Wochen hatte es nicht gehalten, aber dennoch. Clarence House und das britische Verteidigungsministerium hatten im Vorfeld einen Deal mit den Medien gemacht. Im Austausch für Aufnahmen von Prinz Harry an der Front und mehrere Interviews vor Ort hatten die britischen Medien die Füße stillgehalten, bis der Prinz sicher war und aus dem Kampfeinsatz zurück. Im vorangegangenen Jahr war man vorsichtiger gewesen, das Verteidigungsministerium hatte den schon geplanten Einsatz des Prinzen im Irak drei Tage vorher aus Sicherheitsgründen abgesagt. Harry tobte und soll daraufhin gedroht haben, er hänge seine Karriere bei der Army ganz an den Nagel, wenn das so weiterginge: «Prinz Harry ist äußerst enttäuscht, dass es ihm nicht wie erhofft möglich ist, mit seinen Truppen an diesem Einsatz im Irak teilzunehmen.»[179]

Aber diesmal klappte es, alle Eingeweihten hatten dichtgehalten, und der Prinz war unbemerkt losgeflogen. Es war ein amerikanischer Blogger mit Namen Matt Drudge, der am Ende seine Chance für eine große Story witterte, er schrieb die Geschichte ohne Rücksicht auf die Risiken. Auf seiner Website *Drudge Report* hatte er 1998 bereits die Lewinsky-Affäre losgetreten, in deren Folge ein Amtsenthebungsverfahren gegen Bill Clinton eingeleitet wurde. Diese Seite war also skrupellos, wenn es um eine heiße Geschichte ging. Und Prinz Harry im Krieg, das war eine. In dem Artikel hieß es, Prinz Harry halte sich seit Dezember 2007 in Afghanistan auf und sei als Soldat in Kampfhandlungen gegen die Taliban involviert. Drudge verkaufte die Story als weltexklusiv, obwohl schon im Januar eine australische Website ebenfalls nicht dichtgehalten hatte und gleichermaßen auskunftsfreudig über Harry an der Front berichtete. Damals hatte es nur fast niemand gemerkt. Außer zwei deutsche Blätter, die *Bild* und die Hamburger *Frau im Spiegel* fragten schon vor Matt Drudge: «Prinz Harry – doch im Kriegsgebiet?»[180]

Sie spekulierten schon früher als alle anderen und hatten recht. Seit Wochen war Harry von der Bildfläche verschwunden, und selbst im Londoner Nachtleben begann man sich zu fragen, wo der Party-Prinz eigentlich steckte? Kurz vor Weihnachten war Harry nach Afghanistan aufgebrochen, wo er gemeinsam mit der Household Cavalry Regiment Battlegroup als Battlefield Air Controller im Einsatz war.

Einen Tag nachdem *Drudge Report* die Story hatte durchsickern lassen, donnerte eine Medienlawine über das Land. Die Zeitungen kündigten das Schweige-Abkommen auf und legten los: Innerhalb kürzester Zeit wurde das gebunkerte Material aus den Computern geholt, und die Blätter ließen die Bombe platzen. Die Berichte waren durch die Bank positiv. Es war ein riesiger Mediencoup für den Palast, für das Verteidigungsministerium und vor allem für Harry. Manche Zeitungen widmeten der Story bis zu zwölf Seiten: Prinz Harry in der Basis, Prinz Harry, der ein Maschinengewehr abfeuert, Prinz Harry, der mit anderen Soldaten scherzt. Prinz Harry – «Einer von unseren Jungs» titelte die *Sun*.[181] «Unsere Armee von Lesern salutiert vor dir, Harry» stand quer über einem Poster, das den Prinzen in voller Montur und mit umgeschnalltem Maschinengewehr zeigte. Er war das erste Mitglied der Königsfamilie, das in einem Kriegsgebiet diente, seit sein Onkel Prinz Andrew im Falklandkrieg gewesen war, und die Boulevardzeitungen feierten ihn, wie sie schon seinen Onkel gefeiert hatten – aus dem Jungen sei nun ein Mann geworden. Die euphorische Zustimmung für Harry und die Wut darüber, dass sein Einsatz aufgeflogen und der Prinz und sein Regiment dadurch der Gefahr ausgesetzt worden waren, reichte so weit, dass wütende Internet-User den Wikipedia-Eintrag über die Website *Drudge Report* änderten und sie als «unverantwortlich und unvernünftig» abstempelten.

Aber es gab auch kritische Stimmen zu dem Einsatz: War es nicht viel mehr Harry selbst, der allein durch seine Anwesenheit die Soldaten in Gefahr brachte? Und die Medien? War es vertretbar, dass der Öffentlichkeit über Wochen Informationen vorenthalten wurden? Trotz dieser Debatte behielt Harry seinen Helden-Status als Soldaten-Prinz. Bei einem seiner ersten Interviews, kurz nach seiner Rückkehr in London, machte er aber schnell klar, er wolle alles Mögliche gern sein, aber bitte kein Held. Stattdessen sprach er über das, was er an Bord der Maschine erlebt hatte: «Ich glaube nicht, dass ich ein Held bin. Es waren zwei verletzte Jungs mit in der Maschine zurück, die im Grunde den ganzen Flug über komatös waren. Einer von ihnen hat zwei Gliedmaßen verloren – den linken Arm und das rechte Bein –, und ein anderer kam nur davon, weil der Körper seines Freundes im Weg war, aber er hat einen Granatsplitter im Nacken. Das sind die wahren Helden.»[182]

Für Harry war dieser Flug ein Erlebnis, das er nicht vergessen würde. Noch wusste er nicht, wie sehr ihn die Begegnung mit dem schwerverwundeten Royal Marine Ben McBean verändert hatte, aber sein Blick auf das Leben und die Frage nach dem Sinn entschied sich maßgeblich mit dieser Begegnung. 2007 waren laut dem britischen Verteidigungsministerium 47870 britische Soldaten in Irak und Afghanistan im Einsatz, jeden Monat kehrten viele von ihnen verwundet, mit psychischen Problemen oder gar nicht aus den Krisengebieten nach Hause zurück.[183] Im gleichen Jahr hatten ein Cartoonist namens Bryn Parry und seine Frau Emma bei einem Besuch im Selly Oak Hospital einige dieser verwundeten Soldaten kennengelernt und entschieden, dass es an der Zeit sei, zu handeln und für diese Männer etwas zu tun. Mit *Help for Heroes* gründeten sie eine Organisation, die verwundeten Soldaten beistehen wollte, die helfen sollte, dass diese Männer eine gute medizinische Versorgung bekamen und finanzielle Unterstützung, die so oft fehlt. Und dieses Vorhaben kam an und gewann immer mehr Unterstützer. Nach wenigen Monaten rief die *Sun* zu Spenden auf, und das mit Erfolg, es kamen in kürzester Zeit vier Millionen Pfund zusammen. Doch erst als William und Harry kurz darauf ihre blau-roten Armbänder von Help for Heroes in die Kameras hielten, brachte das der Organisation weltweite Aufmerksamkeit. Bis heute hat Help for Heroes 300 Millionen Pfund – alles Spenden – eingesammelt und diese für die bessere Versorgung britischer Soldaten eingesetzt.

Die Geste der Prinzen war mehr als ein Zeichen. Für Harry setzte es etwas in Bewegung. Er begann seine Berühmtheit für etwas einzusetzen, das ihm wirklich am Herzen lag. Er machte sich für die stark, die er bei seinem Kriegseinsatz erlebt hatte und begann medienwirksam die Werbetrommel für das Thema Kriegsversehrte zu schlagen. Harry wusste, welche Wirkung er mit kleinen Gesten und Zeichen erzielen konnte, und erstmals begann er, diese ganz bewusst und uneigennützig einzusetzen für die gute Sache.

Wenige Wochen nach Harrys Rückkehr aus Afghanistan besuchte er den Soldaten, der auf dem Flug zurück komatös neben ihm gelegen hatte. Mehrfach hatte er sich nach ihm erkundigt, und bis heute ist der Kontakt zu Ben McBean geblieben. Als Ben im letzten Jahr an einem Fünfzig-Kilometer-Lauf in London teilnahm, um Spenden für den Royal British Legion's Poppy Appeal zu sammeln, wer stand da in der Ziellinie und wartete auf ihn? Prinz Harry höchstpersönlich – er beglückwünschte Ben McBean zu seinem Lauf und empfahl ihm lachend nach diesem Rennen ein Bier und eine Badewanne. Der Prinz Harry, der da an der Ziellinie stand und wartete, war ein anderer Prinz als der, der knapp zehn Jahre vorher aus Afghanistan zurückgekehrt war und so schnell wie möglich wieder zurück an die Front wollte. Er hatte die Zeit in Afghanistan intensiv erlebt und konnte es damals gar nicht abwarten, zurückzukehren. «Ich würde gerne wieder zurück ... ich möchte so schnell wie möglich wieder da raus.»[184]

Er bekam seine zweite Chance – wenn es auch einige Zeit dauerte, bis er für einen zweiten Einsatz nach Afghanistan in Frage kam.

Im Februar 2012 beendete er nach achtzehn Monaten Training seine Ausbildung als Hubschrauberpilot, wovon er einen Teil gemeinsam mit einem gewissen Flight Lieutenant William Wales absolvierte, der damals die finalen Schritte auf dem Weg zum Search and Rescue Pilot machte. Zum ersten Mal seit ihrer Kindheit wohnten die beiden Brüder sogar wieder zusammen, mit gemischten Gefühlen, wie Harry sehr spaßig die Wohnsituation der beiden beschrieb: «Das erste und das letzte Mal.»[185] Es war überhaupt ein Interview voller brüderlicher Sticheleien, das da gegeben wurde: «An und für sich koche ich für ihn und füttere ihn Tag für Tag durch», gab William grinsend zu Protokoll und beschwerte sich über das fehlende Engagement seines Bruders, der offensichtlich im Haushalt eher mangelndes Talent zeigte: «Ab und an macht er den Abwasch, aber den Großteil lässt er einfach in der Spüle stehen, und dann muss ich es morgens abwaschen», worauf Harry grinsend erwiderte: «Oh diese Lügen, diese Lügen.» Es war offensichtlich, da hatten sich zwei gefunden, die sich gut verstanden und eine einmalige Zeit zusammen hatten. William kochte für seinen Bruder und half dem Jüngeren beim Lernen für die Prüfungen, der offenbar wenig Talent für das theoretische Lernen hatte und mehr der Typ Anpacker war. Übersetzt hieß das für Prinz Harry: «Ich bin besser als William, also macht es ziemlich Spaß», nach dem Satz konnte William nur noch lachen.

Harry machte seinen Abschluss mit Auszeichnung und festigte damit seinen Ruf als ausgezeichneter Soldat. Er war einer der wenigen Absolventen, die sich beim Abschluss mit der Steuerung eines Apache-Kampfhubschraubers auskannten – so ein Ding ist ein wahres Technikmonster, und so ein Fluggerät steuern nur Vollprofis. Auch weil Harry solche Sachen beherrschte, große Dinger fliegen konnte, als wäre es nichts, und für die Gemeinschaft einstand, genießt er unter seinen Jungs das, was man im Militär so schön als hohes Ansehen beschreibt: «Der Prinz Harry, den ich kenne, ist mit Leib und Seele bei der Sache, und Sie mögen denken, er ist ein Prinz ... aber in Wirklichkeit ist er einer der Jungs.»[186]

Da war es für ihn auch kein Schaden, dass er sich entschied, betrunken ohne Hosen Billard zu spielen, ganz im Gegenteil. Er selbst sah es mit seiner Nähe zum Militär und seinem Vegas-Ausflug übrigens so, er sei manchmal vielleicht «zu sehr Army und zu wenig Prinz».

2012 war Captain Wales zurück im Einsatz in Afghanistan, wo er sich endlich fühlte «wie ein normaler Mensch. Ich denke, das hier ist so normal, wie es für mich jemals sein kann.»[187] Offenbar nahm der Prinz das Kriegsgebiet als weniger krisenhaft wahr als sein Leben in Großbritannien. Jahre später gab er in einem Interview mit der Journalistin Bryony Gordon zu, dass es eine Zeit gab, in der er, wenn er gekonnt hätte, das alles – also sein Dasein als Prinz – sofort hinter sich hätte lassen wollen.

«Zu sehr Army» war Prinz Harry wohl auch, als er auf die Frage, ob er während seines zweiten Einsatzes getötet habe, lapidar antwortete: «Yeah, wie es viele Leute getan haben ... Nimm ein Leben, rette ein Leben, darum dreht es sich hier bei uns. Wissen Sie, wenn diese Menschen versuchen, unseren Jungs etwas anzutun, dann knipsen wir sie aus.» Ja, ganz Army, der junge

Mann. Seine Arbeit als Apache-Pilot sei «eine Freude, weil ich einer dieser Menschen bin, der es liebt, PlayStation und Xbox zu spielen, also bilde ich mir gerne ein, dass ich ziemlich brauchbare Daumen habe»[188]. Das klang ein bisschen nach Top-Gun-Sprüchen und für Friedens-Aktivisten wie die Stop the War Coalition war es noch mehr als das, sie verurteilten Harrys Aussagen als «arrogant und unsensibel»[189].

Eine Sprecherin der Organisation sagte das kritisch und geradeheraus so: «Prinz Harry kehrt zurück in ein Leben voller Müßiggang und Luxus, ganz im Gegensatz zu den meisten Soldaten, die mit Arbeitslosigkeit, Entbehrungen und sozialen Problemen konfrontiert sind.» Prinz Harry hat sich zu solcher Art der Kritik nie geäußert.

WANN PRINZEN BÄRTE TRAGEN – ODER EINMAL ANTARKTIS UND ZURÜCK

Sein großer Zeh schmerzte, seine Augenbrauen waren bereits eingefroren. Vor sich sah er den Rucksack von Dominic West. Links und rechts von ihm war nichts. Es erstreckte sich eine unendlich weite weiße Fläche. Er richtete den Blick wieder vor sich auf den Boden. 208 Meilen. Wie lange waren sie schon unterwegs? Bloß nicht denken, immer einen Schritt nach dem anderen. Außer dem eigenen Atem hörte er nichts mehr.

2013 schloss sich Prinz Harry einer ungewöhnlichen Mission an. Sie waren zu zwölft auf dem Weg in die Antarktis. Schon als sie ankamen, machte ihnen ein eisiger Wind klar, dass das hier alles andere als ein Spaziergang werden würde. Sie waren eine buntgemischte Truppe, die meisten ehemalige Soldaten, die im Krieg schwer verletzt worden waren. Die Begegnung mit Ben

McBean hatte Prinz Harry nicht mehr losgelassen, und als Ed Parker von der Charity-Aktion Walking with the Wounded ihn gefragt hatte, ob er mit ihnen ins ewige Eis ziehen würde, hatte er nicht gezögert.

WUSSTEN SIE, DASS ...

schon Harrys Großvater Prinz Philip die Antarktis besuchte? 1956 unternahm er an Bord der Britannia eine Reise, die ihn bis zum südlichen Polarkreis führte, wo er scherzhaft Rote-Nasen-Zertifikate für seine Crew ausstellte, weil es so kalt war. Wie Harry kehrte auch er nach seiner Expedition mit einem anständigen Bart zurück, den er sich im Zuge eines Bartwuchs-Wettbewerbs mit der Crew hatte wachsen lassen. Ja, es kann auch lustig sein auf so einer Schiffsfahrt ...

Drei Wochen kämpften sie sich durch die Eiswüste, die Temperaturen waren dicht an der Schmerzgrenze mit bis zu fünfundvierzig Grad minus. Täglich liefen sie zwölf Stunden, am 13. Dezember 2013 waren sie im Ziel. Das machte einige der Teilnehmer so euphorisch, dass sie ihre Kleider wegwarfen und nackt um den Pol tanzten. Prinz Harry soll diesmal seine Hosen angelassen haben. Stattdessen, auch ein eher bizarrer Moment, soll er, so hat es Schauspieler Dominic West später beschrieben, der auch dabei war, aus der Beinprothese von Duncan Slater mit seinen Teamkollegen Champagner getrunken haben. Harry neigt eben zu Extremen. «Die Bedingungen waren sehr viel härter, als wir es uns hätten vorstellen können. Der Wind und die Stürme entpuppten sich als grauenhaft. Wie auch immer, die Aufnahmen lügen nicht, und das Team UK hat gewonnen. Das haben wir.

Das sind die Fakten», sagte der Prinz danach lachend.[190] Doch was wirklich zählte, war, dass sie gemeinsam den Südpol erreicht hatten. Und aus London twitterte Clarence House:

«Wir gratulieren ganz herzlich allen Teilnehmern der @supportthewalk Expedition mit Prinz Harry».

Es war nicht das erste Mal, dass Harry an einer Expedition für Walking with the Wounded teilnahm, aber diesmal hatte er durchgehalten und war die ganze Etappe bis zum Ende mitgelaufen. Die Expedition, die Besuche im Krankenhaus bei Verwundeten, sein Charity-Einsatz – Prinz Harry wusste, dass seine Zeit bei der Army begrenzt war, zunehmend kollidierte seine Rolle in der Firma mit seiner Arbeit als Soldat. Schon während seines zweiten Einsatzes in Afghanistan hatte er gemerkt, wie schwierig sich die Dinge inzwischen begrenzen ließen. Er beschrieb das mal so: Ich habe drei Ichs – das Army-Ich, das private Ich und das als Prinz. «Es gibt da so einen Schalter, und wenn nötig, lege ich ihn um.»[191] Aber das wurde zunehmend schwerer. Harry musste einen – nämlich seinen – Weg finden in alledem. «Ich wollte nicht in der Position sein, in der ich war, aber schließlich zog ich meinen Kopf aus dem Sand, fing an den Leuten zuzuhören und entschied, meine Rolle zu nutzen.»[192] Bei einem Besuch der Warrior Games in Colorado – einem Wettkampf für verwundete Veteranen – hatte er schließlich die für ihn entscheidende Idee: Er wollte so etwas selbst auf die Beine stellen, und zwar für Großbritannien.

Die Idee für die Invictus Games entstand. Die Spiele für die Unbesiegbaren – ehemalige Kriegsversehrte wurden eingeladen zu einer gigantischen Sportveranstaltung. Harry nahm sich zehn Monate Planungszeit, und dann stand die Sache. 2014 gab es bereits die ersten Invictus Games, und sie wurden ein Riesenerfolg. Harry sah das so: «Die Amerikaner haben es erfunden, ich habe es gestohlen, und zusammen haben wir es größer gemacht.»[193] Sportler aus dreizehn Nationen konnten sich miteinander messen in Disziplinen wie Sitz-Volleyball, Bogenschießen, Schwimmen, Rollstuhl-Basketball und -Rugby, auch ein Team aus Deutschland ging an den Start. Es war ein Megaereignis – zum Abschlusskonzert kamen die Foo Fighters, James Blunt, und Chris Martin von Coldplay hatte sogar eine eigens für die Invictus Games beigesteuerte Hymne mitgebracht. Als Prinz Harry die Bühne betrat, gab es lauten Jubel und Sprechgesänge. Und was tat Harry? Der dankte erst mal seiner Großmutter und sagte, er solle Grüße ausrichten. Danach wurde er doch ernst, und es zeigte sich, wie wichtig dem Prinzen diese Aktion war: «Wir wussten, diese Spiele würden Menschen dazu inspirieren, ihre Probleme – ob mental oder physisch – zu überwinden und etwas auszuprobieren, von dem sie dachten, dass es unmöglich sei.»[194]

Am Ende seiner Rede warf er dann noch einen Blick auf die Zettel in seiner Hand und las vor: «Hier steht noch was: Stage-Diving. Fragezeichen.» Die Menge tobte! Doch Harry schüttelte den Kopf und schickte stattdessen die Foo Fighters auf die Bühne. Die Invictus Games waren am Ende nicht nur ein Sieg für die verwundeten Soldaten, sie waren auch mehr als eine gelungene Charity-Aktion.

Es war die Möglichkeit für Prinz Harry, ein neues Kapitel aufzuschlagen. Er hatte allen gezeigt, dass er nicht mehr der Junge war mit dem schlechten Händchen für Kostüme und Partys. Dass er längst seinen Platz gefunden hatte.

Im Jahr darauf trat der Prinz, der so lange kein Prinz sein wollte, aus der Armee aus, um seine Rolle in der Firma anzutreten. «Meine Mutter glaubte daran, dass man, wenn man eine privilegierte oder eine verantwortungsvolle Position innehat

und man seinen Namen für etwas geben kann, an das man fest
glaubt ... dann kann man jedes Stigma zerstören.»[195]

Und seine Mutter sollte recht behalten. Harry machte sein
Ding und erntete dafür nach Jahren, in denen er sich viel anhö-
ren musste für seine Fehler, endlich das, was sich wohl jede Mutter für ihr Kind wünscht.

PRINZ CHARMING

Frage: Wen würden Sie lieber als Stadtführer für einen Tag in
London buchen – Prinz Harry oder Prinz William? Die meisten würden wohl «Harry» wählen. Inzwischen ist Dianas Jüngs-
ter zum großen Liebling unter den Royals avanciert. Gerade
weil er diese Geschichte hat, weil er der ist, der es geschafft hat
vom Underdog-Prinzen in der ewigen Reserve, vom Bad Boy
und Party-Prinzen über den Soldaten mit «Rambo-Rhetorik»
zur Geheimwaffe der Royal Family. In Umfragewerten liegt er
mittlerweile gleichauf mit der Queen.[196] Aber was ist es, das den
Party-Prinzen, der mit Kippe und Cranberry-Wodka durch Londons Nachtleben torkelte, heute so attraktiv und beliebt macht?

Ein großer Pluspunkt ist sicher sein Humor. Und er hat selbst
vor den großen Jungs keine Angst. Schließlich fällt ihm im Not-
fall immer noch ein cooler Spruch ein.

Wie mit Usain Bolt auf seiner Reise durch Jamaika. Da traf
sich Prinz Harry mit dem «Lightning Bolt» des Sprints, und was
tat er? Er ließ den schnellsten Mann der Welt an der Bahn stehen
und schlug ihn mit einem Trick vor der lachenden Meute im
20-Meter-Lauf. Er hatte Usain Bolt einfach abgelenkt und war so
zum Startschuss allein losgelaufen. Vor so viel spontaner Frech-
heit zog Usain Bolt den Hut und gratulierte dem Prinzen zu sei-

nem Sieg. Und damit ist Harry wohl einer der wenigen Prinzen, der je einen Weltrekordhalter geschlagen hat. Mit dieser Leichtigkeit und seinem Wortwitz schafft es Prinz Harry immer wieder, selbst bei steifen Veranstaltungen mit Frackträgern alle auf seine Seite zu ziehen. «Ich sage euch, er ist wie seine Mutter – eigentlich müssten sie ihn ‹The People's Prince› nennen.» – Und so ist es ja auch längst.

Kaum ein Buch über die britische Königsfamilie erscheint, ohne dass Prinz Harry darin vorkommt, und immer wieder wird er dabei mit Diana verglichen. Die das besondere Talent ihres Kleinsten übrigens schon früh erkannte. Sie nannte Harry ihren «Luftikus», und wenn man den Äußerungen des langjährigen Kochs Darren McGrady im Hause Glauben schenkt, dann war Diana der Überzeugung, Harry komme mehr nach ihr, während William mehr seinem Vater ähnele.[197] Menschen, die Harry begegnen, erzählen danach alle etwas Ähnliches, er sei eben besonders witzig, herzlich und den Menschen zugewandt. Möglicherweise hatte Diana recht mit ihrer Einschätzung, wenn es denn so stimmt, Harry hätte einiges von ihr geerbt. «Er ist sehr zugänglich ... er ist witzig, down-to-earth, er teilt gerne mal aus, kann aber auch einstecken, und es ist einfach toll, dass wir uns alle mit ihm wohlfühlen ...»[198], berichtete Major Kate Philip, die mit Harry viel Zeit verbracht hat, sie liefen gemeinsam bis zum Südpol. Da hat man Zeit zum Reden. Und Bryn Parry von Help for Heroes sagte: «Harry hat ein angeborenes Vermögen, sich in Menschen hineinzuversetzen.»[199] Wenn das keine Verbeugung ist. Und Harry nimmt das mit dem Erbe der Mutter sehr ernst. Im Alter von neunzehn Jahren reiste er das erste Mal nach Lesotho und volontierte bei mehreren Hilfsprojekten. Das Land ist neben Swasiland und Botswana unter den afrikanischen Ländern dasjenige mit der höchsten HIV / Aids-Rate. Viele Kinder in Lesotho sind Waisen, weil ihre Eltern an Aids gestorben sind, und tragen das Virus oft selbst in sich.

Diese Bilder von erkrankten Kindern trug bereits Diana in die Welt und schaffte damit Aufmerksamkeit für das Thema. Und Prinz Harry eiferte ihr in diesem Bestreben nach. Bei seinem Besuch im Jahr 2004 besuchte Harry das Mants'ase Children's Home und zeigte dort, dass dieser Besuch für ihn mehr ist als eine Stippvisite. Er sprang direkt mit in den Alltag ein, half im Garten der Anlage mit, schnippelte Gemüse in der Küche, spielte mit den Kindern und brachte ihnen etwas Englisch bei. Harry brauchte nicht erst einen Draht zu den Kindern aufzubauen, der war einfach da. Ein kleiner Junge namens Mutsu konnte gar nicht mehr von ihm lassen. Und Prinz hin oder her, kletterte er an ihm herum und nahm seine Hand. In einem Film über Lesotho sprach Harry auch über Diana: «Ich glaube, ich komme sehr nach meiner Mutter, und ich denke, sie würde wollen, dass wir – ich und mein Bruder – das hier tun ... Ich wollte immer in ein Aids-Land gehen, um das Vermächtnis meiner Mutter, so gut es geht, fortzuführen.»[200]

Zwei Jahre nach seiner Reise durch Lesotho gründete er zusammen mit dem einheimischen Prinz Seeiso die Hilfsorganisation Sentebale, übersetzt: Vergissmeinnicht, die Spenden sammelt und damit lokale Organisationen finanziell unterstützt. «Ich traf so viele Kinder, deren Leben nach dem Tod ihrer Eltern in Scherben lag – sie waren so verletzlich und bedurften der Fürsorge und Zuwendung ... Ich glaube wirklich, dass ich auf diese Weise dem Beispiel meiner Mutter folgen und ihr Vermächtnis lebendig halten kann.»[201]

2016 zeigte Prinz Harry, wie ernst ihm dieses Engagement ist: In einem Live-Video auf Facebook ließ er sich vor der laufenden Kamera auf HIV testen und sagte dazu: «Ob du ein Mann, eine

Frau, homo, hetero, schwarz oder weiß – oder sogar rothaarig – bist, warum kommst du nicht vorbei und lässt dich testen?»[202] Tausende kommentierten und teilten den Post auf Facebook, bis heute hat er 2,4 Millionen Aufrufe. Eine Userin schrieb: «Deine Mutter wäre so stolz auf dich.»

Im Dezember des Jahres wiederholte Harry seinen Aufruf, sich testen zu lassen: Die Sängerin Rihanna stand ihm bei und ließ sich ebenfalls am Welt-Aids-Tag auf Barbados testen, was dem Aufruf eine noch größere Öffentlichkeit einbrachte. Prinz Harry stellte sich allerdings beim Piksen deutlich mehr an als Rihanna. Doch es sind genau diese Verbindungen, die den Royals heute neuen, frischen Schwung geben. Prinz Harry ist dicke mit Rihanna – wow! Das kommt an.

Wer Rihanna mag, der entdeckt dann ganz nebenbei eben auch sein Herz für den Windsor-Prinzen und andersherum. Und dabei tun sie auch noch Gutes für die große Sache. Gar nicht so schlecht.

WUSSTEN SIE SCHON, DASS ...

Harry offenbar eine Schwäche für Musiker hat? Auch mit James Blunt und Chris Martin von Coldplay verbindet ihn eine innige «Bromance». Auf die Frage, wer denn bitte James Blunt zu den Invictus Games eingeladen habe, twitterte der Sänger: «Prince Harry. By text. BOOM!»

Auch mit Ellie Goulding verbindet Harry eine langjährige Freundschaft. Die Sängerin performte auf der Hochzeit von William und Kate. Für den ersten Tanz des Paares sang sie eine Coverversion von «This is your Song» von Elton John.

2017 war Prinz Harry zu Gast in Bryony Gordons Podcast Mad World, in dem sie mit prominenten Gästen über deren Erfahrungen mit psychischen Problemen spricht. Ihr erster Gast war Prinz Harry, der so offen wie nie zuvor über die Auswirkungen sprach, die der Tod seiner Mutter auf ihn hatte: «Viele Jahre lang steckte ich einfach den Kopf in den Sand und schaltete meine Gefühle ab ... es waren zwanzig Jahre, in denen ich nicht darüber nachdachte, auf die zwei Jahre totales Chaos folgten ...»[203] Sein Bruder William habe ihm schließlich gesagt, er müsse sich damit auseinandersetzen, öfter habe er kurz vor einem totalen Zusammenbruch gestanden. «Wenn man erst mal anfängt darüber zu sprechen, wird einem plötzlich klar, dass man eigentlich einem ziemlich großen Club angehört.»[204] Bryony Gordon sagte später über dieses Interview, sie habe es niemals so erwartet. Sie hatte geglaubt, Prinz Harry werde ein paar PR-Floskeln herunterbeten, «stattdessen war es, als würde ich eine Tasse Tee mit einem Freund trinken, der eine wirklich schwere Zeit hinter sich hatte ... Es galt lange als Zeichen von Stärke und Würde, das alles in sich zu verschließen, und unsere königliche Familie war immer die Verkörperung dieses Gedankens ... Aber Prinz Harry hat die Begriffe Stärke und Würde für die neue Generation gerade neu definiert.»[205]

Stiff-upper lip – durchhalten, nicht nachgeben – war mal die Parole am Hofe, aber wenn es nach Prinz Harry geht, dann zählt das zum Gestern. Und jetzt geht es anders weiter. Harry nutzt seine Position, um so offen wie nie über Probleme in der Familie zu sprechen. Und wie schon Diana versteht er es, dabei die Medien und die Öffentlichkeit für seine Interessen einzuspannen. Kanäle gibt es dafür ja viele. Und im Gegensatz zu den meisten anderen jungen Royals in Europa nutzt Prinz Harry sie alle. Podcasts, YouTube-Videos, Radiosendungen, Tweets, Facebook-Posts – Harry sendet auf allen Kanälen. Und schafft es sogar, den ehemaligen Präsidenten der USA für seine Sache mit einzuspannen.

Beim Twitter-Battle der Obamas gegen Prinz Harry ging es eigentlich um PR für die Invictus Games – das aber mit so viel Humor, dass die Videos zu Rennern im Netz wurden. Selbst die Queen schaltete sich in den Spaß mit ein und wurde so zum Social Media Star, und das mit über neunzig. Boom!

2017 avancierte Prinz Harry dann auch noch zum Showmoderator: Auf BBC Radio 4 moderierte er die prominente *Today*-Sendung, und bei allem Fun und guter Unterhaltung machte Prinz Harry auch hier aufmerksam auf seine Themen. Es ging um die Situation der britischen Streitkräfte, die Zukunft des Commonwealth, mentale Gesundheit, sogar Klima- und Artenschutz – Harry schreckte vor keinem noch so schwierigen Thema zurück. Und Prinz Harry hatte illustre Gäste in seiner ersten Sendung. Neben seinem Vater interviewte er keinen Geringeren als den ehemaligen Präsidenten Barack Obama, der Harry das erste Interview nach dem Ende seiner Amtszeit gab. Der Prinz und der Präsident sprachen auch über Chancen und Risiken der sozialen Medien. Harry nannte Obama den ersten Social-Media-Präsidenten. Beide tummeln sich auf vielen Plattformen und haben dabei eine breite Reichweite, wissen deshalb um die Möglichkeiten, aber auch Schattenseiten: «Es ist heute ein Werkzeug, und richtig eingesetzt und gehandhabt, entwickelt es eine enorme Kraft.»[206]

Während der gesamten Sendung twitterte @KensingtonPalace über das Programm und sorgte so für viel Resonanz im Netz – der offizielle Twitter Account von Harry, William und Kate hat aktuell 1,35 Millionen Follower, der der Queen sogar 3,6 Millionen, Clarence House über 700 000. Und das nur auf Twitter.

Auch auf Instagram, Facebook und YouTube sind die Windsors mit offiziellen Accounts aktiv. Und wenn einer ein Bild postet, sind die anderen munter dabei, retweeten oder reposten – was so viel heißt wie Antworten oder Weiterleiten. Kurzum, einer hilft dem anderen, und so machen die Jungs über ihre Kanäle eigene Schlagzeilen, und das mit großem Erfolg. Und selbst die Queen zieht mit. Schon 2007, zum 50. Jubiläum ihrer ersten TV-Fernsehansprache, launchte sie ihren eigenen YouTube-Kanal. Ein Sprecher des Palasts drückte es damals etwas kompliziert aus: Die Queen halte Schritt mit den neuen Möglichkeiten, mit Menschen zu kommunizieren.[207] Recht hatte er. Man könnte auch sagen: Die Queen geht mit der Zeit.

WUSSTEN SIE SCHON, DASS …

die Queen 1957 ihre erste Fernsehansprache hielt? Damals sagte sie: «Ich hoffe sehr, dass meine Weihnachtsansprache durch dieses neue Medium persönlicher und direkter wird. Dass es für einige von Ihnen möglich ist, mich heute zu sehen, ist ein weiteres Beispiel für das Tempo, in dem sich die Dinge um uns herum verändern.»[208] Warum die Queen ab und an seitlich aus dem Bild schielte und lächelte? Weil neben der Kamera ihr Mann Prinz Philip gestanden und Grimassen geschnitten haben soll.

Die Windsors twittern natürlich nicht selbst, sie lassen twittern. Mehrere Teams von Social-Media-Managern schicken Bilder zu den offiziellen Auftritten der Royals in die Welt. Nur selten macht mal ein Mitglied der Familie eine Ausnahme und twittert selbst etwas in die Welt. Die Royals sind eben nicht Donald Trump –

der bekanntlich ohne jedes Korrektiv seine Meinung in die Welt twittert. Einen eigenen, ganz privaten Account gibt es unter den britischen Royals seit kurzem übrigens doch: Prinzessin Eugenie eröffnete als erstes Mitglied der königlichen Familie einen privaten Instagram-Account und postet seitdem eifrig royale Selfies. Das wird es bei Prinz Harry wohl so schnell nicht geben. Die Royals nutzen die sozialen Medien, um Aufmerksamkeit für Kampagnen und Charitys zu bekommen, um eigene PR und Eitelkeiten muss es ihnen nicht gehen. Eher ist es die Möglichkeit, ihre Follower an den großen privaten Ereignissen teilhaben zu lassen, Geburtstagen oder wenn eine Verlobung ansteht, hatten wir ja gerade, und natürlich Geburten oder Feste der Kinder.

Social Media bietet der Windsor-Familie die Chance, Nahbarkeit zu zeigen, ohne wirklich nahbar zu sein. Es ist eine neue Möglichkeit, mit ihren Fans in Kontakt zu treten und die kritische Presse zu meiden. Über diese Kanäle können die Royals selbst steuern, über welches Thema sie gern sprechen möchten und über welches nicht. Und welches Kinderbild veröffentlicht wird. Eine Entwicklung mit vielen Möglichkeiten und Chancen, aber sicherlich auch Risiken. Wer sich in den Sturm stellt, dem ist der Gegenwind sicher. Ähnlich machte es schon George V., der sich damals noch über das Radio an sein Volk wendete, aber auch er verstand schon – so bekomme ich die Massen. Die Queen ging deshalb mit ihren Ansprachen ins Fernsehen, und heute gibt es für die ganz Royal Family Social-Media-Accounts. Krone 2.0.

WUSSTEN SIE SCHON, DASS ...

kein Geringerer als Rudyard Kipling der Redenschreiber der Royals war? 1932 wurde die erste Weihnachtsansprache der Windsors im Radio übertragen, verfasst hatte sie der Autor

des «Dschungelbuches». Die Rede wurde bis nach Australien, Kanada, Indien, Kenia und Südafrika übertragen und
erreichte schon damals schätzungsweise 20 Millionen Menschen.[209]

Und wie das funktioniert, zeigte sich an Charlottes erstem Tag
im Kindergarten. Da postete @KensingtonRoyal ein Bild der
kleinen Prinzessin. Zauberhaft sah sie aus in ihrem roten Män-
telchen und den passenden roten Schuhen, und dazu gab es für
die Fotografin ein strahlendes Lächeln. Anstelle eines Presseter-
mins mit einer Horde von Fotografen, wie es bei William und
Harry zum ersten Tag in der Pre-School noch war, die hektisch
auf die Auslöser drückten und ihre Namen riefen. So war es hier
ganz anders. Nämlich ruhig und entspannt, wie schon zuvor bei
dem ersten Kindergartentag ihres Sohnes. Es war Kate und nur
sie, die ihre kleine Tochter an diesem besonderen Tag fotografierte und die Fotos über Instagram dann mit der Welt teilte.

Durch die sozialen Medien haben die Royals wieder mehr
Einfluss darauf, was nach draußen geht und was nicht. Wenn
heute ein royales Baby zur Welt kommt, informiert der Palast
die Presse und teilt die Nachricht zeitgleich über Twitter, Facebook und Co mit seinen Followern und Abonnenten, die die
Nachricht mit dem Rest der Welt feiern. So schnell hat es keine
Zeitung geschrieben, aber alle wissen es schon. Der Presse bleibt
in diesen Fällen oft nicht mehr viel übrig, als zu kommentieren,
was über das Internet schon längst in den hintersten Winkeln
der Erde gelandet ist. Auch Harrys Auftritt als Gastmoderator
brachte PR und viele Schlagzeilen. Dass Harry Barack Obama
vors Mikro bekommen hatte, erntete viel Beifall. Auch weil
dieses erst noch ernste Gespräch ganz nach Harrys Geschmack

endete. Es gab eine Blitzfragerunde, in der Harry den Präsidenten fragte, welche Unterwäsche er denn so möge. Obama antwortete lächelnd und mit Humor: «Wir antworten nicht auf eine solche Frage.» Dann, ob Aretha Franklin oder Tina Turner besser sei. Aretha sei die Beste, sagte Obama. Und wen möge er lieber, Rachel oder Monica. Obama mochte lieber Rachel.[210] Die letzte Frage war etwas für Aufmerksame. Harry fragte etwas, das mehr über den Interviewer verriet als über den Befragten. Er fragte Obama nämlich, welche Serie ihm denn besser gefiele: «‹Suits› oder ‹The Good Wife›»? Worauf die Antwort des Präsidenten lautete: «‹Suits› natürlich.»[211] Harry war mit dieser Antwort ganz offensichtlich höchst zufrieden.

Seit über einem Jahr datete er die Schauspielerin Meghan Markle, die in der Serie «Suits» die aufstrebende Anwaltsgehilfin spielt. Im gleichen Monat, in dem Harry das Interview mit Obama führte, zeigten sie sich zum ersten Mal in der Öffentlichkeit als Paar, eng umschlungen und sichtlich schwer verliebt, was die Gerüchte um eine bevorstehende Verlobung, die ohnehin schon seit Monaten brodelten, hochkochen ließ. Beide hatten längst mitbekommen, wie groß das Interesse an ihnen war und der Frage: Wie ernst ist es denn nun? Und wie schon William und Kate erlebten die beiden einen Spießrutenlauf, als ihre Beziehung bekannt wurde. Das Interesse an der möglichen neuen Prinzessin war riesig. Und dann auch noch eine Schauspielerin – sie selbst bereits ein Star. Was für Zutaten für eine Geschichte!

Zum ersten Mal getroffen hatten sich die beiden in London. Später scherzten sie über diesen Moment, sie seien verkuppelt worden. Gemeinsame Bekannte hatten Amor gespielt und Harry und Meghan einander vorgestellt. Für beide wurde es zu einer Art Blind-Date. Denn Harry hatte die Serie «Suits» nie gesehen, und

Meghan, die in Kanada zu Hause und in den USA aufgewachsen ist, hatte bis dahin nur wenig übriggehabt für britische Prinzen. Harry sagte später über ihr erstes Date und Kennenlernen, die Sterne hätten einfach richtig gestanden. Und das stimmte wohl. Denn Meghan und ihr Exfreund, Promi-Koch Cory Vitiello, hatten sich gerade kurz zuvor getrennt – Meghan war also frei, und Harry selbst war bereits seit einiger Zeit auf der Suche nach Mrs. Perfekt und fand das aber doch mehr als schwierig: «Wenn jemand in mein Leben stolpern würde, wäre das toll», erzählte er der *Sunday Times*, kurz bevor er Meghan zum ersten Mal traf. Wie schwer es ist, als Prinz jemanden kennenzulernen, darüber sprach er auch, dass er eben nicht wie die meisten Leute nach der Arbeit in einen Pub gehen könne. Für ihn sei eben nie so richtig Freizeit. «Ich weiß nicht, wem ich über den Weg laufe, ich weiß nicht, ob jemand versucht, ein Selfie mit mir zu machen, ich weiß nicht, wer draußen auf mich wartet. Da bleibt wenig Raum für ein Privatleben.»[212]

Seine letzte ernsthafte Beziehung lag etwas mehr als zwei Jahre zurück. Wie schon seine langjährige On-und-off-Freundin Chelsy Davy hatte auch Cressida Bonas nach zwei Jahren Beziehung schließlich genug davon, die Freundin an der Seite eines Prinzen zu sein. Eine Verlobung mit einem britischen Royal ist nicht nur ein Vergnügen, das ahnte sie. Für Cressida hätte das bedeutet, dass sie ihre eigenen Wünsche hätte an den Nagel hängen müssen. Kein Job mehr als Tänzerin oder Schauspielerin, und dann war da der ständige Druck der Medien – für das junge Mädchen einfach zu viel. Harry war sich immer bewusst, dass sich jede Frau an seiner Seite diesem Druck aussetzen musste und dass das eine Zumutung sein würde: «Wenn ich nur mit einem Mädchen spreche, ist sie plötzlich meine Frau, und Leute klopfen an ihre Tür.»[213] Harry war mittlerweile zweiunddreißig und fest entschieden, auch ein Recht auf Glück zu haben, selbst wenn er es gegen den Rest der Welt verteidigen müsste: «Falls und wenn ich eine Freundin finde, werde ich alles daransetzen … sicherzustellen, dass ich und sie an einen Punkt kommen, an dem wir uns, noch vor diesem massiven Eingriff in ihre Privatsphäre, zu dem es unweigerlich kommen wird, wahrhaft wohl miteinander fühlen.»[214]

Und genau das passierte. Meghan, die laut Harry «wortwörtlich stolperte und direkt in mein Leben fiel», blieb der Medienrummel zumindest anfangs erst mal erspart. Nur engste Freunde und die Familie waren eingeweiht in das junge Liebesglück. In den ersten fünf Monaten ihrer Beziehung konnten sie einander kennenlernen, ohne dass jemand darauf Einfluss nahm, der es nicht sollte. Bis der *Sunday Express* die Story im Herbst 2016 brachte und genau das in Gang setzte, was Harry gefürchtet hatte – die Presse warf alle Zurückhaltung über Bord und stürzte sich auf das Liebespaar und alle Wendungen ihrer Geschichte: Prinz Harry und eine Amerikanerin, eine Frau mit afroamerikanischen Wurzeln, noch dazu geschieden und Schauspielerin. Manche Zeitungen waren sich nicht zu schade für Schlagzeilen wie: «Harrys Mädchen kommt (fast) straight outta Compton»[215] oder Zeilen à la: «Die Windsors werden ihr wässriges blaues Blut, die blasse Haut und roten Haare der Spencers mit etwas reichhaltiger und exotischer DNA anreichern.» Und weiter: «Miss Markles Mutter ist eine afroamerikanische Lady von der falschen Straßenseite …»[216] Anfang November druckte die *Sun* einen Artikel mit dem Titel: «Harrys Mädchen auf Pornhub»[217], und auch in den sozialen Netzwerken und den Kommentarspalten ließen sich nicht wenige über Meghans Hautfarbe und Herkunft aus. In Toronto wurde Meghan von Paparazzi verfolgt, in L. A. standen Journalisten vor der Haustür ihrer Mutter, sie

sprachen mit ihren Halbgeschwistern und klingelten unange-
kündigt bei ihrem Exmann. Irgendwann war das Maß voll, und
Harry ließ die Beziehung in einem offiziellen Statement bestä-
tigen. Aber es war nicht die freudige Nachricht eines überglück-
lichen Prinzen:

«In der letzten Woche wurde eine Grenze überschritten.»
Seine Freundin, Meghan Markle, sei Opfer einer Welle von Belei-
digung und Belästigung. «Einiges davon geschah in aller Öffentlichkeit – das Geschmiere auf der Titelseite einer nationalen Zeitung, die Kommentare mit rassistischen Untertönen sowie der
unverblümte Sexismus und Rassismus in Social-Media-Kanälen
und in den Kommentarspalten. Einiges blieb vor der Öffentlichkeit verborgen – die nächtlichen Rechtsstreitigkeiten, um
diffamierende Artikel abzuwenden; ihre Mutter, die sich an
Fotografen vorbeikämpfen muss, um zu ihrer eigenen Haustür
zu gelangen; die Versuche von Reportern und Fotografen, sich
illegal Zutritt zu ihrem Zuhause zu verschaffen, und als Folge
darauf Anrufe bei der Polizei; die beträchtlichen Bestechungs-
gelder, die ihrem Exfreund von Zeitungen angeboten wurden;
das Bombardement nahezu jedes Freundes, Kollegen und geliebten Menschen in ihrem Leben.»[218]

Das Statement von Harrys Pressesprecher Jason Knauf war
ein Warnschuss an die Medien. Prinz Harrys Wut und Verzweiflung im Angesicht der Berichterstattung wurde unmittelbar
spürbar: «Prinz Harry ist besorgt über Miss Markles Sicherheit
und sehr enttäuscht, dass er nicht in der Lage war, sie zu beschützen ... Er weiß, Kommentatoren werden sagen, ‹dies sei der Preis,
den sie zahlen muss›, und dass ‹dies alles Teil des Spiels› sei. Er
ist gänzlich anderer Ansicht. Das hier ist kein Spiel – es ist ihr
Leben und seines.»[219]

Harry entschied sich zur Flucht nach vorn. Es war nicht

das erste Mal, dass die jungen Royals sich mit einem Statement direkt und über die sozialen Medien an die Öffentlichkeit wandten. Harry folgte darin dem Beispiel seines Bruders und seiner Schwägerin Kate, die sich damals auch gegen zu viel Einmischung auf diese Weise gewehrt hatten – das Statement erschien auf Twitter, auf Facebook und der offiziellen Website der königlichen Familie. Es gab britische Zeitungen, die Harrys Entscheidung, ein Statement zu veröffentlichen, kritisierten, aber die Mehrheit sprang dem jungen Prinzen bei. In den sozialen Medien bekam er jede Menge Rückhalt. Die jungen Royals zeigten einmal mehr, dass sie nicht mehr nur aus irgendwelchen Hinterzimmern mit Juristen für ihre Belange kämpften. Stattdessen machten sie deutlich, was wirklich hinter den dicken Palastmauern los war und in ihren Herzen, und so etablierten sie ein besseres Verhältnis zur Öffentlichkeit und schützten sich vor immer neuen Angriffen auf ihr Privatleben. Social Media war dabei der Kanal, diese Botschaft nach außen zu tragen.

Prinz Harry, der diese Form der Kommunikation besonders zu nutzen weiß, ist heute gewissermaßen der Social-Media-Prinz unter den Royals. Damit ist er nicht länger nur «Geheimwaffe» der königlichen Familie, er ist ein wichtiger Motor der Firma geworden und sorgt mit seiner Präsenz, seinem ungezwungenen Auftreten und seinem sozialen Engagement für ein neues Image der Monarchie. Mit Meghan Markle hat er eine Frau gefunden, die diesen neuen Zeitgeist an seiner Seite repräsentiert. Am 27. November 2017 twitterte @ClarenceHouse: «Der Prinz von Wales ist hocherfreut, die Verlobung von Prinz Harry und Miss Meghan Markle bekanntzugeben.»

KAPITEL 6

MEGHAN – DIE HOLLYWOOD-PRINZESSIN

Er machte seine übliche Morgenrunde durch das Hotel. Prüfte die Auslage am Frühstücksbuffet, wies den Kofferpagen auf das herumstehende Reisegepäck hin und grüßte ein paar Frühaufsteher in der Lobby. Das Hotel war ausgebucht. Das kannte er, aber dieses Mal war es schneller gegangen, und das zu Höchstpreisen. So weit im Voraus wie noch nie zuvor. Solange er denken konnte, blickte er morgens in dem kleinen Städtchen zu Füßen von Schloss Windsor auf das alte Schloss, aber noch nie hatte er eine derartige Stimmung wie heute miterlebt. Wenngleich große Hochzeiten für ihn natürlich nichts Neues waren. Schließlich hatten Prinz Charles und auch Elton John hier schon geheiratet. Manch einen der hochkarätigen Hochzeitsgäste hatte er damals in diesem Hotel beherbergt, aber heute fühlte es sich dennoch anders an. Er lächelte in sich hinein.

Die Reporter waren neugierig gewesen und hatten ihm Löcher in den Bauch gefragt: Wer sich bei ihm alles eingemietet hatte, wollten sie wissen, aber wie immer hatte er vornehm geschwiegen. Jetzt betrat er das Frühstückszimmer, sein großer Stolz. Denn von hier aus hatte man den besten Blick auf Schloss Windsor und damit wohl später auch auf das Brautpaar. Er blickte hinunter auf das bunte Treiben, das schon vor Tagen begonnen hatte. Diesmal war alles anders – größer, festlicher, ausgelassener.

ALLES NEU

Wenn die bewegte Geschichte der Windsors eines lehrt, dann dieses: Das Leben einer Prinzessin ist nichts für Zartbesaitete. Wer sich das Prinzessinnendasein noch immer so vorstellt wie in Kindertagen – alles rosa Krönchen, Rüschenkleidchen, Teepartys –, der hat bei den Windsors und anderswo nicht aufgepasst. Denn hat man erst mal das Herz eines Prinzen, geht es mit dem Ärger erst so richtig los: Wer in so eine Familie einheiraten will, der muss auch heute noch so einige Voraussetzungen erfüllen und durchläuft eine Art weltweiten Bewerbungsmarathon. Dazu wird man bis auf die royale Unterhose durchleuchtet, als ob man sich beim Bundesnachrichtendienst auf eine Stelle bewerben würde. Meghan Markle kann zumindest heute sagen, sie hat all das schon hinter sich, und inzwischen gibt es wohl keinen Bereich mehr in ihrem Leben, der nicht dem Röntgenblick der Öffentlichkeit unterzogen wurde.

Los ging es auch für sie mit der Herkunft. Beliebte Frage: Was machen die Eltern? Ihre Mutter ist Yogalehrerin und Sozialarbeiterin; ihr Vater Lichtregisseur im Ruhestand. Ihr Stammbaum kann sich sehen lassen, der reicht angeblich zurück bis zu König Edward III. Auch ihr Werdegang ist bekannt. Sie hat einen Privatschulabschluss von der Immaculate Heart High School L.A.; Bachelor in Theaterwissenschaften und Internationale Studien von der Northwestern University; U.N. Women's

Advocate; Schauspielerin in der Rolle der Rachel Zane in der Serie «Suits» und Begründerin und Redakteurin des Lifestyle-Blogs «The Tig». Weiter dann mit den Exmännern. Da wäre Trevor Engelson – Hollywood-Produzent, Exfreund: Cory Vitiello – Starkoch, den engsten Freunden Jessica Mulroney – Stylistin, Misha Nonoo – Designerin, Priyanka Chopra – Schauspielerin. Bis hin zu Fehltritten. Auch die sind alle erwähnt – die der Eltern, der Geschwister, Cousins 18. Grades ... Auch über angebliche Lieblingsmarken, wie Line the Lable, J. Crew, Ralph Lauren, sind wir im Bilde. Selbst wodurch Meghan angeblich so schöne Haare bekommt, ist bekannt. Bevorzugte Haarkur: Kérastase Nutritive Oléo Relax Anti Frizz Masque, und der an ihr meistgesichtete Lippenstift wäre Charlotte Tilbury: Matte Revolution Lipstick – Very Victoria. Albern? Verrückt? Vielleicht – aber es hat Leserinnen und Leser von Online-Medien, Zeitungen und Fernsehen über Monate beschäftigt. Und das war erst der Anfang für den Bewerbungsmarathon, der noch folgen sollte. Denn alles läuft bei der Bewerbung als Anwärterin auf den Prinzessinnen-Job auf absolute Opferbereitschaft hinaus und ein hohes Maß an persönlicher Hingabe. Privates und Berufliches trennen? Funktioniert eben nicht! Eine Karriere jenseits der Firma? Wird abgelehnt! Grace Kelly hat es versucht. Floh deshalb sogar aus Monaco und kam reumütig und geläutert zurück. Ach ja, Social-Media-Profile mit eigenen Bildern – womöglich in Yogaposen und freizügig wie bei Meghan – bitte löschen.

Erwartet wird nämlich bei einer Prinzessin in den Bewerbungsunterlagen ein Abziehbild an Tadellosigkeit: ein zu jeder Zeit perfektes Auftreten mit hübscher Fassade, Redegewandtheit, Interesse an wohltätiger Arbeit, Erfahrung im Umgang mit den Medien, Inkaufnahme von kaputten Handgelenken durch ständiges Winken und Händeschütteln, überdurchschnittliche Teamfähigkeit, Umgang mit sensiblen Firmeninterna, und ganz wichtig: Loyalität. Dafür ist die Stelle unbefristet. Ausstieg bitte ausgeschlossen. Also, wer einen britischen Prinzen heiraten möchte, der muss die Streichliste ansetzen und einen Großteil seines alten Lebens hinter sich lassen. Eines sei auch noch zu erwähnen – Überchefin ist die Queen, was sie sagt, ist Gesetz, und auch die Neuzugänge leben nach den Regeln der Firma. Nicht wenige Herren des Hauses Windsor mussten erfahren, dass zu diesem Schritt längst nicht jede Frau bereit ist. Schon Elizabeths Vater, der spätere George VI., hatte seine Schwierigkeiten, Lady Elizabeth Bowes-Lyon von einer Heirat zu überzeugen. Zweimal musste der schüchterne Bertie ihr einen Antrag machen, zweimal ließ sie ihn abblitzen, sie hatte Befürchtungen, «niemals, niemals mehr die Freiheit zu haben, zu denken, zu sprechen und zu handeln, wie ich es eigentlich tun würde»[220]. Erst beim dritten Anlauf stimmte die lebensfrohe, Gin liebende Zweiundzwanzigjährige zu. Einer Freundin erzählte sie später: «Es war meine Pflicht, Bertie zu heiraten, und ich verliebte mich danach in ihn.»[221]

Als Mitglied einer großen schottischen und vergnügungsliebenden Adelsfamilie hatte sie verständlicherweise wenig Interesse an einem Leben an der Seite eines Prinzen, das im Vergleich zu einem Leben an der Seite irgendeines anderen Adligen mit einer Bandbreite an Verpflichtungen und großem Druck verbunden war. Auch Prinz Charles hatte laut der Autorin Sally Bedell Smith schon mindestens einen erfolglosen Heiratsantrag hinter sich, bevor er Lady Diana Spencer um ihre Hand bat. Die erste Auserwählte, Lady Amanda Ellingworth, geborene Knatchbull, war damals einundzwanzig Jahre alt und hatte eigene berufliche Ambitionen und hätte sich eben nicht vorstellen können, diese für ein Leben an der Seite eines Prinzen mit den ganzen royalen Pflichten an den Nagel zu hängen.[222] Und Harry ging es mit seinen Ex-Freundinnen nicht anders – beide wollten ihr Leben, ob als Anwältin oder als Schauspielerin, und fürchteten die niemals endende Berichterstattung.

Aber mit Meghan Markle war es anders. Der Eintritt in die königliche Familie war für sie ein weniger harter Schritt. Sicher war er auch bei ihr mit Entscheidungen verbunden, manche schwerwiegend. Aber sie kannte als Schauspielerin bereits die schönen und weniger schöne Seiten des Ruhms. Wenn man sich Meghans Lebensweg ansieht, kann man verstehen, warum Prinzessinsein für sie ein möglicher Schritt war und ihr weniger Angst machte als anderen, die vor ihr an der Seite des Prinzen standen. Es war der nächste Schritt in eine Richtung, die sie schon als junges Mädchen eingeschlagen hatte.

STADT DER TRÄUME

Geboren in Los Angeles, wuchs Meghan bei Eltern auf, die sie ermutigten, für ihre Überzeugungen einzustehen, und ihr soziales Engagement vorlebten. Obwohl ihre Mutter Doria und ihr Vater Thomas sich zwei Jahre nach ihrer Geburt scheiden ließen, erinnert sich Meghan, dass sie weiterhin viel Zeit als Familie miteinander verbrachten und ihre Eltern alles daransetzten, ihr eine gute und glückliche Kindheit zu ermöglichen. Ihre Mutter Doria beschreibt Meghan als eine Quelle der Inspiration, sie sei ein «Freigeist», eine Frau, die ihr Leben immer schon der Pflege und Fürsorge anderer gewidmet hat. «Meine Mutter legte Wert darauf, mich als Weltbürgerin zu erziehen und der zuweilen brutalen Wirklichkeit mit offenen Augen zu begegnen ... Ich muss etwa zehn Jahre alt gewesen sein, als wir die jamaikanischen Slums besuchten. Nie zuvor hatte ich eine derartige Armut gesehen.» Ihre Mutter habe damals zu ihr gesagt: «Schau nicht so ängstlich drein, Flower. Halte die Augen offen, aber hab keine Angst.»[223] Heute zählt Meghan ihre Mutter neben Persönlichkeiten wie die Autorin Toni Morrison, Madeleine Albright und Julia Roberts zu den Frauen, die ihr Leben entscheidend beeinflusst haben. Und auch Harry zeigte sich begeistert von Doria Ragland: «Ihre Mum ist großartig.»[224] Es war nicht nur ihre Mutter, die Meghan ermutigte, mit offenen Augen durchs Leben zu gehen. Im Alter von elf Jahren setzte sich das kleine sommersprossige Mädchen nach der Schule an den Schreibtisch, zückte ihren Füller und verfasste mehrere Briefe – einen an die Rechtsanwältin und Bürgerrechtlerin Gloria Allred, einen an Hillary Clinton, einen an die Moderatorin der Kindernachrichten-Sendung *Nick News*, Linda Ellerbee, und einen an Procter & Gamble. In der Schule hatte sie einen Werbespot für ein Spülmittel gesehen, dessen Slogan lautete: «Frauen in ganz Amerika bekämpfen fettige Töpfe und Pfannen» – und ein paar besonders schlaue Jungs in ihrer Klasse hatten gerufen: «Ja, genau dahin gehören Frauen. In die Küche.» Meghan erinnert sich: «Mein kleines sommersprossiges Gesicht lief rot an vor Wut.»[225] Zu Hause ermutigte sie ihr Vater, aktiv zu werden, und zu ihrem größten Erstaunen zeigte ihr Engagement Wirkung: Nach wenigen Wochen trudelten nach und nach ermutigende Antwortschreiben ein – in denen ihr alle drei Frauen Unterstützung zusicherten. Linda Ellerbee schickte sogar ein Fernsehteam, um der jungen Aktivistin ein Forum zu bieten: «Ich denke, es ist nicht richtig, dass Kinder mit dem Gedanken aufwachsen, dass nur Mum all diese Dinge erledigt», erklärte die Elfjährige denn auch in der Kindersendung «Nick News» ihrem jungen Publikum.[226] Es dauerte nicht lange, und die Firma Procter & Gamble änderte den Slogan des Werbespots. Jetzt hieß es nicht mehr «Frauen in ganz Amerika ...», sondern «Menschen in ganz Amerika bekämpfen fettige Töpfe und Pfannen.» Dieses Erlebnis um fettige Bratpfannen und das richtige Spülmittel wurde zur Initialzündung für Meghans Engagement für Frauen.

Viele Jahre später betrat sie als Vertreterin von UN Women das Podium und erinnerte sich in einer mitreißenden Rede an das Ereignis: «Frauen brauchen einen Platz am Tisch, sie brauchen eine Einladung, um dort Platz zu nehmen, und manchmal, wenn eine Einladung nicht verfügbar ist, wissen Sie was, dann müssen sie sich einen eigenen Tisch erschaffen. Wir brauchen ein weltumspannendes Verständnis dafür, dass wir ohne die politische Beteiligung von Frauen keinen effektiven Wandel herbeiführen können.»[227] Aus einem wütenden kleinen Mädchen war eine Frau mit Visionen geworden, die den Grad ihrer Bekanntheit nutzte, um Aufmerksamkeit auf Themen zu richten, die ihr persönlich am Herzen lagen.

Den eigenen Weg gehen, bestehende Strukturen zu hinterfragen, sich einen eigenen Tisch, ein eigenes Forum aufzubauen – das war ein Rat, den Meghan sich in jungen Jahren zu eigen machte. Es war dann eine Begebenheit in der Schule, bei der es «Klick» machte – oder «Tig» machte, das ist Meghans eigenes Wort, wenn es einen Aha-Moment gibt. In einem Test sollte sie in der Schule ihre Ethnie angeben. Zur Auswahl standen: weiß, schwarz, hispanisch, asiatisch. Welches Kästchen sollte sie ankreuzen? Mit einem multiethnischen Hintergrund, die Mutter schwarz, der Vater weiß, auf sie passte doch keines der Kästchen, keines war die «richtige» Wahl: «Da saß ich nun mit meinen lockigen Haaren, meinem sommersprossigen Gesicht, meiner hellen Haut und meiner multiethnischen Abstammung und sah hinunter auf die Kästchen, wollte nichts falsch machen, wusste aber auch nicht, was tun.»[228] Verwirrt legte sie den Stift zur Seite: «Ich ließ meine Identität offen – ein Fragezeichen, vollständig unvollständig – so ziemlich, wie ich mich fühlte.»[229]

Als sie aus der Schule nach Hause kam, erzählte sie ihrem Vater von dem Vorfall. Und der gab ihr einen Rat, den sie damals als sehr weise empfand und den sie nie vergaß: «Wenn das noch mal passiert, dann malst du dein eigenes Kästchen» – ein Rat, den sie auf der UN-Women-Konferenz weitergab, denn genau dieser Satz, hatte sie neben vielen anderen Entscheidungen auf dieses Podium geführt. Es gibt einige solcher Geschichten über Meghan Markle, und dass wir sie kennen, verdanken wir insbesondere ihrem Blog «The Tig», auf dem sie diese sehr persönlichen Einblicke in ihr Leben postet. Diese kleinen Geschichten über ihr Aufwachsen wurden seit ihrer Verbindung mit der königlichen Familie tausendfach zitiert und zeigen sicherlich auch, dass Meghan Markle etwas von Selbstmarketing versteht. Aber warum nicht, sie weiß um die Kraft einer guten Geschichte – womit sie ein wichtiges Einstellungskriterium für den Job der Prinzessin erfüllt. Es war übrigens ein Artikel auf ihrem Blog «The Tig», der UN Women auf die Schauspielerin aufmerksam machte, und für Meghan war es der Startpunkt, sich mehr und mehr auf ihre Charity-Arbeit zu konzentrieren.

Für UN Women reiste sie nach Ruanda, in ein Land, das 2017 mit vierundsechzig Prozent den weltweit höchsten Anteil von Frauen im Parlament hatte. Sie lernte. Sie traf sich mit kleineren Organisationen, die sich für die Rechte von Frauen einsetzten, und weitete ihr Engagement immer weiter aus: Für World Vision Canada reiste sie 2016 ein weiteres Mal nach Ruanda, um die Aufmerksamkeit auf den negativen Einfluss der Trinkwasserknappheit auf die Bildung junger Mädchen zu lenken. Neben Justin Trudeau, Kofi Annan, Emma Watson und vielen anderen nahm sie 2016 zum zweiten Mal als Beraterin am Gipfeltreffen der britischen Organisation One Young World teil, die junge Talente aus der ganzen Welt mit Politikern zusammenbringt, um gemeinsam auf die drängenden Probleme unserer Zeit aufmerksam zu machen. Erneut für World Vision traf sie sich 2017 in Indien unter anderem mit Suhani Jalota, der Gründerin der Myna Mahila Foundation, und schrieb im Anschluss an die Reise einen leidenschaftlichen Artikel darüber, wie sich das Tabu, mit dem das Thema Menstruation bei Frauen in Indien auch heute noch belegt ist, auf die Bildung der jungen Frauen auswirkt. Es wurde ein kraftvoller Appell, eine klare Aufforderung, endlich aktiv zu werden: «Wenn wir Mädchen bestärken, die nach Wissen gieren, ziehen wir Frauen heran, die sich ermutigt fühlen, in ihren Gemeinschaften und in der Welt einen Wandel herbeizuführen. Wenn wir uns das für sie erträumen, dann beginnt unser Versprechen mit unserem Verhalten. Punkt.»[230]

Und es war diese Leidenschaft, die Harry an Meghan sofort mochte und, wie passend, sie auch an ihm: «Das war wirklich mit das Erste, worüber wir eine Verbindung herstellten, mit das Erste, worüber wir sprachen, als wir uns trafen – die verschiedenen Dinge, die wir in der Welt bewegen wollten, und unsere Leidenschaft dafür, eine Veränderung zu sehen. Das war es, was das zweite Date unter Dach und Fach brachte», erklärte Meghan lachend im Verlobungsinterview. Und wie wir wissen, war es ebendieses erste Treffen und diese wichtigen ersten Gespräche, die dazu führten, dass beide sich Hals über Kopf verliebten. Es war Harry, der sagte, dass man sich als Zukünftige eines Prinzen eben nicht nur für eine Beziehung entscheidet, sondern auch einen neuen Karriereweg einschlägt, und dass sie ein paar sehr offene Gespräche miteinander geführt hatten, bei denen er ihr deutlich gesagt habe, dass es «eine große Sache» sei und «nicht für jeden ein Leichtes».[231] Trotzdem war er sich sicher: «Der Fakt, dass ich mich so schnell in Meghan verliebte, war für mich eine Art Bestätigung, dass die Sterne richtig standen, alles war einfach perfekt. Da war diese schöne Frau, die wortwörtlich stolperte und in mein Leben fiel, und ich fiel in ihres. Und dass ich weiß, dass sie, auch was den Job betrifft, wirklich unglaublich gut sein wird, ist natürlich eine große Erleichterung für mich, weil sie in der Lage sein wird, mit all dem zurechtzukommen, was damit verbunden ist.»[232]

Und damit verbunden war für Meghan, dass sie einiges von dem aufgeben musste, was ihr vor der öffentlich gewordenen Beziehung mit Prinz Harry noch am Herzen gelegen hatte. Im Laufe des letzten Jahres machte sie Schluss mit all diesen Dingen. Schrittweise verabschiedete sie sich von einem Teil ihres früheren Lebens und wurde damit immer mehr zu einem festen Teil in der königlichen Familie. Anfang 2017 schloss sie, und das dürfte ihr wohl mit am schwersten gefallen sein, ihren erfolgreichen Lifestyle-Blog «The Tig» – ein Verlust für Meghan und auch für eine große Community von Lesern, die ihr folgten. Drei Jahre lang hatte sie die Seite unermüdlich mit Beiträgen über ihre Leidenschaft für gutes Essen, für Mode und Reisen in ferne Länder gefüllt, bis das, was als persönlicher Blog begann, immer größer wurde und sie die Seite gemeinsam mit einem Team zu einer Lifestyle-Seite ausbaute – das alles neben ihrer Karriere als Schauspielerin und ihrem humanitären Engagement. Die Seite war «ihr Baby», und das Herz der Seite waren ihre persönlichen Texte. Ihre Reden und die Artikel, die sie etwa für das Magazin *Darling*, für das *Time Magazine* und für die *Elle* schrieb, waren für viele eine Inspiration, schon damals konnte man eine Frau entdecken, die selbstreflektiert und offen über private Kämpfe und ihre Unsicherheiten schrieb, aber auch von ihren Ambitionen: «Ich wollte nie eine Lady sein, die luncht, ich wollte eine Frau sein, die arbeitet», und genau das tat sie.[233]

In «The Tig» berichtete sie auch offen und ehrlich von ihren frustrierenden ersten Jahren als Schauspielerin, die nicht so glorreich waren, wie man das vermuten könnte. Es waren lange Jahre, in denen sie in einem klapprigen Wagen von Casting zu Casting fuhr, um für Rollen wie «Girl#2» vorzusprechen, großes glamouröses Kino sah anders aus. Und auch die Filmbranche war weniger offen, als sie dachte. Auch hier wurde sie in Schubladen gesteckt, in die sie nicht passte. Immer wieder hieß es, sie sei «nicht schwarz genug für die schwarzen Rollen und nicht weiß genug für die weißen Rollen».[235] Und so nahm sie eben jeden Job, der da so kam. Sie lief als Koffer-Model durch die Fernsehsendung «Deal or No deal», sie verdiente ihr Geld als Kellnerin, spielte winzige Nebenrollen, bei denen sie meist nur durchs Bild lief oder am Ende ganz herausgeschnitten wurde. Und dann gab es doch noch ein Wunder. Sie ergatterte die Rolle der Rachel Zane in der erfolgreichen Anwaltsserie «Suits», und es wurde ihr Durchbruch. Sieben Staffeln spielte sie den Traum einer Anwaltsgehilfin, bis zum November 2017, da verriet sie im großen Verlobungsinterview, dass sie aus der Serie ausgestiegen ist. Leise und unbemerkt hatte sie in ihrer Heimat Toronto alle Siebensachen eingepackt, hatte sie zu Harry nach London verschifft und war in sein Apartment im Kensington Palace gezogen. Bis dahin hatte sie sogar schon die Queen treffen dürfen und saß bei ihr auf ein Tässchen Tee zu so einer Art Prinzessinnen-Vorstellungsgespräch. Und nicht nur die Queen war von der jungen Frau begeistert, auch ihre Hunde, und damit hatte Meghan sofort das Herz der Queen erobert. Harry wusste das und berichtete: «Die letzten dreiunddreißig Jahre musste ich mich anbellen lassen. Und sie kommt hier rein, und es passiert absolut nichts! Nichts als freudiges Schwanzwedeln.»[236] Noch etwas, das Meghan zurücklassen musste: ihren Hund Bogart. Sie hatte eigentlich zwei. Doch nur Guy durfte mit nach London umziehen, Bogart war für die große Reise über den Teich einfach zu alt und musste bei Freunden in Toronto bleiben. Da werden Meghan und die Queen gleich ein Thema gehabt haben. Und nachdem die Corgies Harrys neue Braut aufgenommen und damit abgesegnet hatten, soll die Sache für die Queen schnell klar gewesen sein.

Überhaupt dürfte diese junge Frau der Queen gefallen haben. Meghan ist keine von diesen Püppchen-Frauen, sondern selbstbewusst und mit zwei Beinen im Leben stehend, erfolgreich dazu, und selbst die vielen negativen Berichte und Spekulationen bis hin zu den sexistischen und rassistischen Bemerkungen gegen ihre Person ertrug Meghan, ganz wie die Queen es immer getan hat, schweigend, eisern und mit Disziplin und Selbstbeherrschung. Im Verlobungsinterview auf die Berichterstattung angesprochen, sagte sie nur ganz ruhig: «Natürlich ist es entmutigend ... Aber letztlich bin ich einfach stolz darauf, wer ich bin und woher ich komme. Und wir haben das nie auf diese Weise in den Mittelpunkt gerückt, wir haben uns nur darauf konzentriert, wer wir als Paar sind. Wenn man all diese Ebenen beiseitelässt und all den Lärm, wird es leichter, das Zusammensein einfach zu genießen.»[237] Längst hatte die Queen Harry und Meghan zu diesem Zeitpunkt ihren Segen gegeben – und offenbar störte sie sich auch nicht an der Berichterstattung, die auf die Bekanntgabe der Verlobung folgte. Als geschiedene Frau sei Meghan nicht geeignet, die Rolle einer Prinzessin auszufüllen, twitterte der *Spectator* noch am Tag der Verlobung. Für manche war sie gar «Princess Pushy» – die drängelnde Prinzessin, zu der einige Blätter mit Hilfe von Interviews mit ihren Halbgeschwistern sie machen wollten, andere verglichen sie – wegen ihrer amerikanischen Wurzeln und der Tatsache, dass sie eine geschiedene Frau war – mit Wallis Simpson, für die Edward VIII. 1936 auf den Thron verzichtet und damit eine konstitutionelle Krise ausgelöst hatte. Eine geschiedene Frau, das sei nicht britisch genug, hatte damals das Urteil gelautet, und tatsächlich gab es noch im Jahr 2017 Menschen, die so ein Urteil auch über Meghan fällten. Die Queen sah es anders: Am 14. März 2018 machte sie es endgültig offiziell: «Ich erkläre meine Einwilligung zu einer Ehe zwischen meinem innig geliebten Enkel Prinz Henry Charles Albert David von Wales und Rachel Meghan Markle ...» Das muss man dazusagen, Harrys erster Vorname lautet eigentlich Henry und Meghans erster Vorname Rachel. Harry sagen zwar heute fast alle, aber eigentlich ist es nur der Spitzname des Prinzen, während Meghan sich dachte, Rachel klinge in dem Schauspielberuf nicht besonders genug, und so wurde aus Rachel für immer Meghan. Übrigens war es tatsächlich erst das zweite Mal in der Geschichte der Windsors, dass die Queen eine Hochzeit zwischen einer geschiedenen Frau und einem Mitglied der königlichen Familie absegnete. Auch die Monarchie hat gebraucht, um mit der Zeit zu gehen.

Harry als zum damaligen Zeitpunkt Fünfter in der Thronfolge auf die Zustimmung seiner Großmutter angewiesen war? Bis vor kurzem musste jeder Nachfahre von König George II. die Erlaubnis für eine Heirat bei der Queen einholen. Erst 2015 löste der Succession to the Crown Act das Gesetz aus dem – festhalten – Jahr 1772 ab. Hätte die Queen der Hochzeit ihres Enkels übrigens nicht zugestimmt, hätte er dennoch heiraten können, wäre aber das Risiko eingegangen, samt seiner Nachkommen von der Thronfolge ausgeschlossen zu werden.

Anfang der fünfziger Jahre fand sich die Queen in der unangenehmen Lage, einer Hochzeit ihrer eigenen Schwester mit dem geschiedenen Peter Townsend nicht zustimmen zu können. Als «Head of the Church of England» war es der Queen nicht möglich, ihrer eigenen Schwester ihre Zustimmung zu geben, das hätte ihre Rolle und dem Thron geschadet. Zumindest war das damals die Befürchtung, niemand wollte den Thron in Gefahr bringen. Das führte zu großem Kummer bei ihrer Schwester. Zum Glück gab es dann aber doch noch ein Hintertürchen: Bei Erreichen des 25. Lebensjahres war Margaret nicht mehr auf die Einwilligung ihrer Schwester angewiesen, sondern auf die des Kronrats, der sein Einverständnis erteilen konnte, sofern die Prinzessin auf die Thronfolge und die Privilegien ihrer Position verzichtete. Obwohl die Öffentlichkeit hinter der Prinzessin stand – «Los doch, Marg, tu, was du willst», sollen ihr die Frauen auf der Straße damals zugerufen haben –, war man im Palast davon überzeugt, dass die Hochzeit der Monarchie schaden werde. Und obwohl Premierminister Eden damals durchaus gewillt war, seine Zustimmung zu erteilen, dazu viele im Parlament und selbst die Queen das Gesetz für überholt hielten und es schon damals ändern wollten, erkannte auch er, dass jede Abkehr von den Pflichten gegenüber der Krone ein Schlag für die Monarchie war. Es wurde sogar an einem Kompromiss gearbeitet, bei dem die Prinzessin zwar ihr Anrecht auf den Thron aufgegeben hätte, ihren Pflichten als Königliche Hoheit aber weiter nachgekommen wäre und somit auch ihre Privilegien nicht hätte aufgeben müssen. Zuletzt hielt Margaret diesem großen Druck einfach nicht mehr stand und gab klein bei: «Ich gebe hiermit bekannt, dass ich entschieden habe, Group Captain Peter Townsend nicht zu heiraten. Mir ist bewusst, dass es mir möglich gewesen wäre, eine bürgerliche Ehe zu schließen, wenn ich mein Erbrecht aufgegeben hätte. Aber eingedenk der Lehre der Kirche, dass eine christliche Hochzeit unauflöslich ist, und im Bewusstsein meiner Verpflichtungen gegenüber dem Commonwealth, habe ich entschieden, diese Erwägungen höher einzuschätzen als alle anderen ...»[238]

Fast achtzig Jahre hat es gebraucht, um das zu ändern. Prinz Harry war der erste Windsor, der einer geschiedenen Frau in einer kirchlichen Zeremonie das Ja-Wort gab. Erst 2002 erlaubte es die anglikanische Kirche Geschiedenen unter besonderen Umständen, erneut kirchlich zu heiraten. Charles und Camilla verzichteten bei ihrer Hochzeit noch auf eine kirchliche Trauung, um einer öffentlichen Kontroverse und den vielen Diskussionen aus dem Weg zu gehen – die Menschen hatten nicht vergessen, welche Rolle Camilla in der Ehe von Charles und Diana gespielt hatte.

Verschwiegen, wie die Queen nun mal ist, weiß natürlich niemand sicher, was die Queen über Meghan denkt. Aber im

Hinblick auf die heutigen Anforderungen an eine Prinzessin ist Meghan wohl das, was man als geeignet bezeichnen würde für diese vorher vakante Position an Harrys Seite. Und es wird ihr wohl helfen, dass sie es als Schauspielerin schon kennt, wenn alle Handykameras auf sie gerichtet sind und die Fotografen ihren Namen rufen. Höhenflüge sind da genauso wenig zu befürchten wie, dass sie dieser Situation nicht standhalten würde. Ihr großes Engagement für soziale Zwecke wird ihr dabei sicher noch viele Türen öffnen. Und bestimmt sah die Queen – die ja eben nicht nur die Queen ist, sondern in diesem Fall vor allem auch eine liebende Großmutter – und spürte dort an der Teetafel und in der warmen Nachmittagssonne sicher noch etwas, das den Ausschlag für ihre Zustimmung gab. Etwas, was viele andere kurz nach der Bekanntgabe von Harrys und Meghans Verlobung auch erkannten, als die beiden eng umschlungen im White Garden von Kensington Palace zum Fototermin erschienen. Und dafür brauchte es mal wirklich keine Lippenleser.

Viel eher hatten die Experten, die sich mit Körpersprache beschäftigen, an diesem Paar ihre Freude. Denn die waren sich in ihren Analysen alle einig, und vermutlich hätte für dieses Urteil auch ein Paar gesunde Augen gereicht: Hier stellte ein Paar seine Hochzeit in Aussicht, das vor allem schwer verliebt und gerade irgendwo auf Wolke sieben unterwegs war. Und das sollte doch, Royal oder nicht, immer der Anfang einer guten Liebesgeschichte sein.

WUSSTEN SIE SCHON, DASS ...

Harry den Verlobungsring, der an Meghans Finger aufblitzt, selbst entworfen hat? Der große Stein ist aus Botswana, einem Land, das Harry als seine zweite Heimat bezeichnet.

Die zwei kleineren Steine stammen aus der Privatkollektion seiner Mutter Diana. Er war übrigens nicht der erste Prinz, der sich als Schmuckdesigner versuchte. Vielmehr eiferte er seinem Großvater Prinz Philip nach, der 1946 gemeinsam mit dem Juwelier Philip Antrobus den Verlobungsring für seine Freundin Elizabeth entwarf. Auch er griff dabei auf die Diamanten seiner Mutter zurück. Alice von Battenberg überließ ihm eine Tiara, die sie einst selbst anlässlich ihrer Hochzeit von Zar Nicholas II. geschenkt bekommen hatte.

Einer der Reporter rief Harry zu, wann er gewusst habe, dass Meghan die Richtige für ihn sei, und der antwortete sofort drauflos: «Als wir einander das erste Mal trafen.»[239] Das erste Date lag an diesem Tag im November knapp eineinhalb Jahre zurück, und in dieser Zeit hatte Meghan für Harry und die Royals ihr gesamtes Leben umgekrempelt – turnte nicht mehr Yoga bei Instagram, war keine Schauspielerin mehr, hatte ihren Blog aufgegeben und sogar einen ihrer Hunde plus den Wohnsitz. Doch all das schien Meghan nicht mal besonders schwer gefallen zu sein.

Im Verlobungsinterview mit der Journalistin Mishal Husain wurde Meghan darauf angesprochen, was sie denn schon alles hatte aufgeben müssen, doch Meghan erwiderte nur: «Ich sehe es nicht so, als würde ich etwas aufgeben, ich sehe es eher als eine Veränderung. Es ist ein neues Kapitel.» Für Meghan stellte sich der Übergang in die königliche Familie weniger einschneidend dar als für Außenstehende. Nun war sie eben nicht mehr Schauspielerin, sondern Prinzessin und würde für die humanitären Zwecke, die ihr so wichtig sind, um die Welt fliegen. Kein schlechter Plan B.

Noch etwas fiel auf bei Meghans erstem öffentlichen Auftritt und den anschließenden Foto- und Presseterminen. Meghan machte ihre Sache richtig gut. Gelassen und ziemlich cool. Und damit zeigte sie auch, dass sie eine echte Stütze für ihren Mann sein kann. Denn Harry hat schon früh zugegeben, dass ihn auch nach den vielen Jahren in der Öffentlichkeit Blitzlichtgewitter immer noch nervös machen. Sie war es, die ihm bestärkend über den Arm strich und sich rückversichernd an ihn lehnte. Zu Gast beim Podcast Mad World von Bryony Gordon hatte Harry schon 2017 erzählt, dass er manchmal regelrecht unter Panikattacken leide während offizieller Auftritte: «Jedes Mal, wenn ich mit einer Menge Leute in einem Raum war, was ziemlich oft vorkommt, hatte ich Schweißausbrüche, und mein Herz machte nur so – bumm, bumm, bumm, bumm … und ich dachte: O mein Gott, holt mich sofort hier raus.»[240] Meghan wird ihren Mann in diesem Punkt sicher stärken. Mit ihr hat Harry eine Frau gefunden, mit der er öffentliche Auftritte und den Druck, der damit verbunden ist, zumindest teilen kann. Auch im Verlobungsinterview war es Meghan, die die Themen und die Richtung vorgab und dieser doch eher steifen Veranstaltung Stimmung einhauchte: mit Gesten und Bildern, die die Welt, die einem Liebespaar zuhört, natürlich besonders gern sieht. Sie hielt seine Hand fest umschlossen, beide sahen einander lange an und erzählten von dem, was Liebespaare eben gern so tun, gemeinsamen Spaziergängen, selbst ein Campingausflug wird dann plötzlich eben ganz romantisch.

Vergleicht man es mit dem Interview, das William und Kate anlässlich ihrer Verlobung gaben, sieht man noch mehr, welchen Profi Harry da geheiratet hat. Kate hingegen, damals ja auch erst achtundzwanzig Jahre alt, hatte kaum Erfahrung mit öffentlichen Auftritten vor der Kamera und fühlte sich sichtlich neu in dieser Rolle. Wie sollte es auch anders sein, sie war nervös, wie es wohl den meisten Frauen in dieser Situation gegangen wäre. Damals war es William, der ihr die Hand hielt und ihr durch das Interview half. Bis heute mag Kate diese Rolle. Sie ist gern die Frau an Williams Seite oder auch mal im Hintergrund. Mit größeren Gefühlsäußerungen hält sie sich immer lieber zurück und ist überhaupt eher ein kontrollierter Typ – außer sie macht gerade ein Wettrennen gegen ihren Mann im Drachenboot-fahren. Dabei darf man sicher nicht vergessen, dass Kate mal zukünftige Königin von England wird und sehr genau weiß, dass ihr genau diese Geduld, Ruhe und Gelassenheit abverlangt werden. Politische Äußerungen sind auf diesem Posten sowieso nicht gefragt, und wenn, nur sehr vorsichtig.

Meghan ist da anders. Ihre Botschaften sind immer klar, und sie will sie auch weitergeben. Und Harry wird damit leben müssen, dass er eine Frau an der Seite hat, die im Gespräch gern den Löwenanteil übernimmt. Diese Frau weiß, was sie will, und genau das ist es wohl, was Harry so an ihr gefällt: «Ich kann nun noch mehr Energie auf die Bereiche verwenden, die mir sehr wichtig sind. Wenn man erst mal einen Zugang und eine Stimme gefunden hat und die Menschen einem zuhören, rea-lisiert man sehr früh, dass damit eine große Verantwortung einhergeht», bekräftigt Meghan.[241] Zwei Monate nach ihrer Verlobung kappte sie übrigens die letzte Verbindung zu ihrem alten Social-Media-Ich und stellte ihre Accounts bei Instagram, Facebook und Twitter ein – seitdem müssen die Fans darben. Es gibt keine Urlaubs-Selfies mehr, keine Fotos im Bikini und keine Liebesbotschaften über Social Media an Prinz Harry mehr. In Zukunft wird man auch von Meghan und ihren offiziellen Auftritten über den Twitterkanal der jungen Royals hören. Als Mitglied der Familie gilt für Meghan jetzt das Credo wie für alle

Royals: Familie und Krone first. Wie das alles genau so aussehen und laufen soll, wird ihr wohl Kate verraten. Als Schwägerin und Ratgeberin in Prinzessinnenfragen. In der Vergangenheit haben sich die Windsors nicht immer nur mit Ruhm bekleckert, wenn es darum ging, neue Familienmitglieder in ihre Reihen aufzunehmen. Selbst Prinz Philip soll es beim Personal und bei seiner Schwiegermutter anfänglich schwer gehabt haben. Queen Mum soll sich damals vor allem an den deutschen Wurzeln des Mannes gestört haben, der da um die Hand ihrer Tochter buhlte. Hintergrund war eine tragische Familiengeschichte. Der Bruder von Queen Mum hieß Fergus und war im Ersten Weltkrieg an der deutsch-französischen Front gefallen, und diesen Verlust hatte die Schwester nie verwunden. Zudem war Prinz Philip keine durchweg gute Partie. Er verfügte zumindest aus Sicht von Queen Mum als Marine Lieutenant nicht über ausreichend finanzielle Mittel. Und auch das Familienvermögen war längst nicht beeindruckend. Aber Elizabeth setzte sich durch und heiratete ihren Philip, der für sie seine griechische Staatsbürgerschaft und seine Titel aufgab, in die anglikanische Kirche eintrat und, wie auch Meghan Markle, die britische Staatsbürgerschaft annahm. Wie sich herausstellte, war Prinz Philip ein echter Hauptgewinn, nicht nur für die Queen, deren große Stütze er wurde. Und auch wenn sie außerhalb des Palastes immer alleinige Chefin war, hinter den Mauern gab es durchaus noch einen anderen Tonangeber, und das war Prinz Philip, der durchaus seine Vorstellungen zur Modernisierung der Krone hatte und die auch umzusetzen wusste. Außerdem war er mit seinen jungen Jahren ein begehrter Typ, eine Art besonderer Star unter den Royals wegen seines guten Aussehens. Trotzdem hatten es alle schwer, die Philip nachfolgten, gerade in der Zeit, in der sie noch nicht offiziell Teil der Familie waren. Aber im vergangenen Jahr zeigte sich, dass nicht nur Harry alles daransetzte, seiner zukünftigen Frau den Übergang so schonend wie möglich zu gestalten, sondern auch der Rest der Familie schien zu sagen: Hier sind wir, willkommen. Denn nicht nur mit der Queen trank Meghan mehrfach Tee, es gab auch mehrere Abendessen mit ihren neuen Nachbarn im Kensington Palace – William und Kate –, Besuche bei der Familie Spencer und immer wieder Treffen mit Harrys Vater. Und obwohl sie noch nicht offiziell Teil der Familie war, feierte sie bereits Weihnachten gemeinsam mit Harrys Familie in Sandringham. Offenbar haben die Windsors in diesem Punkt aus alten Fehlern gelernt. Sicherlich hat Meghan zusätzlich auch noch ein umfangreiches Training bekommen. Sie musste schließlich Wichtiges lernen über die Etikette am Hofe, Zahlen und Fakten zur Landesgeschichte und zu Politik und Firmenstruktur. So weit weg von Prinzessinnenschule ist das gar nicht. Doch es zeigte schnell Wirkung, oder Meghan ist ein Naturtalent.

Denn schon heute knickst sie höflich vor den richtigen Leuten, kleidet sich zurückhaltend und elegant und wie es sich für eine Herzogin gehört. Selbst wie sie sitzt, ist perfekt prinzessinnenlike. Die Knie seitlich geneigt, die Beine an den Fesseln leicht verschränkt – 1 a. Auch ihren Kleiderschrank hat sie ihrem neuen Jobprofil angepasst und dafür ordentlich ausgemistet. Früher trug sie mit Vorliebe Kleider kanadischer Designer, heute darf es bitte britisch sein. Marken wie Burberry, Ralph & Russo, Erdem, Jigsaw und Self-Portrait hängen heute in ihrem Schrank. Die Miniröcke, kurzen Shorts und Kleider in bunten Farben sind weg, stattdessen trägt sie lange Röcke bis übers Knie, Mäntel in gedeckten Farben und natürlich Hüte – der Meghan-Stil ist geboren. Und schon vergleichen die ersten Zeitschriften die jungen Prinzessinnen mit der Frage: Spieglein, Spieglein an der Wand, wer ist die schönste Prinzessin im Land? Welche hat mehr Stil, mehr Eleganz, mehr Pep?

Meghan hat ihre Art der Kleidung gefunden. Modern, klassisch, aber nicht langweilig. Sie kombiniert breitkrempige Hüte mit Trenchcoat im Military-Stil und macht damit Altes wieder schick.

Dabei achtet sie wie schon Kate zuvor auf die richtige Mischung zwischen Erschwinglichem und Teurem. Der Designer Michael Kors lobte in der *Vogue*: «Ich denke, sie kennt sich selbst, und sie hat einen Look oder Outfits gefunden, die für sie in ihrer neuen Rolle funktionieren. Ihr Stil ist lässig mit einem Hauch simpler Raffinesse.»[242] Längst greift auch für Meghan der Kate-Effekt. Die Tasche des schottischen Labels Strathberry, für die sie sich bei ihrem ersten offiziellen Termin in Nottingham entschied, war innerhalb von elf Minuten nach ihrem Auftritt ausverkauft. Leeanne Hundleby von Strathberry erzählte der *Vogue*: «Es war unser bisher verrücktester Tag ... jedes Mal, wenn die Bestände wieder aufgefüllt waren, gingen die Taschen weg wie warme Semmeln und wurden in Länder wie Japan oder Deutschland versandt, wo die Marke bisher weniger bekannt war.»[243] Und so ging es weiter. Wie Kate verhilft Meghan der britischen Modeindustrie zu einem gesteigerten Umsatz und versteht es dazu, auch unbekannteren Labels aus aller Welt einen großen Auftritt zu ermöglichen. Im letzten Jahr war Meghan Markle eine der weltweit meistgegoogelten Persönlichkeiten und stieg wie Kate nach ihrer Hochzeit mit Prinz William zu einer der Top-Fashion-Influencer Großbritanniens auf. Natürlich gibt es da immer wieder Vergleiche mit der Herzogin von Cambridge. Seit Monaten werden die Frauen aneinander gemessen. Und natürlich wird auch mit Diana verglichen. Hat sie so viel Stil? Ihre Klasse? Dabei füllen Kate und Meghan grundverschiedene Positionen in der Familie aus. Kommen sich dabei also gar nicht ins Gehege, und so macht jede modisch ihr Ding. Kate wird irgendwann an der Seite ihres Mannes die Königin Englands werden – eine Position, an die viel größere Verpflichtungen und Erwartungen geknüpft sind als an Meghan, deren Ehemann auf Rang sechs der Thronfolge steht. Kates Rolle ist klar. Sie wird Königin und muss dem schon jetzt vieles unterordnen. Meghan hat Glück, sie darf ihre Rolle noch gestalten und neu schreiben. Sicher wird sie daran hinter den Kulissen schon fleißig arbeiten. Bei ihrem ersten gemeinsamen Auftritt als Viererteam mit Harry, William und Kate war schnell klar, sie hat längst ihren Platz. Nicht nur in der Royal Foundation. Dort während eines Forumgesprächs machte sie denn auch klar, dass sie bereits Pläne habe für sich und ihre Zukunft. Sie treffe sich derzeit mit verschiedenen Partnern und Organisationen und lerne, so viel sie könne, um die Chance, die sich ihr als Teil dieses neuen Forums biete, bestmöglich nutzen zu können. Wir dürfen also gespannt sein, was Meghan noch so plant – einen ersten Hinweis gab sie noch vor diesem Interview: Wie schon Kate und William anlässlich ihrer Hochzeit baten Meghan und Harry, von Hochzeitsgeschenken abzusehen und stattdessen an ein paar ausgewählte Organisationen zu spenden – darunter die Myna Mahila Foundation, deren Gründerin Meghan 2017 in Indien kennengelernt hatte. Neben der Stärkung von Frauen und dem Einsatz für die Streitkräfte repräsentieren die anderen Organisationen womöglich das Spektrum an Themen, für die sich das Paar in Zukunft einsetzen wird – darunter mit Natur- und Umweltschutz, der Bekämpfung von Obdachlosigkeit und HIV, also alles drängende Probleme unserer Zeit, mit denen die britische und auch die weltweite Gemeinschaft zu kämpfen hat.

die Queen und Prinz Philip anlässlich ihrer Hochzeit im Jahr 1947 noch mit Geschenken überschüttet wurden? Die über 2500 Präsente aus aller Welt wurden in einem umfassenden Register aufgelistet, darunter finden sich neben einer Nähmaschine von Singer unter anderem so kuriose Gaben wie 131 Paar Nylonstrümpfe oder fünfhundert Kisten mit Ananas in Dosen aus Australien. Auch die Familie beschenkte die Brautleute – Prinzessin Margaret steuerte einen Picknickkorb bei, Queen Mary ein Bücherregal.

Dass Meghan eine souveräne, selbstbewusste und emanzipierte Frau ist, hat sie in den vergangenen Jahren schon gezeigt. Und eine Stärkung von Frauen und deren Themen, dafür steht sie ein: «Man hört die Leute oft sagen, man müsse Frauen dabei helfen, ihre Stimme zu finden, aber ich bin ganz anderer Meinung. Frauen haben eine Stimme. Sie müssen sich darin bestärkt fühlen, sie zu nutzen, und die Menschen müssen dazu angehalten werden, zuzuhören.»[244] In einem Interview, das sie noch vor der Verlobung der *Vanity Fair* gab, hat sie deshalb auch noch mal betont, dass sie zwar eine Beziehung habe, sich aber nicht über einen Mann definieren würde. Und sich auch nicht verändert habe, trotz dieser Beziehung. Also, Harry wird in dieser Ehe nicht die Hosen anhaben. Prinz hin oder her. Oder mindestens muss er sich die Hose mit einer taffen Ehefrau teilen.

Wie viel Freiraum sich Meghan aber tatsächlich schaffen kann und wie viel ihr dabei die neue Rolle abverlangen wird, dass weiß wohl selbst sie noch nicht. Sicher ist, dass all das im Licht der Öffentlichkeit passieren wird.

Und dass man ihr wünschen kann, dass ihre Film-Berühmtheit ihr hilft, vieles an sich abprallen zu lassen. Nach hundert Ehetagen haben bereits die Ersten in Großbritannien Bilanz gezogen, und da gab es viel Respekt für die junge Frau an Harrys Seite, die schon früh gezeigt hat: Man kann auch manches anders angehen – selbst wenn Adel und dann auch noch so ein Familienname verpflichtet.

#HARRYUNDMEGHAN – DIE ETWAS ANDERE TRAUMHOCHZEIT

Warum eigentlich Windsor? Prinz Harrys Bruder William hatte in London geheiratet. Die Prachtstraße The Mall wurde an diesem Tag zu einer Art Fan-Meile für Hochzeitstouristen. Harry wollte es anders. Kleiner und zurück an den Ort, mit dem die Familie so viel verbindet. Windsor – ein Ort mit Schloss, oder sollte man sagen: ein Schloss und ein bisschen Ort? Die Royals verbrachten gern ihr Wochenenden dort. Und bis heute erzählt der deutsche Bäcker und Hoflieferant im Ort gern die Geschichte, dass die Queen selbst im hohen Alter noch durch den Schlosspark reitet. Wer was über die Geschichte von Windsor wissen will, der muss im Familienalbum blättern und kann zurückgehen bis zu Wilhelm dem Eroberer. Bis heute ist Windsor das größte immer noch aktiv bewohnte Schloss in Europa. Und auch als Namensgeber der Familie musste es herhalten. Denn nachdem die Familie von der deutschen Seite Sachsen-Coburg und Gotha nicht mehr viel wissen wollte, entschloss sich Georg V. nach einem Tipp seines Privatsekretärs, die ganze Familie in Windsor umzubenennen. Das war im Jahr 1917. Der Name ist geblieben. Der alte Name fast vergessen.

William und Harry fühlen sich zu Hause in diesem alten Schloss in Windsor. Sie kamen noch zum Teetrinken hierher zur berühmten Oma, da waren sie lange schon am College.

Dass ein Windsor in Windsor heiratet, ist übrigens nicht so ganz ungewöhnlich. Prinz Charles mochte die Abgeschiedenheit dieses Ortes und heiratete ebenfalls dort. Es war sein zweiter Hochzeitsanlauf und die Ehe mit Herzogin Camilla, die in Windsor geschlossen wurde.

Wer jetzt davon träumt, einmal wie die Royals in Windsor zu heiraten, der muss eine unromantische Sache in Kauf nehmen: den vielen Fluglärm. Das Schloss liegt in Londons Einflugschneise und wird minütlich von drei Flughäfen aus überflogen. Wer hier Filme dreht – ich habe es einige Male selbst erlebt –, der muss entweder schnell sprechen oder mit vielen Unterbrechungen leben. Das macht sich auf Hochzeitsvideos weniger gut. Harry war das egal. Und er wurde entschädigt für den Lärm.

Denn es gab kaiserliches Wetter für den Prinzen und seine Prinzessin an ihrem großen Hochzeitstag. Und es lag wohl nicht nur an den blankpolierten Helmen und Rüstungen der berittenen Blues and Royals und dem Sekt, der entlang der Absperrungen getrunken wurde, dass die Zuschauer, die am Long Walk standen – von wo aus man den besten Blick hatte auf die Hochzeit –, wie beschwipst wirkten, als die Kutsche mit dem frischvermählten Brautpaar an ihnen vorüberfuhr. Vielmehr waren es wohl die verliebten Blicke, die das Brautpaar während der Zeremonie austauschte, die die vielen Schaulustigen mitstrahlen ließen. Noch lange nachdem die Kutsche mit Meghan und Harry schon hinter den dicken Mauern von Windsor verschwunden war, feierten Gäste aus vielen Teilen des Landes weiter. Die Briten bejubelten diese Verbindung bei Straßenfesten, es gab private Feiern, Hochzeitspicknicks und Teepartys. Ob Bänker oder Punker – wenn es um ihre Royals geht, entwickeln die Briten eine faszinierende und ansteckende Euphorie und Feierlaune.

Bei dieser Hochzeit war es in Übersee nicht anders. Um die dreißig Millionen Menschen quälten sich zu noch nachtschlafender Zeit aus den Federn, um die Hochzeit zwischen ihrem California-Girl und dem britischen Prinzen ja nicht zu verpassen – das Interesse in den USA toppte sogar die Quoten anlässlich Williams und Kates Hochzeit im Jahr 2011. Dabei war die Hochzeit nicht nur ein TV-Ereignis. Unter #RoyalWedding verzeichnete Twitter am Hochzeitswochenende insgesamt fast 4,5 Millionen Tweets, fast sechs Millionen Tweets zum Thema waren es insgesamt.

Und diese Hochzeit bot noch lange über den eigentlichen Tag hinaus eine Menge Gesprächsstoff – das Kleid, entworfen von einer Designerin, die niemand so recht auf dem Schirm hatte, geriet dabei fast zur schönen Nebensache. Aber der Reihe nach. Fangen wir an ...

#DIEROYALEGÄSTELISTE

Dass bei dieser Hochzeit alles etwas anders sein würde, als sonst üblich bei royalen Festen, merkte man schnell. Allein schon, weil so viele amerikanische Kamerateams in Windsor Stellung bezogen. Auch die wollten etwas abhaben vom royalen Zauber. Schließlich ist Meghan gefühlt ein wenig auch ihre Prinzessin. Doch auch in den USA war die britisch-amerikanische Lovestory eben *das* Medienereignis. In Hollywood, so wurde nach der Hochzeit berichtet, schreibt man schon an den Drehbüchern – nach einer wahren Begebenheit, wird es dann wohl heißen.

Wie anders diese Feier werden würde, zeigte sich auch an der royalen Gästeliste. Immer eines der bestgehüteten Geheimnisse in royalen Kreisen. Die Frage: Wer ist eingeladen und wer nicht? Erste Erkenntnis: Royale Gästelisten können selbst bei einer Hochzeit dieses Formats auch mal kürzer ausfallen, wenn es sich das Paar denn so wünscht.

Harry und Meghan wünschten es so. Eine kleine Hochzeit wollten sie, gut, nicht ganz klein, Prinz bleibt eben Prinz, aber doch eben eine kleinere royale Hochzeit. Zumindest im Vergleich zu Williams und Kates war sie mit nur sechshundert geladenen Gästen geradezu bescheiden. Die Erklärung ist einfach, diese Hochzeit war weniger hochoffiziell als die von William, und deshalb durfte das Brautpaar bei Politikern und der europäischen Verwandtschaft den Rotstift ansetzen und wegstreichen, wen sie eben nicht dahaben wollten. So kamen außer John Major, dem ehemaligen Premierminister, wenige politische Namen auf dieser Gästeliste vor. Meghan und Harry luden stattdessen Bekannte, Freunde und die engste Familie nach Windsor ein, und man kann sich vorstellen, wie sie diese Freiheit bei der Gestaltung ihrer Gästeliste genossen haben. Dafür kam Ihre königliche TV-Hoheit Oprah Winfrey, und sie hatte einen wahrhaft großen Auftritt in ihrem rosafarbenen Stella-McCartney-Kleid, wie sie da so als eine der Ersten das Gebäude betrat. Sie war nicht das einzige bekannte Fernsehgesicht auf dieser Hochzeit. Auch Meghans «Suits»-Kollegen wollten diesen Tag nicht verpassen, und sie verbanden den Hochzeitsbesuch mit einem kleinen Europatrip. Fans der Serie hatten sie beim Städte-Hopping durch Europa beobachtet, die Bilder gepostet und damit den Trip verraten.

Serena Williams war auch unter den Gästen. Sie stand kurz vor den French Open und damit ihrer sportlichen Rückkehr nach der Babypause, hatte also Wichtiges vor sich, doch für ihre

Freundin Meghan legte sie den Schläger noch mal beiseite und machte einen Abstecher nach London. Und wer noch Fragen hatte, wie dieses neue royale Super-Couple Show und Krone in Zukunft verbinden würde, der bekam bei dieser Hochzeit einen Eindruck davon. Glanz und Krone gesellten sich immer schon gern, aber selten wurde dabei so aufgefahren wie bei dieser Hochzeit.

So passten auch die Clooneys mit in diese A-Liga-Prominenz. Die Windsor Family und die Clooneys sind übrigens fast Nachbarn. Es liegen nur dreißig Fahrminuten zwischen den beiden Anwesen. Da kann George Clooney den Espresso fast persönlich vorbeibringen. Clooney war am Tag der Hochzeit übrigens nicht zu übersehen. Was ungewohnterweise mal nicht an ihm selbst lag, sondern an seiner Ehefrau, die im gelben Kleid von Stella McCartney jedem Kanarienvogel hätte Konkurrenz machen können. Guter alter Queen-Trick, so wird man auch in einer solchen Menschen-Ansammlung nicht übersehen.

Sänger James Blunt war auch eingeladen, und im Gegensatz zu Elton John musste er bei diesem Ereignis mal nicht singen. Harry hatte James Blunt während seiner Zeit bei der Army kennengelernt, und sie sind bis heute Freunde. Auf die Frage, wer ihn denn zur Hochzeit eingeladen habe, postete James Blunt lässig: Na, wer schon. Prinz Harry war es. Zu den weiteren Gästen zählten auch die ehemalige Sängerin und heutige Modedesignerin Victoria und ihr Mann, Exprofifußballer David Beckham, die seit langem eine enge Beziehung zum britischen Königshaus pflegen und auch auf Williams und Kates Hochzeit eingeladen waren.

Alles in allem hatte diese Hochzeit ein Staraufgebot, mit dem sich jede Hollywood-Party gern geschmückt hätte. Und vielleicht zeigt es auch ein wenig, wo sich dieses royale Paar in

Zukunft positionieren will. Anders als die Queen, die sich zwar mal von James Bond abholen ließ, aber sonst keinen Zweifel daran lässt, dass Stars und eine Königin zwei verschiedene Kisten sind, sucht dieses junge Paar Anhang mit Glamour-Faktor.

Die weiteren Bankreihen in der Kirche waren mit Freunden des Paares besetzt, der royalen Seite der Familie und Dianas Seite, der Familie Spencer. Von Meghans Familie war am Ende nur die Mutter der Braut anwesend, was Anlass für viel Gerede und Spekulationen rund um die Hochzeit gab. Ihre Halbgeschwister hatten bereits im Vorfeld der Hochzeit in der Öffentlichkeit schmutzige Wäsche gewaschen, und Meghans Vater war da ebenfalls wenig vorsichtig. Rolf Seelmann-Eggebert sagte einmal, angesprochen auf private Abgründe, die sich eben auch in der royalen Familien mal auftun: «So etwas kommt auch in den besten Familienkreisen vor.» Und so ist es wohl. Es schien ein wenig so, als hätte Harry es richtig beschrieben, als er in einem Interview mit BBC Radio 4 behauptete, dass die Royal Family die Familie sei, die Meghan nie hatte.

WUSSTEN SIE SCHON, DASS ...

auch bei Prinzessin Elizabeth und Prinz Philips Hochzeit einige Familienmitglieder nicht erwünscht waren? Nicht eingeladen waren von Elizabeths Seite der unliebsame Onkel Dickie – der frühere König Edward VIII. und seine Frau standen nicht auf der Gästeliste, aus naheliegenden Gründen. Prinz Philip stand an seiner Hochzeit ziemlich alleine da – ebenfalls aus naheliegenden Gründen: Kurz nach dem Zweiten Weltkrieg war seine deutsche Verwandtschaft auf der Hochzeit nicht erwünscht, zumal die Ehemänner seiner

Schwestern Margarita, Theodora und Sophie im Krieg für Hitler gekämpft hatten. Dafür erschienen zu seiner Hochzeit sieben Königinnen und sechs Könige.

Die größte Aufmerksamkeit zogen aber andere auf sich an diesem Tag, und das waren die jüngsten unter den geladenen Gästen. Noch vor der Braut hatten die Blumenkinder ihren großen Auftritt. Sechs kleine Mädchen in weißen Kleidern und mit Blumenkränzen und zwei Jungen in Uniform stiefelten da an der Hand ihrer Mütter die Stufen zur St. George's Chapel empor. Zehn Blumenkinder hatten Meghan und Harry ausgewählt, damit auch ja keines der Kinder vergessen wird. Und so waren sie alle mit dabei, darunter Meghans Patenkinder, die Kinder ihrer besten Freundin, Harrys Patenkinder, Zalie Warren und Jasper Dyer, beides Kinder von Freunden, und natürlich die Kinder von William und Kate, Prinzessin Charlotte und Prinz George, die ihre Aufgabe – ganz royale Hochzeitsprofis – bravourös meisterten. Charlotte hatte spätestens dann die Menge im Griff, als sie vor der Kirche die wartenden Gäste mit euphorischem Winken begrüßte, George war da, ganz großer Bruder, schon etwas zurückhaltender.

Wie sehr Kates und Williams Kinder schon heute im Fokus der Öffentlichkeit stehen, sah man an diesem Tag. In einem Interview mit der Journalistin Angela Lewin hatte Harry im Jahr zuvor prognostiziert, dass die Aufmerksamkeit sich mit jedem weiteren Jahr immer mehr auf die jüngere Generation richten würde, und im Nachklapp der Hochzeit wurde deutlich, dass er damit durchaus richtiglag. Während die Queen als Dreijährige erstmals vom Cover des *Time Magazine* lächelte, konnten die Menschen Prinz Charles schon kurz nach dessen Geburt im Fernsehen bewundern, auf Harry und William wartete kurz nach der Geburt schon eine ganze Wagenladung Fotografen vor dem Krankenhaus, und nahezu jedes neue Foto der Prinzen fand den Weg auf die Cover der verschiedenen Zeitschriften.

Und Charlotte und George? Die waren schon im Windelalter Social-Media-Stars. Wenn die beiden irgendwo auftreten, gehen die Bilder danach viral. Nach Meghans und Harrys Hochzeit waren es die Fotos des zukünftigen kleinen Thronfolgers George, die in kürzester Zeit zum Renner auf den sozialen Plattformen wurden. Strahlende Kinderaugen auf Hochzeitsfotos können eben selbst einem so begehrten Brautpaar wie Meghan und Harry die Show stehlen.

Bislang liegt aber – zum Glück, muss man wohl sagen – der Fokus noch auf den Eltern der kleinsten Windsors und ihrem berühmten Onkel und der Neutante Meghan, die dieses Interesse für Krone und Firma nutzen. Zum einen, um wohltätige Zwecke voranzubringen, die ihnen wichtig sind, aber auch um ein neues Bild zu zeichnen, das einer royalen Generation, die ein bisschen was von Showstars hat und dabei dennoch bemüht ist, Glanz und Tradition vergangener Zeit nicht aus den Augen zu verlieren. Eine Herausforderung für diese junge Generation. Harry sagte das mal so: Es sei «nur ein kleines Zeitfenster», und die jungen Royals werden sich beeilen müssen, wenn sie es auf ihre Art gestalten wollen. Zumindest scheint es so, als habe Harry in Meghan Markle dafür die passende Frau gefunden. Eine Frau, die für diese neue starke Generation steht.

Die Monarchie hat sich geöffnet, und doch stehen die jungen Royals damit vor neuen Herausforderungen, andere, als die Queen sie erlebt hat, die den schweren Gang ihres Vaters auf den Thron miterleben musste, Krieg und Machtzerfall und so manche Veränderung in der Familiengeschichte. Und doch hatte sie immer ihren Platz. Den muss sich die neue Generation erst suchen.

Wie man mit dieser Herausforderung und dem ständigen Fokus auf die eigene Person souverän umgeht, zeigte ausgerechnet die Bürgerliche Meghan Markle – und dann auch noch am Tag aller Tage, bei ihrer Hochzeit. Unter anderem mit der Wahl ihres Hochzeitskleides, das so ganz anders war, als alle es vermutet hatten, und ebendeshalb vielleicht gerade so perfekt.

#GANZINWEISS

Monatelang hatte man in den Moderedaktionen auf diesen Moment hin spekuliert: In welchem Kleid würde Meghan Markle Prinz Harry das Ja-Wort geben? Extravagant sicher, modern natürlich, vielleicht ja mal etwas ganz Neues!

Und wer würde das begehrte Stück Stoff designen dürfen? Ein britisches Modelabel – das hätte die Briten glücklich gemacht. Ein US-Label – die amerikanischen Zuschauer und die in Kanada hätten es sicher gefeiert, wenn Meghan allen ein Schnippchen geschlagen und die hiesigen Designer unterstützt hätte.

Das britische Modehaus Burberry war plötzlich mit im Rennen – weil Meghans Mutter mit einem Kleidersack des Labels kurz vor der Hochzeit gesehen wurde. Auch Anne Barge – weil Meghan in einem Kleid dieser Designerin schon einmal geheiratet hatte, allerdings als Rachel Zane in der Serie «Suits». Das Modelabel Erdem – weil das Haus sein PR-Team kurz vor der Hochzeit aufstockte und neben Meghan auch Herzogin Kate des Öfteren in den Kleidern des Designers auffiel. Und wenn man schon mal bei Kate war: Was war eigentlich mit Alexander McQueen? Wäre es nach den Buchmachern gegangen: eine Möglichkeit. Die Briten sind bekanntlich absolut wettverrückt. Über Queen Mum wurde berichtet, dass sie sich bis zuletzt die Ergebnisse der Pferdewetten ans Bett bringen ließ und bei gutem Ergebnis wahre Freudentänzchen hinlegte. Und bei dieser Hochzeit konnte man auf so gut wie alles wetten. Nicht nur auf Sonne oder Regenwetter, das Kleid der Queen – auch ob Harry einen Bart tragen oder das Auto des Predigers auf dem Weg in die Kirche einen Motorschaden haben würde, wurde in den Wettbüros verhandelt. Auch auf das Label Ralph & Russo für Meghans Hochzeitskleid hätte man wetten können. Die Buchmacher sahen es ganz weit vorn. Sie hatten das Kleid für Meghans Verlobungsfotos entworfen. Am Tag vor der Hochzeit kam dann das Gerücht auf: Es müsse wohl doch eher Stella McCartney sein! Klar, eine britische Designerin, die feminine Schnitte kann und ganz nebenbei Meghan gefallen dürfte, wegen ihrer starken Haltung zum Thema Feminismus. Noch dazu engagiert sie sich für Nachhaltigkeit in der Mode, auch ein Lieblingsthema von Meghan. Warum nur war niemand vorher darauf gekommen?

Als es so weit war und der Wagen mit der Braut vor der St. George's Chapel vorfuhr, war alles ganz anders. Es war eben nicht das exorbitante Superkleid, nicht der modische große Wurf, den alle erwartet hatten. Und gleichzeitig war es einfach perfekt. Es war schlicht, klassisch, elegant und so, als wolle die Braut damit sagen: Ich mache es eben, wie ich es will. Und als die Braut die Stufen zur St. George's Chapel emporstieg, wurde auch klar, wie viel mehr noch in diesem Kleid steckte. Nach und nach entfaltete sich ein fünf Meter langer Schleier, an dessen Rand gestickte Blumen der 53 Staaten des Commonwealth rankten, und dazu, auf Wunsch der Braut, die Stickerei einer Blume aus dem Garten ihrer neuen Wahlheimat, dem Kensington Palace – chinesische Winterblüte – sowie die einer Blume aus ihrer alten Heimat – eine kalifornische Mohnblüte. Eine Britin, Clare Waight Keller, vom Label Givenchy, hatte das Kleid entworfen. Und mit der Veröffentlichung des Namens gewann das Kleid noch mehr Meghan-Note. Denn @KensingtonPalace – und damit die Braut – legte Wert darauf zu erwähnen, dass die Designerin die erste Frau an der Spitze des französischen Modehauses sei. Die Blumen auf dem Kleid waren auch mehr als modische Romantik. Wie erwähnt standen sie für den Commonwealth und erinnerten damit an das Kleid von Norman Hartnell, das einst die junge Elizabeth 1947 trug und das mit ähnlicher Symbolik arbeitete.

Gleichzeitig war es eine Andeutung auf Meghans neue Rolle an der Seite von Prinz Harry. Erst im April dieses Jahres hatte die Queen Harry zum Youth Ambassador für das Commonwealth ernannt, und in seiner Antrittsrede deutete der Prinz an, dass seine zukünftige Ehefrau diese Rolle mit ihm gemeinsam ausfüllen werde. Ja, manchmal sagen Blumen mehr als Worte, heißt es doch so schön, und auf royalen Hochzeitskleidern erzählen sie manchmal ganze Geschichten. Mit der Wahl von Clare Waight Keller als Hochzeitskleid-Designerin promotete Meghan sicherlich nicht zufällig eine weibliche Modeschöpferin – möglicherweise wollte sie auch hier zeigen: Der Einsatz für Gleichberechtigung und die Stärkung der Rechte von Frauen werden mir weiter am Herzen liegen. Die zwei Blumen, die im Kleid verbunden waren, standen übrigens für die Verbindung der beiden Eheleute und ihrer Heimat. Eine Blume steht für Großbritannien und damit für Prinz Harrys Heimat und eine für Meghan und ihre amerikanische Heimat – ein Motiv, das sich durch die gesamte Hochzeit zog, ob bei der Musik, der

Hochzeitstorte oder dem Menü des Abends. Diese Hochzeit haben sich zwei Menschen bis ins Detail überlegt, die sich als Brückenbauer verstehen.

WUSSTEN SIE SCHON, DASS ...

sich das Thema dieser «transatlantischen Verbindung» auch in den Einladungskarten und in der Wahl der Konditorin für die Hochzeitstorte widerspiegelt? Lottie Small, eine junge Mitarbeiterin des traditionsreichen Unternehmens Barnard & Westwood, verwendete amerikanische Tinte auf britischem Papier für die exquisiten Einladungskarten, und mit Claire Ptak wählte Meghan eine Konditorin aus, die aus ihrer Heimat Kalifornien stammt. Der Liebe wegen nach London gezogen, eröffnete sie 2010 in einem unscheinbaren Gebäude in Hackney eine kleine Bäckerei namens Violet Cakes. Ein Novum: Statt für den traditionellen Früchtekuchen entschieden sich Harry und Meghan für einen Zitronen-Holunderblüten-Kuchen. Claire Ptak ist außerdem dafür bekannt, saisonale und regionale Produkte zu verwenden. Der Holunderblütensirup in der Torte stammt von einem Holunderstrauch aus Sandringham.

Einen ungeplanten Moment bei dieser Hochzeit gab es dann aber doch. Unter dem Geläut der Glocken der St. George's Chapel stieg Meghan allein die Stufen zur Kapelle empor. Kurz vor dem Tag der Tage hatte der Vater der Braut abgesagt. Er habe einen Infarkt erlitten, ließ er über die Presse ausrichten, und könne die Reise nach London nicht antreten. Die Nachricht folgte auf einen Skandal noch vor der Hochzeit, Thomas Markle hatte kurz vorher Fotos von sich gestellt und an die Presse verkauft. So ging es am Hochzeitstag ohne ihn die Stufen hinauf.

Als die frischgebackene Herzogin von Sussex in die Kirche eintrat, setzte der Gesang der walisischen Sopranistin Elin Manahan Thomas ein. Viel ist nach der Hochzeit über diesen Einzug in die Kapelle gesprochen worden. Es hätte traurig anmuten können - eine einsame Braut auf weiter Flur. Aber es entstand ein ganz anderer Eindruck: Diese junge Braut wirkte zeitgemäß und kraftvoll, wozu auch das Kleid in seiner Klarheit und Einfachheit passte. «Zeitlos und schlicht, vielleicht mit einem modernen Twist», diese Devise hatte Meghan schon 2016 in einem Interview mit der *Glamour* für ihr Traumhochzeitskleid ausgerufen.[245] Und sie blieb sich treu. Es war ein Kleid voller Symbolik, und doch kam es ohne die modische Verbeugung aus, die viele erwartet hatten. Einen kleinen Teil des Wegs zum Altar begleitete übrigens Prinz Charles die Braut, aber die letzten Schritte, die ging Meghan allein!

#MICHAELCURRY

«Wir müssen die Macht der Liebe entdecken, die befreiende Macht der Liebe, und wenn wir dies tun, werden wir aus dieser alten Welt eine neue machen. Denn Liebe ist der einzige Weg.»

Das waren die Worte, mit denen Bischof Michael Bruce Curry seine Predigt begann. Er war extra von Chicago nach London gereist, um bei einer Hochzeit zu sprechen. Seit 1978 gab er Paaren seinen Segen, mittlerweile auch gleichgeschlechtlichen Partnern, was ihm in Kreisen der anglikanischen Kirche einiges an Ärger eingebracht hatte. Trotzdem, als Priester, dann als Bischof und heute als erster afroamerikanischer vorsitzender Bischof der amerikanischen Episkopalkirche hatte er genug Übung, um auch diese Hochzeit zu begleiten. Nur dass diesmal eben nicht nur Familie und Freunde des Hochzeitspaares seiner Rede folgten, sondern dazu noch Hunderte Millionen Menschen vor den Fernsehern rund um den Globus. Als Michael Curry sein iPad nach der Predigt von der Kanzel aufnahm und sich wieder hinsetzte, ließ er staunende Zuhörer zurück. Wer seine Reden kennt, der weiß, er mag es humorvoll und geradeheraus. Aber es war der Kontext, der den Unterschied machte.

@KATEYRICH (DEPUTY EDITOR VANITY FAIR) TWITTERTE ZU DER HOCHZEIT

«Ich kann es kaum glauben, dass ein Pastor auf einer verdammten königlichen Hochzeit über Sklaven-Spirituals spricht. Willkommen im 21. Jahrhundert!» #RoyalWedding

Innerhalb weniger Minuten gingen die Reaktionen um die Welt – die mit Kommentaren wie diesen versehen waren: Zara Philips sah aus, als falle ihr alles aus dem Gesicht, als der Bischof die Gemeinde mit «Brüder und Schwestern» adressierte. David Beckham lächelt im Kreis – gesehen. Herzogin Camilla – grinst die da, oder ist das nur der fluffige Hut? Mit einer derart humorvollen und vor Liebe übersprudelnden Rede hatte in der sonst so steifen Kirchenumgebung wohl kaum einer gerechnet. Außer wohl das Brautpaar, das natürlich wusste, wen es sich da eingekauft hatte.

«Wenn Liebe den Weg bereitet, ist da reichlich Platz für alle Kinder Gottes. Denn wenn Liebe den Weg bereitet, gehen wir miteinander um, als wären wir alle eine Familie», predigte Michael Curry. Dass dies möglich wurde im Beisein einer Familie, die über Jahrzehnte wie kaum eine andere für britische Zurückhaltung stand, deren Mitglieder geübt sind, ihr Herz eben nicht auf der Zunge zu tragen, das war die große Überraschung des Tages. Mit Meghan Markle weht offenbar tatsächlich der so oft herbeizitierte frische Wind durch die Palastmauern. Was da wohl noch folgt?

@JOSHGAD (SCHAUSPIELER) TWITTERTE ÜBER DIE HOCHZEIT

«Es ist, als würde man Metallica im alten Globe Theatre spielen sehen.» #RoyalWedding

Die eigentliche Zeremonie leitete dann traditionell der Erzbischof von Canterbury als Oberhaupt der anglikanischen Kirche, Sohn des letzten Privatsekretärs von Winston Churchill, der sein Studium unter anderem in Cambridge absolviert hatte – so weit, so klassisch. Und dazu noch passend. Auch Justin Welby setzt sich für das Thema Gleichstellung ein und damit für das Thema, das Meghan so wichtig ist. Er gilt in der anglikanischen Kirche als fortschrittlich, wenn es um die Frauenfrage geht. Seit die anglikanische Kirche 2014 unter seiner Leitung für die Ernennung weiblicher Bischöfe gestimmt hat, steigen immer mehr Frauen in diese höhere Position auf. Justin Welby glaubt, dass die Kirche in zehn Jahren ein ausgeglichenes Verhältnis zwischen Männern und Frauen erreichen kann.[246]

Und so las mit der Priesterin Rose Hudson-Wilkin auch eine Frau die Fürbitten für das Brautpaar. Sie war unter den ersten Frauen, die – kurz nachdem die anglikanische Kirche die Priesterweihe für Frauen gestattete – diese Weihe erhielten. Sie ist heute die erste Frau, die das Amt des Chaplain to the Queen ausfüllt und damit direkten Kontakt zur Queen und zur königlichen Familie hat. Es war also nicht nur eine Feier der großen Liebe, es war auch eine, die Brücken bauen sollte zwischen Ländern, Hautfarben und Religionen. Und so eine Feier hatte das britische Königshaus noch nie zuvor gesehen. Vielleicht auch, weil es sich niemals vorher jemand getraut hatte.

@CLARAAMFO (RADIO-MODERATORIN, BBC) TWITTERTE ÜBER DIE ERSTE ANDACHT WÄHREND DER TRAUUNG

«Nach Reverend Curry zu sprechen, muss sich ähnlich anfühlen, wie nach Beyonce zu singen. Sie hätten ihm das ganze Ding überlassen sollen.» #RoyalWedding

«Leg mich wie ein Siegel auf dein Herz, wie ein Siegel auf deinen Arm ... Mächtige Wasser können die Liebe nicht löschen, auch Ströme schwemmen sie nicht hinweg.» Diese Zeilen aus dem Hohelied Salomos hatten Meghan und Harry für ihre Hochzeit ausgewählt, und als sie sich die Ringe ansteckten und Harry sich vor Nervosität auf die Lippe biss – da schluchzten Millionen Menschen vor den Fernsehern mit, als würde Leonardo DiCaprio noch einmal mit der Titanic versinken. Sicherlich kann man sich immer wieder fragen, warum das so ist. Warum lieben so viele Menschen solche Ereignisse, selbst wenn sie nicht mal eine Königin haben? Sind die Royals tatsächlich Opium fürs Volk, wie ein Kommentator im Ersten Deutschen Fernsehen kritisch nachfragte? Sind die Royals in Brexitzeiten der rosa Puderzucker, der sonst fehlt?

Vielleicht. Möglicherweise mögen die Menschen aber auch einfach Märchen. Vielleicht ist schlichtweg die Freude darüber, dass es ein Paar wie dieses gegen alle Widerstände schafft, ja zueinander zu sagen. Oder ist es vielmehr die Faszination für diese Tradition Krone, die bereits so lange überdauert? In Deutschland wünscht sich laut Umfragen so gut wie niemand die Monarchie zurück, und trotzdem leben ganze Zeitschriften von Ereignissen wie dieser Hochzeit. Warum? Die Träumer und Romantiker werden diese Frage wohl immer anders beantworten als die Kritiker. Und eine Riesenportion Romantik, die gab es sicherlich an diesem Tag, und selbst den ein oder anderen Zögerlichen dürfte sie eingefangen haben. Nicht zuletzt durch Harrys Worte: «Am Ende des Tages weiß ich, sie hat mich gewählt, und ich habe sie gewählt. Was auch immer wir in Angriff nehmen müssen, zusammen oder als Individuen, da sind immer wir beide als Team.»[247]

#STANDBYME

Wussten Sie, dass es die Hochzeitsmusik von Harry und Meghan sogar in die Musikcharts geschafft hat?

Mal zum Reinhören, Erinnern und Runterladen. Auch so machen die jungen Royals heute PR. Hier die Hochzeits-Playlist von Harry und Meghan zum Nachheiraten: Eine walisische Sopranistin sang eine Arie, die Georg Friedrich Händel um 1713 anlässlich des Geburtstags von Queen Anne komponiert hatte. Es folgte die christliche Hymne «Lord of All Hopefulness», deren Melodie auf ein irisches Volkslied zurückgeht. Nachdem Harry und Meghan sich das Ja-Wort gegeben hatten, stimmte der Kirchenchor «If ye love me» vom englischen Komponisten

Thomas Tallis an. Und dann, nach der Predigt, gab es Musik zum Mitsingen, «Stand by me» des amerikanischen Soulsängers Ben E. King. Bei wem bis zu diesem Moment noch nicht die Tränen flossen, der war spätestens jetzt fällig.

In einem Interview mit der *Elle* erzählte die Sängerin Celia Osuagwu, wie viele Menschen sie auch nach dem Gottesdienst immer noch auf den Song ansprächen und ihr sagten, wie sehr sie der Auftritt des Chors berührt habe.

WUSSTEN SIE SCHON, DASS ...

... das Album mit der Musikauswahl für die Hochzeit das erste seiner Art war, das innerhalb kürzester Zeit auf Streaming-Plattformen zur Verfügung stand? Erfahrung mit der Veröffentlichung von Hochzeitsmusik haben die Royals übrigens seit langem. Schon bei der Hochzeit von Prinzessin Anne und Captain Mark Philips zeichnete die BBC die Zeremonie auf und presste sie anschließend auf Vinyl – die Platte kletterte bis auf Rang sieben der britischen Charts. Nicht zu vergleichen mit dem Erfolg des Hochzeitsalbums von Prinz Charles und Lady Di. Zwei Wochen führte die Platte die britischen Album-Charts an.[248]

Es war nicht das letzte musikalische Highlight an diesem Tag: Mit dem Cellisten Sheku Kanneh-Mason hatten sich Meghan und Harry für einen Klassik-Chartstürmer entschieden. Bei der Veröffentlichung seiner ersten Platte Anfang des Jahres landete er auf Anhieb in den Top 20. Es war bei weitem die modernste Musikauswahl, die auf einer royalen Hochzeit je gespielt wurde. Es war übrigens der Musikliebhaber unter den Royals – Prinz

Charles –, der bei der Musik ordentlich mitgemischt haben soll.

Mein musikalisches Highlight war der Moment, als Harry und Meghan aus der Kirche hinaus in den strahlenden Sonnenschein traten und sich unter dem Portal küssten. Dazu erklang Etta James' «This Little Light of Mine» in der Kirche – ein Gospel, das das Leben feiert und das klingt wie ein Versprechen: «Ich lass es leuchten, mein kleines Licht.»

Für viele der Millionen Zuschauer, die einschalteten, um dabei zuzusehen, wie zwei Menschen einander das Ja-Wort gaben, waren das die Märchenmomente, die heute die jungen Royals ausmachen. Einmal mehr ist es den Windsors gelungen, durch eine Hochzeit ein riesiges Medienereignis zu schaffen. Die Liebe hat alle Hindernisse überwunden, und schöner kann es eben auch Hollywood nicht erzählen. Für Harry und Meghan war es sicher das, was sich jedes Hochzeitspaar wünscht: eine ganz persönlich gefärbte Trauung, in deren Zentrum ihre Liebe stand. Aber für das britische Königshaus war es wohl doch noch mehr als das. Es war das sichtbare Zeichen, dass sich etwas verändert hatte. Dass es einen Wandel gab – eine Zeitenwende, die hinter den Palastmauern seit den neunziger Jahren vor sich ging und die eine solche Hochzeit heute erst möglich machte.

Als die meisten Zaungäste später am Tag schon längst die Picknickdecken zusammengerollt, die Fähnchen eingepackt, die Krönchen abgesetzt und sich sektbeseelt und glücklich von all den Eindrücken auf den Heimweg gemacht hatten, eilte ein von Kopf bis Fuß glamouröses Paar durch eines der vielen Schlossportale ins Freie. Sie: im schulterfreien weißen Neckholder-Kleid von Stella McCartney. Er: im klassischen Smoking mit Fliege. Er öffnete ihr die Tür zu dem bereitstehenden silberblauen – Achtung, man beachte – Elektro-Jaguar, und als sie im Wagen saß, beugte sie sich hinüber auf die Fahrerseite und öffnete ihm die Wagentür. Noch ein Winken, ein aquamarinfarbenes Aufblitzen am Finger der jungen Frau, der Wagen fuhr an, und im warmen Schein der Abendsonne bogen die beiden auf den Long Walk von Windsor ein. Es war ein filmreifer Abgang: Harry und Meghan – das neue Power-Paar im Auftrag Ihrer Majestät. Zusammen mit William und Kate sind sie so etwas wie die «Fantastischen Vier der britischen Monarchie». Die junge Generation hat viel vor und will manches anders machen.

FASZINATION KRONE – WAS VERÄNDERT SICH IN DER BRITISCHEN MONARCHIE?

Es herrschte Geburtstagswetter an diesem Tag im Juni, an dem die Londoner traditionell die Queen mit der berühmten Militärparade Trooping the Colour feiern. Übrigens ist die Queen die einzige Monarchin, die zweimal im Jahr Geburtstag feiert. Einmal zu ihrem eigentlichen Geburtstag am 21. April und einmal im Juni zur Parade. Der Grund ist: Man erhofft sich im Sommer eine Schönwettergarantie. Aber britisches Wetter bleibt unberechenbar, so hat es bis auf Schnee schon jedes Wetter zur Parade gegeben. Ihren tatsächlichen Geburtstag hatte die Queen dieses Jahr mit einem Pop-Konzert in der Royal Albert Hall gefeiert. Jetzt fand der historische Teil der Feierlichkeiten statt.

Trooping the Colour ist etwas für Pferde- und Marschmusikfans – wie die Queen es ist. Zu dieser Parade gibt es militärische Präzisionsarbeit, die für Nichtbriten womöglich etwas altertümlich anmutet. Herausgeputzte Pferde laufen im Gleichschritt mit Soldaten in polierten Schuhen und mit Bärenfellmützen. Die Schuhe der Soldaten sind übrigens bretthart und so schwer, dass jedes Jahr einige von ihnen die Beine lang machen und unter den heißen Bärenfellmützen ohnmächtig zusammenbrechen. Dazu spielt, egal was passiert, das Militärorchester mit Trommeln, Fanfaren, Posaunen, Dudelsäcken, allem, was die Kapelle hergibt. 1947 nahm die Queen zum ersten Mal an der Parade teil, da ritt sie noch selbst hinter ihrem Vater her. Seit sie die sechzig überschritten hat, nimmt sie aus Sicherheitsgründen lieber die Kutsche. Wenn die Mall vor dem Buckingham Palace für die Menschen geöffnet wird, strömen Tausende auf den Platz, um die waghalsigen Überflüge der Royal Air Force zu bestaunen und um der königlichen Familie beim traditionellen Winken zuzusehen. Doch etwas war in diesem Jahr anders, sichtbar auf dem Balkon aufgereiht: Die Queen hatte dort oben Platz gemacht für vier Generationen Windsor-Familie. Alle waren sie zu ihren Ehren dort. Sicherlich galt es an diesem Tag, die Königin, die Urgroßmutter, Großmutter und Mutter zu feiern. Doch auf dem Balkon stand eben auch diese große Familie mit Zukunftspotenzial. Noch mit der älteren Generation in der Mitte, im Zentrum des Balkons, aber der Fokus an diesem Tag lag auf den Jüngeren.

Was kommt nach der Queen? Sie alle – die jüngere Generation – bringen neuen Schwung als Vertreter der Krone: William, Kate, Harry, Meghan. Und natürlich die kleinen Superstars der Royals, die an diesem Tag an der Balustrade ihre Show abzogen: Prinzessin Charlotte tanzte zu «God Save the Queen», Prinz George winkte den Piloten zu, und seine Cousine Savannah dirigierte die Kapelle. Die Faszination für die königliche Familie hat mit dieser jungen Generation eine neue Qualität gewonnen. Diese jungen Royals stehen für das neue Zeitalter in der wechselvollen Geschichte dieser europäischen Monarchie. Faszination für diese Institution hat es immer gegeben. Und doch hat sich mit den jungen Royals etwas verändert.

Als William, Kate, Meghan und Harry in diesem Jahr zum ersten Mal da oben standen, wurde klar, dass hier etwas Neues begonnen hat. Diese jungen Royals stehen für eine andere Form der Monarchie. Bürgerlicher, volksnäher, zugewandter. Sie haben verstanden, dass sich in Zeiten von Social Media und Handyfotos keine Königsfamilie mehr hinter Palastmauern verstecken kann. Wenn die Queen geht, übernimmt eine neue, sehr viel offenere Generation, die längst ihre Akzente setzt. Harry und Meghan als modernes, aufgeklärtes Paar, das auch mal mit alten Traditionen bricht. Und William und Kate als Bewahrer der Familie, sozial engagiert und immer mit vollem Einsatz der ganzen Persönlichkeit bei der Sache.

Die große Chance dieser neuen Generation besteht darin, zu beweisen, dass die Monarchie in die Gegenwart passt, dass sie Vergangenheit, Gegenwart und Zukunft verbindet und ein Fundament, ein stabilisierender Faktor in wechselnden und sich permanent verändernden sozialen, ökonomischen und politischen Zuständen ist. Die jungen Royals wollen mehr sein als nur Popstars mit Schlössern. Sie stehen für eine Tradition, die Jahrhunderte zurückreicht und die sich doch behutsam öffnen und weiterentwickeln will. In dieser Bereitschaft liegt das Erfolgsrezept der jungen Windsors – und doch stellt dieser bereits eingeschlagene Weg gleichzeitig auch ein Risiko für die stabile Institution der Monarchie dar, so wie Queen Elizabeth sie verkörpert hat und weiterhin verkörpert.

Prinz William weiß um diese Herausforderung, er hat einen Zukunftsplan für das Familienunternehmen: «Wenn wir zusammenarbeiten, dann sind wir stärker als die Summe unserer Teile. Wenn wir zusammenarbeiten, bringen wir unbegrenzte Kreativität, Leidenschaft und Sachverstand ein. Wenn wir zusammenarbeiten, können wir unglaubliche Dinge erreichen.»[249]

Diese neue Generation hat vor, die Monarchie in die Moderne zu führen und sich neu zu erfinden. Rebranding, heißt es in der Businesswelt. Und so einen neuen Stempel hat sich auch das Königshaus verpasst, es hat einen Imagewechsel vollzogen.

Doch – was kommt nach der Queen? Auf die Queen folgt eine neue Generation, die auch bereit sein wird, sich unbequemen Fragen und Veränderungen zu stellen. Die sich in Brexit-Zeiten neuen Herausforderungen stellen muss und möglicherweise sogar der Machtfrage. Die Legitimation auf der Grundlage eines durch die Geburt erworbenen Anspruchs wurde längst durch die Ehen von William und Harry aufgeweicht. Werden die jungen Royals die neutrale Haltung der Queen aufgreifen und konsequent beibehalten? Die Queen hat zu ihrer politischen Haltung immer geschwiegen. Natürlich wäre es spannend gewesen, zu erfahren, welche Haltung sie wohl zu Europa hat. Aber bislang sieht diese Rolle Winken, Lächeln und Schweigen als alleinige Haltung vor. Möglicherweise werden wir andere Zeiten in der royalen Familie erleben. Schon jetzt gibt es erste Anzeichen: Die Queen und die Royal Family legen inzwischen zumindest Teile ihrer Einkünfte offen und zahlen darauf Steuern. Für einige Wochen im Jahr öffnen sich jetzt die Tore des Buckingham Palace für Besucher. Mädchen werden in der Thronfolge nicht länger übersprungen, wenn ein Brüderchen auf die Welt kommt, und Katholiken dürfen in die Familie einheiraten, ohne ihre Konfession zu ändern. Jetzt kommen die Jungen zum Zuge, und die wollen noch so manches auf den Weg bringen. Sie erschließen sich neue Bereiche der wohltätigen Arbeit, gehen dabei sogar das Risiko ein, eigene Schwächen mit in die Waagschale zu werfen. Die Monarchie ist online, und an die Stelle der jahrhundertealten Devise «stiff upper lip» – durchhalten und nicht nachgeben – ist eine neue Klarheit in der Kommunikation getreten.

Schon Mitte der fünfziger Jahre stellte der Journalist Malcolm Muggeridge mal kritisch die Frage, ob die Mitglieder der königlichen Familie weiterhin «in gläsernen Kutschen – wie in der Vergangenheit – oder auf Fahrrädern fahren wollten, ob sie die Zeitungen mit einer Fortsetzungsgeschichte versorgen oder schlicht und ungekünstelt unter ihren Untertanen leben wollten wie die niederländischen und skandinavischen königlichen Familien»[250]. Beides sei nicht möglich.

Es sind die jungen Royals, die diesen Wandel vorantreiben. Und zwar dann, wenn William etwa darauf besteht, dass seine Kinder nicht ständig und überall fotografiert werden, damit sie eben nicht hinter Palastmauern aufwachsen müssen. Dann, wenn Harry betont, dass auch in dieser Familie gestritten wird und man sich auch mal uneins ist, und wenn Kate über ihre Ängste als Mutter spricht. Sie wollen keine Stars sein oder Celebritys, die hochgejubelt werden, um dann irgendwann tief zu fallen – eine Monarchie darf nicht an kurzfristigen Ruhm glauben, sie muss das Jahrhundert im Blick behalten.

Das heißt nicht, dass man nicht weiter Geschichten über Royals schreiben und erzählen wird, Geschichten, die von Heldentaten handeln oder Hindernissen, die zu überwinden sind. Und natürlich von Liebe und Familienzuwachs.

Das alles gehört zur bewegenden Geschichte dieser Familie und macht auch ihren Zauber aus. Die Queen wird sich also abends gemütlich in ihrem Bett umdrehen und darauf vertrauen können, dass es weitergeht mit der Monarchie, aber in anderer Weise und in anderen Formen: moderner, frischer, zugewandter und weniger verstaubt – nicht immer in ihrem Sinne. Aber sie wird wissen: Wenn sie geht, ist die Krone nicht in Gefahr. Es gibt eine neue Generation, die bereitsteht. Die Zukunft der britischen Monarchie ist einmal mehr gesichert.

ANMERKUNGEN

1 The Death of George VI, BBC Home Service News, 13. Juni 2016.

2 Prinzessin Elizabeth, Radioansprache in der Children's Hour, BBC, 1940.

3 Prinzessin Margaret im Gespräch mit Ben Pimlott, zitiert aus: Robert Lacey, Royal. Her Majesty Queen Elizabeth II, London 2002, S. 107.

4 The Bystander in Society, Who, When and Where, in: The Bystander, 28. April 1926.

5 The Royal Household, Queen Elizabeth The Queen Mother, abgerufen von der offiziellen Website der königlichen Familie am: 1. März 2018.

6 König George VI., zitiert aus: Denis Judd, George VI., London 2012, S. 221.

7 Prinzessin Elizabeth, Ansprache am 21. April 1947, anlässlich ihres 21. Geburtstags.

8 The whole aspect of the streets had changed, Birmingham Daily Gazette, 7. Februar 1952.

9 Elizabeth II., zitiert aus: Arthur Bouthfield, Garry Toffoli: Fifty years the queen: a tribute to Elizabeth II. on her golden jubilee, Ontario (Kanada), 2002.

10 Winston Churchill, Radioansprache, BBC, 16. Februar 1952.

11 Queen's Speech 2017. Her Majesty's most gracious speech to both Houses of Parliament, veröffentlicht am 21. Juni 2017.

12 Carole Cuttner, The Man Who Will Be King. Prince Charles is a most uncommon bloke, Time Magazine, 15. Mai 1978.

13 David Cannadin, zitiert aus: Prince Charles at 50: A Life in Waiting, BBC, Panorama, 9. November 1998.

14 Umfrageergebnisse des Marktforschungsinstituts Ipsos Mori: Attitudes towards the Monarchy, 15. April 2016, https://www.ipsos.com/sites/default/files/2016-06/050.1_monarchy-kings-polling-club-2016-charts.pdf.

15 Prinz Charles in einer Rede an der Universität von Cambridge 1978, zitiert aus: Sally Bedell Smith, Charles. The Misunderstood Prince, New York 2017, S. 116.

16 Prinz Charles and Hugh van Cutsem, 2. April 1979, zitiert aus: Jonathan Dimbleby, Prince of Wales. A Biography, New York 1994, S. 238.

17 Prinz Charles, zitiert aus: Kenneth Harris, Interview. The Prince of Wales talks frankly about himself and the role he expects to play in society, Observer, 9. Juni 1974.

18 Prinz Charles, Rede zum 150. Jubiläum des Royal Institute of British Architects, 17. Mai 1984.

19 Prinz Charles, zitiert aus: Kenneth Harris, Interview. The Prince of Wales talks frankly about himself and the role he expects to play in society, Observer, 9. Juni 1974.

20 The Guardian view on the Charles letters: self-indulgence on an industrial scale, The Guardian, 13. Mai 2015.

21 Pressemitteilung, Clarence House, 26. Dezember 2005.

22 The Queen's speech at the Commonwealth Heads of Government Meeting in Malta, 27. November 2015.

23 The Guardian view on the next head of the Commonwealth: think big, The Guardian, 13. Februar 2018.

24 Peter Walker, Prince Charles to be next head of Commonwealth, The Guardian, 20. April 2018.

25 Prinz Charles, zitiert aus: Kenneth Harris, Interview. The Prince of Wales talks frankly about himself and the role he expects to play in society, Observer, 9. Juni 1974.

26 Support grows for Charles and Camilla, The Telegraph, 16. April 2002.

27 Pressemitteilung, Clarence House, 10. Februar 2005.

28 Interview mit Rolf Seelmann-Eggebert, Hamburg, 1. Juni 2018.

29 Die Herzogin von Cornwall, zitiert aus: Gordon Rayner, Camilla: happy birthday Prince Charles, you're exhausting, The Telegraph, 14. November 2013.

30 Die Herzogin von Cornwall, zitiert aus: Arthur Edwards, ‹I love meeting new people›. As she approaches her 70th birthday, Camilla Parker Bowles talks twelve years of royal marriage to Prince Charles and admits her ‹feet are killing her› after hectic schedule, The Sun, 9. April 2017.

31 Queen Elizabeth II, zitiert aus: Lynne O'Donnell, Prince ‹home and dry with woman he loves›, The Irish Times, 11. April 2005.

32 Clarence House, The Prince of Wales's Charities update, 9. März 2018.

33 A speech by HRH The Prince of Wales at the COP21 Opening Session, 30. November 2015, Paris.

34 Ebd.

35 Oliver Wainwright, A royal revolution: Is Prince Charles's model village having the last laugh?, The Guardian, 27. Oktober 2016.

36 Interview mit Rolf Seelmann-Eggebert, Hamburg, 1. Juni 2018.

37 Jonathan Dimbleby, zitiert aus: Robert Booth, An activist king or an apolitical one? Now Britain, and Charles, must decide, The Guardian, 26. März 2015.

38 Prinz Charles, zitiert aus: Howell Raines, Defying Tradition: Prince Charles recasts his role, New York Times Magazine, 21. Februar 1988.

39 Prinz Charles, zitiert aus: Prince Charles says speaking his mind is ‹in my blood› as he returns to Somerset Levels, The Telegraph, 8. Juli 2014.

40 Sandy Henney in einem Beitrag von ITN, 4. September 1997.

41 The Sun, 3. September 1997.

42 The Express, 3. September 1997.

43 The Mirror, 3. September 1997.

44 Queen Elizabeth II, TV-Ansprache zum Tod von Prinzessin Diana, 6. September 1997.

45 Ken Wharfe, zitiert aus: Richard Kay, Geoffrey Levy, Nanny who was adored by Prince William and Harry, The Daily Mail, 10. Oktober 2012.

46 Iris Moore, zitiert aus: Caroline Picard, This Brand New Photo of Princess Diana and Her Sons Is So Sweet, House Beautiful, 16. Mai 2016.

47 Prinz William für Centrepoint, Dezember 2009.

48 Prinzessin Diana, Interview mit Martin Bashir, Panorama, 20. November 1995.

49 Prinz Harry, Dankesrede anlässlich der Attitude Awards, 12. Oktober 2017.

50 Steve Hewlett, Reinventing the Royals 1: Crisis, BBC 2, 19. Februar 2015.

51 Tim Rooke, zitiert aus: Kate Samuelson, The Princess and the Paparazzi: How Diana's Death Changed the British Media, Time Magazine, 27. August 2017.

52 Prinz William, zitiert aus: Diana, 7 Days, BBC, 27. August 2017.

53 Stephane Darmon, zitiert aus: Angela Balakrishnan, The press pack that chased Diana, The Guardian, 7. April 2008.

54 Prinz Harry, zitiert aus: Diana, 7 Days, BBC, 27. August 2017.

55 Prinz William, ebd.

56 Charles Spencer, 9. Earl of Spencer, Rede anlässlich der Beerdigung von Prinzessin Diana in Westminster Abbey, 6. September 1997.

57 Lydia Saad, Gallup Polls In Britain and U.S. Record Public Reaction to Diana's Death, Gallup News, 6. September 1997.

58 Prinz Harry im Interview mit Katherine Witty anlässlich seines 21. Geburtstags, 14. September 2005.

59 Ian Gallagher, «I love you ... let's give them another one!» Revealed: The intimate exchange that led to TWO Royal kisses, The Daily Mail, 1. Mai 2011.

60 Statement des Palasts, 29. April 2011.

61 Charles Wesley, Love divine, all loves excelling, Joy of heaven, to earth come down, 1747.

62 Prinz William, zitiert aus: Elizabeth. Queen, Wife, Mother, ITV, 2012.

63 Kate Middleton, zitiert aus: Verlobungsinterview mit Tom Bradby, 16. November 2010.

64 Bravo, Ausgabe Nr. 34, 19. August 1999.

65 Bravo, Ausgabe Nr. 50, 8. Dezember 1999.

66 Colleen Harris, zitiert aus: Penny Junor, Prince William: Born to be King. An intimate portrait, London 2012, Kindle-Positionen 2036-2039.

67 Prinzessin Diana, zitiert aus: Interview mit Martin Bashir, Panorama, 20. November 1995.

68 Andrew Morton, Diana. Her True Story – In her own words, New York 2017, S. 183.

69 Prinz William, zitiert aus: Alastair Campbell, Prince William on Diana, Princess of Wales, GQ, 29. Mai 2017.

70 Prinz Harry, zitiert aus: Diana, Our Mother. Her Life and Legacy, HBO, 24. Juli 2017.

71 Prinzessin Diana, zitiert aus: Interview mit Martin Bashir, Panorama, 20. November 1995.

72 Julie Burchill, zitiert aus: Barry Hillenbrand, Here comes Wills, Time Magazine, 22. Juli 1996.

73 Prinz William, zitiert aus: Alastair Campbell, Prince William on Diana, Princess of Wales, GQ, 29. Mai 2017.

74 Prinz William, zitiert aus: Verlobungsinterview mit Tom Bradby, 16. November 2010.

75 Kate Middleton, ebd.

76 Torin Douglas, Prince's privacy row resolved, BBC News, 19. Juni 1998.

77 Jeremy Ball, The teenage heir to the throne, BBC News, 19. Juni 1998.

78 Prinz William, zitiert aus: Diana, Our Mother. Her Life and Legacy, HBO, 24. Juli 2017.

79 Richard Hudson, zitiert aus: Duchess of Cambridge returns to St. Andrew's School, BBC News, 30. November 2012.

80 Zitiert aus: Kate Middleton ‹first laid eyes on Prince William as a 10-year-old schoolgirl›, The Telegraph, 27. November 2010.

81 A speech by The Duchess of Cambridge at her former school St. Andrew's in Berkshire, veröffentlicht am 30. November 2012.

82 Dudley Singleton, zitiert aus: Gordon Rayner, Kate Middleton's childhood home to let, The Telegraph, 1. Februar 2009.

83 Zitiert aus: Claudia Joseph, The Making of a Princess, Edinburgh 2010, S. 55.

84 Ebd., S. 56.

85 Gary Goldsmith, zitiert aus: Claudia Joseph, Gary Goldsmith, Kate and Pippa's ‹black sheep› uncle reveals all, Mail Online, 20. April 2013.

86 Zoe Brennan, The family fortune of the minted Middletons, The Telegraph, 19. März 2011.

87 James Middleton, zitiert aus: Interview mit Carolyn Durant and Kaitlyn Folmer, abc News, 12. November 2014.

88 James Middleton, zitiert aus: Louise Carpenter, James Middleton Exclusive, Mail Online, 6. November 2016.

89 Zitiert aus: Celia Denison, The Mother of the Year, Tatler, 8. Mai 2013.

90 Ebd.

91 Vicky Woods, zitiert aus: John Walsh, Kate Middleton: Princess Flawless, Independent, 23. April 2011.

92 Prinz William, Interview mit Peter Archer, zitiert aus: Prince celebrates 21st birthday, BBC News, 21. Juni 2003.

93 Prinz William, zitiert aus: Transcript: Prince William Interview, BBC, 19. November 2004.

94 Prinz William in einem schriftlichen Interview mit Peter Archer anlässlich seines 18. Geburtstags, 21. Juni 2003.

95 Prinz William im Interview mit Peter Archer, zitiert aus: Prince celebrates 21st birthday, BBC News, 21. Juni 2003.

96 Kate Middleton, zitiert aus: Verlobungsinterview mit Tom Bradby, 16. November 2010.

97 Prinz William, ebd.

98 Zitiert aus: Frances Shand Kydd: The Times obituary, The Times, 3. Juni 2004.

99 Statement von Prinz William, Clarence House, zitiert aus: Rebecca English, Kate runs the paparazzi gauntlet on her 25th birthday, Daily Mail, 10. Januar 2007.

100 Queen Mum, Daily News, 18. Januar 1923.

101 Robert Lacey, Monarch. The Life and Reign of Elizabeth II, Free Press, Kindle-Version, S. 74.

102 Marcia Moody, Secrets of the Royal romantic reunion that changed the course of history: What really made Kate and Wills rekindle their love – and transform the monarchy forever, The Daily Mail, 8. Juli 2013.

103 Prince William opens New Zealand court building, BBC News, 18. Januar 2010.

104 Zitiert aus: Stephen Bates, Prince William New Zealand visit ‹not political›, The Guardian, 14. Dezember 2009.

105 Zitiert aus: Stephen Bates, How Prince William won over Australia and New Zealand, The Guardian, 22. Januar 2010.

106 A Speech by Prince William at The Royal Foundation Forum 2018, veröffentlicht am 28. Februar 2018.

107 Ebd.

108 Prinz Charles, zitiert aus: Gordon Rayner, Royal Wedding: Prince William's proposal brings the two women in his life together, The Telegraph, 16. November 2010.

109 Prinz Harry, ebd.

110 Earl Spencer, zitiert aus: Stephen Bates, James Meikle, Prince William and Kate Middleton engagement announced, The Guardian, 16. November 2010.

111 Michael Middleton, zitiert aus: Royal wedding: Middletons «absolutely delighted» at engagement, The Telegraph, 16. November 2010.

112 Prince William and Catherine Middleton appear at a photocall, YouTube-Kanal der Royal Family, 16. November 2010.

113 Prinz William, zitiert aus: Verlobungsinterview mit Tom Bradby, 16. November 2010.

114 Ebd.

115 Gordon Rayner, Royal Wedding: Kate Middleton will be first middle class queen-in-waiting, The Telegraph, 16. November 2010.

116 Can a Royal Couple Be a Modern Family?, The New York Times, 16. November 2010.

117 Brenda Hoerle, zitiert aus: Roya Nikkhah, Royal tour: now America has royal stars in her eyes, The Telegraph, 10. Juli 2011.

118 Christian Dior, zitiert aus: Justine Picardie, Picture special: Christian Dior returns to Blenheim Palace, 60 years after an iconic show attended by Princess Margaret, The Telegraph, 28. Mai 2016.

119 Interview mit Rolf Seelmann-Eggebert, Hamburg, 1. Juni 2018.

120 Stephen Fry, zitiert aus: Nick Allen, Prince William and Kate Middleton's royal tour: day 11 as it happened, The Telegraph, 10. Juli 2011.

121 Zitiert aus: Peter Walker, Prince William helps rescue two crew but five missing after sinking in Irish Sea, The Guardian, 27. November 2011.

122 Prinz William, zitiert aus: Transcript: Prince William interview, BBC, 19. November 2004.

123 Ebd.

124 Queen Elizabeth, zitiert aus: William graduates from Sandhurst, BBC, 15. Dezember 2006.

125 Special! Prince Charles – Pilot, British Pathé 1969.

126 Prinz William, zitiert aus: Interview mit Matt Lauer, NBC-Today, 18. Juni 2007.

127 Mark Shipley, zitiert aus: Prince William flies solo during his RAF attachment, 17. Januar 2008, Offizielle Homepage des Prinzen von Wales, archiviert unter: https://bit.ly/2NvAK2K

128 Ebd.

129 Keith Best, zitiert aus: Prince William's colleagues get royal wedding invitations, The Telegraph, 14. April 2011.

130 Prinz William, zitiert aus: The Queen Visits William, Forces TV, 4. April 2011.

131 Prinz William, zitiert aus: Alastair Campbell, Prince William on Diana, Princess of Wales, 29. Mai 2017.

132 Prinz Charles, zitiert aus: Hugo Gye, ‹We are excited›: Prince Charles tells new mothers of delight at becoming a grandfather to a baby boy as Queen rushes back to Buckingham Palace ahead of baby's arrival, Mail Online, 22. Juli 2013.

133 Queen Elizabeth II, zitiert aus: Simon Perry, Queen Elizabeth Hopes the Royal Baby Arrives Before Her Holiday, People Magazine, 17. Juli 2013.

134 Die Herzogin von Cambridge, zitiert aus: Royal baby boy leaves hospital: William and Kate's first public appearance with new son, BBC News, 23. Juli 2013.

135 Prinz William, ebd.

136 Andrew Ferguson, The Half-Blood Prince, Time Magazine, 5. August 2013.

137 Ebd.

138 Prinz William, zitiert aus: Interview mit Max Foster, CNN, 19. August 2013.

139 Barack Obama, Remarks by the President at the White House Correspondents' Dinner, 30. April 2016.

140 Shelly Horton, zitiert aus: Prince George dubbed «Republican Slyayer» as Royals touch down in Australia on their tour, Evening Standard, 16. April 2014.

141 Jason Knauf, A letter from Kensington Palace, 14. August 2015.

142 Paddy Harverson, zitiert aus: Andrew Alderson, The Queen gets tough on paparazzi in royal privacy row, The Telegraph, 5. Dezember 2009.

143 Ebd.

144 Prinz William, zitiert aus: Alastair Campbell, Prince William on Diana, Princess of Wales, GQ, 29. Mai 2017.

145 Prinz William, zitiert aus: Diana, 7 Days, BBC, 27. August 2017.

146 Prinz William, zitiert aus: Six on trial over topless photos of Duchess of Cambridge, BBC, 2. Mai 2017.

147 Die Herzogin von Cambridge, Vorwort im Katalog zur Ausstellung: «Victorian Giants. The Birth of Art Photography», National Portrait Gallery, 1. März 2018–20. Mai 2018.

148 Ebd.

149 Alexandra Shulman, The Duchess Of Cambridge: Making Of A Vogue Centenary Cover, Vogue, 29. April 2017.

150 Ebd.

151 Robert Lacey, Monarch: The Life and Reign of Elizabeth II, Free Press, Kindle-Version, S. 72.

152 A speech by The Duchess of Cambridge at the Place2Be Big Assembly for Children's Mental Health Week, veröffentlicht am 6. Februar 2017.

153 The Good Schools Guide, Thomas's Battersea, auf: https://bit.ly/2tUUbd4.

154 Zitiert aus: Thomas's Battersea, Our Aims, http://www.thomas-s.co.uk/Our-Aims-and-Values.

155 Die Herzogin von Cambridge, Let's Make a Real Difference for an Entire Generation of Young Children, Huffington Post, 17. Februar 2016.

156 Die Herzogin von Cambridge, zitiert aus: The Queen at Ninety, ITV, 15. Mai 2016.

157 Die Herzogin von Cambridge, zitiert aus: Catherine, William + Harry, Heads Together, #oktosay, YouTube-Video, veröffentlicht von Heads Together, 21. April 2017.

158 The Duchess of Cambridge's speech at the launch of a new mental health project for young children, veröffentlicht am 23. Januar 2018.

159 Prinzessin Diana, zitiert aus: Interview mit Martin Bashir, Panorama, 20. November 1995.

160 A speech by The Duchess of Cambridge at the Best Beginnings «Out of the Blue» film series launch, veröffentlicht am 23. März 2017.

161 A speech by The Duke of Cambridge at The Queen's Birthday Garden Party in Berlin, veröffentlicht am 19. Juli 2017.

162 Prinz William, zitiert aus: Exclusive. Prince William writes letter thanking colleagues as he leaves East Anglian Air Ambulance, Eastern Daily Press, 27. Juli 2017.

163 Prinz William, zitiert aus: Alastair Campbell, Prince William on Diana, Princess of Wales, GQ, 29. Mai 2017.

164 Prinz William, zitiert aus: Robert Hardman, «My grandma is incredible», says Prince William in exclusive, unprecedented and candid interview with author and journalist Robert Hardman, The Daily Mail, 23. September 2011.

165 Ebd.

166 Prinz William, zitiert aus: Alastair Campbell, Prince William on Diana, Princess of Wales, GQ, 29. Mai 2017.

167 Prinz William, zitiert aus: Interview mit Nicholas Witchell, BBC News, 20. April 2016.

168 Harry grabs the crown jewels, The Sun, 22. August 2012; Nudes, nightclubs and Nazi fancy dress: A decade of Prince Harry scandals, Daily Mirror, 24. August 2012.

169 Harry naked romp, Daily Mirror, 22. August 2012; Palace Fury at Harry naked photos, Daily Mail, 22. August 2012

170 Jordan Wylie, zitiert aus: Army anger as troops strip naked in support of Prince Harry, The Telegraph, 28. August 2012.

171 Dickie Arbiter, zitiert aus: Ed Howker, Neil Tweedie, Silly mistake or serious insult?, The Telegraph, 14. Januar 2005.

172 Ebd.

173 Ebd.

174 General Andrew Ritchie, zitiert aus: Max Foster, The Soldier Prince, CNN, 31. März 2012.

175 Ebd.

176 Verdeckte Quelle, zitiert aus: Penny Junor, Brother. Soldier. Son, London 2014, S. 179.

177 Prinz Harry, zitiert aus: Elizabeth at 90 – A family Portrait, BBC, 21. April 2016.

178 Queen Elizabeth II, zitiert aus: Harry graduates as Army officer, BBC News, 12. April 2006.

179 Clarence House, zitiert aus: Peter Walker, Prince Harry will not serve in Iraq, The Guardian, 16. Mai 2007.

180 Prinz Harry doch im Kriegsgebiet?, Frau im Spiegel, 26. Februar 2008.

181 One of our boys, The Sun, 29. Februar 2008.

182 Prinz Harry, zitiert aus: Prince Harrys interview in full, The Telegraph, 2. März 2008.

183 Ministry of Defence, FOI 2015/06494, UK Armed Forces Personnel Deployed to Afghanistan and Iraq by Financial Year, 17. August 2015; siehe außerdem: Ministry of Defence, FOI 2015/02514, Personnel medically discharged by principal condition and year, 2. April 2015.

184 Prinz Harry, zitiert aus: Prince Harrys interview in full, The Telegraph, 2. März 2008.

185 Prinz Harry, zitiert aus: Interview mit Prinz Harry und Prinz William in der Defence Helicopter Flying School, RAF Shawbury, BBC, 18. Juni 2009.

186 Lieutenant Kayon Mills, zitiert aus: Max Foster, The Soldier Prince, CNN, 31. März 2012.

187 Prinz Harry, zitiert aus: Interview während Harrys erstem Afghanistan-Einsatz, veröffentlicht auf dem offiziellen YouTube-Kanal der Royal Family, März 2008.

188 Prinz Harry, zitiert aus: Hasnain Kazim, Prince Harry Blasted for Taliban Comments, Spiegel Online International, 22. Januar 2013.

189 Zitiert aus: John Hall, «Arrogant and insensitive»: Stop the War Coalition attacks Prince Harry for admitting he has killed Taliban insurgents, Independent, 22. Januar 2013.

190 Prinz Harry, zitiert aus: Gordon Rayner, Dominic West, Prince Harry told filthy jokes during South Pole trek, The Telegraph, 21. Januar 2014.

191 Prinz Harry, zitiert aus: Nick Hopkins und Caroline Davies, Prince Harry: I've killed in Afghanistan. But Dad wants me to act like a prince, The Guardian, 21. Januar 2013.

192 Prinz Harry, zitiert aus: Angela Levin, Exclusive: Prince Harry on Chaos After Diana's

Death and Why the World Needs ‹the Magic› of the Royal Family, Newsweek Magazine, 21. Juni 2017.

193 Prinz Harry, zitiert aus: Prince Harry's Invictus Games open, BBC News, 10. September 2014.

194 A speech by Prince Harry at the Closing Ceremony of the Invictus Games, London, 14. September 2014.

195 Prinz Harry, zitiert aus: Bryony Gordon's Mad World Podcast, Episode 1, Staffel 1, 16. April 2017.

196 Ergebnisse einer Studie von YouGov, 13.–19. März 2018: https://bit.ly/2KKWkBv.

197 Darren McGrady, zitiert aus: Katie Nicholl, Harry. Life, Loss and Love, New York 2018, S. 9.

198 Major Kate Philip, zitiert aus: Prince Harry has a lot of banter, says South Pole teammate, Hello!, 15. November 2013.

199 Bryn Parry, zitiert aus: Katie Nicholl, Harry. Life, Loss and Love, New York 2018, S. 79.

200 Prinz Harry, zitiert aus: The Forgotten Kingdom: Prince Harry in Lesotho, ITV, 2004.

201 Prinz Harry, zitiert aus: http://sentebale.org/who-we-are/

202 Prinz Harry, zitiert aus: The Royal Family, Facebook-Post, 14. Juli 2016.

203 Prinz Harry, zitiert aus: Bryony Gordon's Mad World Podcast, Episode 1, Staffel 1, 16. April 2017.

204 Ebd.

205 Bryony Gordon, The Day Prince Harry showed the world how to talk about our problems, The Telegraph, 16. April 2017.

206 Prinz Harry, zitiert aus: Interview mit Barack Obama für die Today-Sendung von BBC 4, BBC, 27. Dezember 2017.

207 Queen launches YouTube channel, 23. Dezember 2007, BBC News.

208 Queen Elizabeth II, The Christmas Broadcast, BBC, 1957.

209 Offizielle Website des britischen Königshauses, History of the Christmas Broadcast, https://www.royal.uk/history-christmas-broadcast.

210 Barack Obama, zitiert aus: Interview mit Barack Obama für die Today-Sendung von BBC 4, BBC, 27. Dezember 2017.

211 Ebd.

212 Prinz Harry, zitiert aus: Tom Morgan, Leon Watson: Prince Harry bares all on girlfriends and the «gaping void» left by his mother as he opens the invictus games, The Telegraph, 9. Mai 2016.

213 Ebd.

214 Ebd.

215 Ruth Styles; Shekhar Bhatia, EXCLUSIVE: Harry's girl is (almost) straigth outta Compton: Gang-scarred home of her mother revealed – so will he be dropping by for tea?, Mail Online, 2. November 2016.

216 Rachel Johnson, Sorry Harry, but your beautiful bolter has failed my Mum Test, Mail Online, 6. November 2016.

217 Lucy Jones, Harry's girl on pornhub, The Sun, 4. November 2016.

218 The Royal Family, A Statement by the Communications Secretary to Prince Harry, 8. November 2016.

219 Ebd.

220 Zitiert aus: John Ezard, A life of legend, duty and devotion, The Guardian, 1. April 2002.

221 King George VI & Elizabeth – A royal love story, Britography.

222 Sally Bedell Smith, Charles: The Misunderstood Prince, London 2017, S. 118.

223 Meghan Markle, How to be both, The Tig, 24. Oktober 2016.

224 Prinz Harry, zitiert aus: Mishal Husain, Verlobungsinterview, 27. November 2017.

225 Meghan Markle, How to be both, The Tig, 24. Oktober 2016.

226 Meghan Markle, zitiert aus: Linda Ellerbee, Nick News, Nickelodeon, 1993.

227 A Speech by Meghan Markle at the UN Women's Conference, 8. März 2015.

228 Meghan Markle, I'm More Than An «Other», Elle Magazine, 22. Dezember 2016.

229 Ebd.

230 Meghan Markle, How Periods Affect Potential, Time Magazine, 8. März 2017.

231 Prinz Harry, zitiert aus: Mishal Husain, Verlobungsinterview, 27. November 2017.

232 Ebd.

233 Meghan Markle for Elle: «With Fame Comes Opportunity, But Also A Responsibility», Elle, 8. November 2016.

234 Meghan Markle, It's All Enough, The Art of being a Woman, Darling Issue 12, 26. Mai 2015.

235 Meghan Markle, I'm More Than An ‹Other›, Elle Magazine, 22. Dezember 2016.

236 Prinz Harry, zitiert aus: Mishal Husain, Verlobungsinterview, 27. November 2017.

237 Meghan Markle, ebd.

238 Prinzessin Margaret in einem Statement vom 31. Oktober 1955, zitiert aus: Robert Lacey, Monarch: The Life and Reign of Elizabeth II, Free Press, Kindle-Version, S. 198–199.

239 Prinz Harry während eines Fototermins im Sunken Garden des Kensington Palace, London, 27. November 2017.

240 Prinz Harry, zitiert aus: Bryony Gordon's Mad World Podcast, Episode 1, Staffel 1, 16. April 2017.

241 Meghan Markle, zitiert aus: Mishal Husain, Verlobungsinterview, 27. November 2017.

242 Michael Kors, zitiert aus: Afua Hirsch, Claudia Croft, The Meaning of Meghan Markle, Vogue, 18. Mai 2018.

243 Leeanne Hundleby, ebd.

244 Meghan Markle, Interview im Rahmen des Royal Foundation Forums, London, 28. Februar 2018.

245 Meghan Markle, zitiert aus: Kate Friedman, Here's an Exclusive Sneak Peek at Suits Star Rachel Zane's Wedding Dress, Glamour, 2. März 2016.

246 Andrew Brown, Church of England clears way for female bishops, The Guardian, 17. November 2014.

247 Prinz Harry, zitiert aus: Mishal Husain, Verlobungsinterview, 27. November 2017.

248 Royal wedding recorded album to be sold online, BBC, 23. März 2011.

249 Prinz William, Rede im Rahmen des Royal Foundation Forums, London, 28. Februar 2018.

250 Malcolm Muggeridge, The Royal Soap Opera, New Statesman, 22. Oktober 1955.